基于微课的大学英语翻转课堂教学与自主学习研究

陈亚轩 ◉ 著

中国原子能出版社

图书在版编目（CIP）数据

基于微课的大学英语翻转课堂教学与自主学习研究 / 陈亚轩著. -- 北京 : 中国原子能出版社, 2020.10（2021.9重印）
ISBN 978-7-5221-1012-7

Ⅰ. ①基… Ⅱ. ①陈… Ⅲ. ①英语－课堂教学－教学研究－高等学校 Ⅳ. ①H319.3

中国版本图书馆CIP数据核字(2020)第197895号

基于微课的大学英语翻转课堂教学与自主学习研究

出版发行　中国原子能出版社（北京市海淀区阜成路43号　100048）
责任编辑　白皎玮
责任印制　潘玉玲
印　　刷　三河市明华印务有限公司
经　　销　全国新华书店
开　　本　787 mm×1092 mm　1/16
印　　张　13
字　　数　239千字
版　　次　2020年11月第1版　2021年9月第2次印刷
书　　号　ISBN 978-7-5221-1012-7
定　　价　58.00元

网址：http://www.aep.com.cn　　E-mail：atomep123@126.com
发行电话：010-68452845

前 言

大学英语教学改革一直是我国高等教育改革的一个热门话题，也是广大高校英语教师必须承担的使命和责任。

20 世纪 90 年代以来，网络、计算机被逐渐应用于教育行业，微课便在这样的时代背景下应运而生。有人认为，微课的雏形来自美国 McGrew 教授在 1993 年开设的“60 秒课程”和英国 Kee 教授于 1995 年提出的“1 分钟演讲”。将课程要点拆分成小模块进行高效学习的方法被大量应用于教学实践，则是 21 世纪初在 YouTube 网站成立的虚拟学院——可汗学院（Khan Academy）。2008 年，美国圣胡安学院的 Penrose 提出真正意义上的“微课”概念。从此，微课作为一种新型的教学手段在世界各类学校和教育培训机构得到广泛应用。虽然对于微课的定义并没有完全统一的表述，但是微课最重要的特点——短小精悍，却是得到一致公认的。

20 世纪 90 年代，教学界不仅出现了微课，也诞生了翻转课堂。哈佛大学的 Mazur 被认为是最早研究翻转课堂的学者。他创立的“同伴教学”提倡学生参与教学，促进同类人的互助学习，达到共同提高的目标。21 世纪对翻转课堂的理论研究和实践探索在全世界包括中国引起巨大的反响。

现代教育技术为英语教育事业和广大英语教师带来了前所未有的机遇与挑战。在这个“以学生为中心”，更确切地说是“以学习为中心”教学理念盛行的新时期，大学英语教师不仅要关注学生的英语成绩和英语水平，更要重视培养学生的自主学习和终身学习能力。

教育部 2007 年颁布的《大学英语课程教学要求》和 2017 年颁布的《大学英语教学指南》都明确指出，高校应充分利用现代教育技术，改变“以教师为中心”的单一的传统教学模式，要在现代教育技术和网络技术的支持下使英语教学在一定程度上不受时间和空间限制，帮助学生实现个性化学习和自主学习。这些都为大学英语教学改革方向做出明确的指引。

本书重点探讨大学英语教学中使用基于微课的翻转课堂的教学理论和实践应用，旨在为大学英语教学改革提供参考。

全书共有八章。第一章是微课概述，包括微课的定义、起源和国内外的研究综述。第二章是大学英语微课教学的理论依据，主要有建构主义理论、产出导向法教学理论、非正式学习理论、学习金字塔理论、泛在学习理论，等等。第三章探讨了微课、慕课和翻转课堂三者之间的关系。第四章是大学英语与自主学习能力，探讨了自主学习能力的重要性，并基于大学生自主学习能力现状的调查，提出将翻转课堂和自主学习能力训练在大学英语课程中进行相结合的教学模式和方法。第五章对基于微课的大学英语翻转课的教学在教师、学生和现行教学模式等层面进行了可行性分析，并详细展示了笔者基于微课的翻转课堂在听说、写作等课程教学中的具体操作和研究，如基于产出导向法的翻转课堂在英语听说中的应用、基于同伴反馈的翻转课堂在写作教学中的实践……第六章展示了笔者基于网络的自主学习与学生自主学习效能感、教师效能感之间的相关性研究，对网络自主学习和教师发展提出建议和参考。第七章论证了网络自主环境下的监管措施，提出“自主学习”不是放任学生自我学习，而是在教师监管下进行的学习，以及如何对学生的网络自主学习进行监控提出建议。第八章是对英语教师在进行微课制作时碰到的一些常见技术性问题提供建议。

本书内容作为浙江省社科联 2021 年度课题“后疫情时期高校外语在线教育常态化趋势的挑战与对策”（2021N46)、浙江科技学院“新工科背景下基于翻转课堂的研究生学术英语教学研究与实践”（2019yjsjg05）、“ESP 视阈下工科类大学英语教材建设研究”（2017B-y6）等课题的部分研究成果。

作者　陈亚轩

2020 年 10 月

目　录

第一章　微课概述

第一节　微课的产生

二十一世纪，“互联网 +”时代大大加速知识的更新和传播，尤其是移动互联网的快速发展，使得人们开始利用碎片化时间进行学习。微课就是在这样的时代和技术背景下逐渐产生并发展起来的。

有人认为，微课的雏形最早见于美国北爱荷华大学（University of Northern Iowa）McGrew 教授提出的 60 秒课程 (60-Second Course)① 以及英国纳皮尔大学（Napier University）Kee 提出的一分钟演讲（The One Minute Lecture）②。

不过，现在更多的人认为，微课来自美国可汗学院创始人萨尔曼·可汗（Salman Khan）发布在 YouTube 网站上用于辅导亲戚家孩子数学的小视频。

萨尔曼·可汗的父亲来自孟加拉国，母亲来自印度。萨尔曼于 1976 年出生在路易斯安那州（Louisiana State）的新奥尔良市（New Orleans）。他从小勤奋又聪明好学，凭借自己的天分和孜孜不倦的努力在数学竞赛中脱颖而出，并进入世界著名学府麻省理工学院，获得数学学士、电气工程与计算机科学学士以及硕士。后来，又在哈佛商学院 MBA 毕业。毕业后，进入一家基金公司担任金融分析师。这是一份繁忙且与教育毫无关系的职业。

2004 年，可汗的表妹因为在一次数学考试中成绩不理想，于是向“数学天才”可汗求教。可汗虽不是教师，也不懂教育学，但通过雅虎聊天软件、互动写字板和电话等手段，他浅显易懂地解答了表妹的所有问题。不久，其他亲戚的孩子也前来求教，这就使这位原本工作就很忙的数学大师有些招架不住。于是，他决定把自己的数学辅导资料制作成视频发布到 YouTube 网站，以方便与更多的人分享，没想到竟引来网友们的大赞。在此驱动下，他于 2006 年在 YouTube 网站创

①MCGREW L A. A 60-second course in organic chemistry [J]. Journal of Chemical Education，1993(7)：543.

② ROBINSON A C. Monitor：Kee T P The one minute lecture. Education in Chemistry. July 1995, 100–101[J]. Biochemical Education, 1996, 24(1): 76.

办了虚拟学院——可汗学院（Khan Academy），供网友们免费学习。截至2017年8月，YouTube上的可汗学院频道共有6583段教学视频，近331万订阅者。可汗在全球教育领域引起一场不小的震撼，他改变了人们之前认为的教育都是通过面对面教学才能进行的观念，通过网络视频照样可以达到教学的目的；网络视频不再是聊天社交的单一功能，还可以用于辅导学生学习。

萨尔曼·可汗的视频教学主要通过手写板和录音软件录制用于学习辅导的信息。科罗拉多州（Colorado State）林地公园高中（Woodland Park High School）的化学教师乔纳森·伯尔曼（Jonathan Bergmann）和艾伦·萨姆斯（Aaron Sams）则进行了颠覆传统课堂的尝试。他们来到这所偏僻的中学后发现，很多学生由于各种运动和活动，有时因为路途较远、交通不便而缺课，从而导致学习跟不上。为解决这个问题，他们于2007年年初利用录屏软件，将结合实时课堂教学和PPT演示的视频放在网上，供学生在家学习。这种把传统课堂讲授内容以视频教学形式作为学生课外自主学习资源的教学模式被称为“翻转课堂”。

这些教学视频一开始并没有被冠以“微课”这一术语。“微课”这一概念，最早是由美国新墨西哥州（New Mexico State）圣胡安学院（San Juan College）的高级教学设计师、社区学院在线服务经理戴维·彭罗斯（David Penrose）于2008年提出的。他把微课称为“知识脉冲”，要求教师把教学内容和教学目标紧密结合起来，产生一种“更加聚焦的学习体验”。他也被称为“一分钟教授”。

在中国，微课最早的雏形是微型视频。2011年，为解决传统时长为40~45分钟的全程实录式的教学课程制作成本高、交互性差、评审难度大、应用率低下的问题，佛山市教育局率先开展首届全市中小学优秀微型教学视频课例征集活动，要求教师只针对某个知识点或教学环节进行教学设计和拍摄录制课例，同时要求提供相应知识点的教学设计、课件、练习、反思等支持学习的资源，参赛作品同时发布到网上供广大师生及家长随时点播、交流和讨论。该活动引起很大反响，广大教师对这种“内容短小、教学价值大、针对性强、数量众多、使用灵活”的微型课例好评如潮。

2013年开始，随着高效课堂、翻转课堂、可汗学院等新概念的普及，越来越多的人开始加入微课队伍，从逐渐关注、使用到设计、开发和研究。国内高校学者、区域教育工作者、一线教师、在线教育工作者等对微课进行了研究和实施。

第二节　微课的定义

在传统的课堂教学中，师生所说的“上课”，是指传统学校教育普遍实施的班级集体教学的组织形式与基本单位。学校的主要工作和教学活动，是以上课作为主体，上课是学校日常教学工作的核心。在经典教学论的学术专著中，对“课”的定义为：“有时间限制的，有组织的教学过程的单位，其作用在于达到一个完整的、然而又是局部性的教学目的。”[①]

关于微课的定义，目前国内专家有不同的解释。胡铁生提出，“微课又名微型课程，是指以微型教学视频为主要载体，教师针对某个学科知识点/技能点（如重点、难点、疑点、考点等）或教学环节（如学习活动、主题、实验、任务等）而设计开发的一种情景化、支持多种学习方式的在线视频网络课程”[②]。

黎加厚认为，“微课程”是指时间在10分钟以内、有明确的教学目标、内容短小、集中说明一个问题的小课程[③]。

由于不赞成将微课定义成“课程”，且没有体现出微课的“微”，因此，张一春主张，“微课”是指为使学习者自主学习获得最佳效果，经过精心的信息化教学设计，以流媒体形式展示的围绕某个知识点或教学环节开展的简短、完整的教学活动[④]。

以上定义提出微课以信息技术为手段，突出某个知识点或技能的讲授，但还是过于笼统，对于微课的产生背景和使用功能介绍还不是很全面。笔者更赞成郑小军提出的微课定义：“微课是为支持翻转学习、混合学习、碎片化学习等多种学习方式，以短小精悍的微型教学视频为主要载体，针对某个学科知识点或教学环节而精心设计开发的一种情景化、趣味性、可视化的数字化学习资源包”[⑤]。他汲取其他专家对于微课是对某一知识或技能的讲解的界定，通过在线传播，还给出微课出现的时代背景和功用，以及未来的发展趋势，更指出这是一个可视化的数字化学习资源包，相比其他定义，其具有更广阔的包容性。

“微课”的核心组成内容是课堂教学视频，同时还包含与该教学主题相关联

①黎加厚. 微课的含义与发展[J]. 中小学信息技术教育. 2013(4)：10-12.

②胡铁生. 中小学微课的设计制作与评审指标解读[C]. 教育部东莞微课培训会，2013-02-28.

③同①.

④张一春. 精品微课设计与开发[M]. 北京：高等教育出版社，2016.

⑤郑小军. 我对微课的界定[EB/OL]. (2013-04-30)[2019-12-01]. http://blog.sina.com.cn/s/blog_4711a0210102e6ge.html.

的教学设计、素材课件、教学反思、练习测试及学生反馈、教师点评等辅助性教学资源。它们以一定的组织关系和呈现方式共同“营造”了半结构化、主题式的资源单位应用“小环境”。

“微课”的形式是自主学习，目的是效果最佳。教师的信息化教学设计，形式是流媒体，内容是某个知识点或教学环节，时间是简短的，本质是完整的教学活动。因此，对于教师而言，最关键的是从学习的角度制作微课，而不是从教师的角度制作，要体现以学习为中心的教学思想。

因此，微课既有别于传统单一资源类型的教学课例、教学课件、教学设计、教学反思等教学资源，又是在其基础上继承和发展起来的一种新型教学资源。微课不仅适合移动学习时代知识的传播，也适合学习者个性化、深度学习的需求。

第三节　国外对微课的研究

1960 年，美国艾奥瓦大学附属学校首先提出微型课程（minicourse），有译者把它翻译成短期课程或课程单元。1998 年，新加坡教育部实施了 Micro-lessons 研究项目，主要目的就是培训教师如何构建微型课程，涉及的课程时长一般为半小时至一小时，教学目标比较集中，侧重资源、活动、学习情境的创设。最早开始翻转课堂研究的哈佛大学物理教授Eric Mazur在20世纪90年代创立了同伴教学（peer instruction）方式，追求同类人即学生之间的学习互助，让学生参与到教学中，成为积极的思考者①。2000年，莫林拉赫、格伦・普拉特和迈克尔・特雷格拉发表论文《颠倒课堂：建立一个包容性学习环境的途径》，着重提出如何使用翻转教学激活差异化教学，以适应不同学生的学习风格。韦斯利・贝克尔在第11届大学教学国际会议上发表论文《课堂翻转：使用网络课程管理工具（让教师）成为身边的指导》，提出让教师“成为身边的指导”替代以前“讲台上的圣人”②,成为大学课堂翻转运动的口号。2007年，杰里米・特斯雷耶在《翻转课堂在学习环境中的效果：传统课堂和翻转课堂使用智能辅导系统开展学习活动的比较研究》中把自己设计的案例制作成视频分发给学生，课堂上再利用在线课程系统Blackboard的交互技术，组织学生参与到项目中。这些专家教授对于翻转课堂教学模式进行的理论研究和创新，为多所学校改革传统教学模式提供了宝贵的理论依据，也为微课的产生奠定了深厚的理论铺垫和准备。

2004 年 7 月，英国启动教师电视频道，每个节目视频时长为 15 分钟。频道

①MAZUR E. Peer instruction：a users' manual [M]. NJ：Prentice Hall，1997：10-16.

② BAKER J W. The “classroom flip”：using web course management tools to become the guide on the side [C]. Proceedings of Selected Papers from the 11th International Conference on College Teaching and Learning, 2000: 9-17.

开播后得到教师的普遍认可，积累达到35万分钟的微课视频节目资源。2006年，美国学习者萨尔曼·可汗推出可汗学院，其录制的微型课程视频在美国基础教育领域风靡一时。2007年，美国化学教师Jonathan Bergman和Aaron Sams在萨尔曼·可汗的基础上，提出“翻转课堂”教学模式。2008年秋，美国新墨西哥州圣胡安学院的高级教学设计师、“一分钟教授”戴维·彭罗斯（David Penrose），创设了影响广泛的“一分钟微视频”的微课程（microlecture），其核心理念是要求教师把教学内容与教学目标紧密地联系起来，使学习体验更加聚焦。

第四节　中国对微课的研究

20世纪80年代初，我国就有电教工作者总结出学校课堂教学应发展内容集中单一、时间短、由教师随堂灵活运用的“插片”。1989年，万明高、朝桂荣在《电视教材利用率的追踪分析》一文中提出对一般教学片段应当发展将小片段（3~5分钟）在课堂教学中穿插播放的想法。90年代后，我国电教界已明确将“片段性内容”电视教材作为电教教材的一种类型。1991年，李云林在《电视教材编导与制作》一书中指出，“片段性内容”电视教材可以没有头尾，也可以没有解说，只是就某一课程内容的问题提供形象化的片段材料。教师使用这类教材时，须边展示边讲解。这类片段教材尽管只有一两分钟，但往往是教学上非常珍贵的形象材料，对帮助教师提高教学质量很有好处。2012年9月，在“全国首届中小学信息技术教育应用展演会”上，时任教育部副部长刘利民看到广东佛山教育局教育信息中心的胡铁生老师的现场演示，当即指示，中小学要搞微课，高校也要搞微课。

胡铁生是中国最先提出微课的教师。他由身边的“微”元素触动灵感，开展了关于微课的一系列研究，并将微课活动逐步走向研究化、专业化。他于2010年首次在中国提出微课概念，经历了资源建设、教学活动设计与微课程三大层次的跨越，并在佛山市中小学中组织了微课大赛。

在“微课”一词诞生之前，国内常见的类似惯用表达有“教学视频案例”“视频课例”“课例片段”“微型视频”等。初期阶段，对教学视频案例、视频课例的研究主要集中于中小学的教学应用。如2006年，上海市浦东新区教育发展研究所整合了教师专业培训部、课程教学研究部以及信息技术推广部的研究人员，成立视频案例项目开发研究小组，开发了观课与评课的视频切片分析系统。2011

年，教育培训领域诞生了微课网，以全景高清视频教学为手段，独创20分钟以内的浓缩版精品课程，采用国内领先的视频流媒体技术实现学生的高清视频视听体验。它倡导“高效学习、快乐分享”的学习理念，追求学生学习过程的个性化。

第二章 大学英语微课教学理论依据

第一节 建构主义理论

要开发高质量的微课，很多人认为只要掌握各种课件制作工具、声音处理软件、图片软件和视频处理软件就可以了。但是只掌握这些操作技能是远远不够的，必须掌握微课教学的基本原理。只有掌握了这些原理，并在实际开发和教学过程中加以运用，才能制作出高质量的微课课件，有效提高教学质量。在分析了众多微课理论与实践研究专家和学者的研究成果后，笔者发现，微课是基于多种理论支撑的一种教学方法，如建构主义学习理论、非正式学习理论、视听原理、学习金字塔理论、视觉引导原理、认知负荷原理、记忆加工理论等。

一、建构主义

建构主义（Constructivism）是认知心理学派的一个分支，最早起源于瑞士心理学家皮亚杰（Piaget）提出的“发生认知论”。该理论提出，儿童是在与周围环境互相作用的过程中，逐步建构起关于外部世界的认知，从而使自身的认知结构得到发展。儿童与环境的相互作用涉及两个基本过程，即“同化”与“顺应”。同化是指把外部世界中的有关信息吸收进来，并结合到已有的认知结构中；顺应是指当外界发生变化时，原有的认知结构无法同化新环境发出的信息，从而造成儿童原有认知结构发生重组或改造，以适应新的外部环境，也就是说，顺应是一个认知结构因受到外部环境刺激而发生改变的过程。也有人将认知结构称为“图式”，同化过程是认知结构数量的扩充，也就是图式扩充；顺应则是为了适应新环境而做出的认知结构的改变，也就是图式改变。同化和顺应使学习者个体与外部环境在平衡—不平衡—平衡的循环往复过程中不断变化，个体的认知结构在这个过程中不断得到丰富和上升①。

在皮亚杰儿童认知发展理论的基础上，许多学者从不同角度对建构主义进行

①何克抗. 建构主义——革新传统教学的理论基础（上）[J]. 电化教育研究，1997(3)：3-9.

更深一步的发展。1986 年，维果斯基（Vygotsky）研究了认知过程中学习者社会文化历史背景的作用，建立了“文化历史发展理论”，提出了“就近发展区”概念，证明“活动”和“社会交往”在人的高级心理机能发展中具有重要作用①。1992 年，Jonassen 提出了非结构性的经验背景②。1966 年，布鲁纳（Bruner）则将经验主义科学观应用于儿童的教育，提出发现学习理论和发现法，认为“发现不限于寻求人类尚未知晓的事物”，而是“包括用自己的头脑亲自获得知识的一切方法”③。这些思想都在皮亚杰的认知发展理论基础上有了创新和完善，从而形成现代建构主义理论的基本框架。

皮亚杰和布鲁纳等的认知观点是：解释如何使客观的知识结构通过个体与之交互作用而内化成为认知结构。它的内容很丰富，但核心可以用一句话概括：以学生为中心，强调学生对知识的主动探索、主动发现和对所学知识意义的主动建构。知识是学习者与外部世界交互作用的结果，学习者是信息加工的主体，是意义建构的主动者，而不是外部刺激的被动接受者和灌输对象。教师是学习者最重要的互动对象，是意义建构的促进者和帮助者。

二、建构主义学习观

建构主义学习观认为：学生的学习过程是对知识的主动构建过程，而不是被动接受，是在已有知识基础上的“再生”或“再创”过程。学习者在对新知识的建构过程中，“情境”对学生的学习起到重要的作用。在日常学习过程中，学习者通过“同化”或“顺应”两种不同的方式，达到对新知识的意义建构。他们认为，知识不是通过教师传授而得到的，而是在一定的情境下，在教师和学习伙伴的帮助下，使用必要的学习资料，通过意义建构的方式而获得的。

建构主义学习理论强调“以学习者为中心”的学习过程。在日常学习中，学生是认知主体，是意义的主动建构者，学习的最终目的是使学生获得知识的意义建构。由于建构主义所要求的学习环境得到当代信息技术成果的强有力支持，这就使建构主义理论日益与广大教师的教学实践普遍结合起来，从而成为国内外学校深化教学改革的指导思想。微课的学习过程就是学习者通过网络方便地获取课程资源，自主学习所需课程，达到知识的意义建构。

① VYGOTSKY L S. Thought and language [M]. Cambridge, MA: MIT Press, 1986.

②DUFFY T M， JONASSEN D H. Constructivism and the technology of instruction：a conversation[M]. NJ：Lawrence Erlbaum Associates, 1992.

③ BRUNER J S. Toward a theory of instruction [J]. Studies in Philosophy & Education, 1966, 7(4): 280-290.

建构主义学习观具有以下几个特征。

（1）学习者是学习的主体。知识源于人与环境的交互作用，学习者通过本人对知识单元的经验解释，将知识变成自己的内部表达．这一过程包括对新信息的意义建构和对原有经验的改造与重组。个体的认知发展与学习过程密切相关，学习者不是被动地接受和储存外界信息，而是在原有认知的基础上建构当前所学的新知识。

（2）学习具有强烈的目标定向性。这种目标不同于外部目标驱动的传统学习和教学，而是形成于学习过程，产生学习成果的预期目标，并且在预期目标的驱使下形成强烈的内在驱动力。这种驱动力可以表现为学习者对知识的渴望、理解和掌握，以及尝试陈述和解决问题的倾向。

（3）学习是一种社会性活动，学习活动重视合作、协商和互动。虽然建构主义认为“理解”属于个人的建构范畴，但是个人的“理解”是互相交流和共享的。学习者对“理解”的共享和交流能够不断检验和修正，并且启发自己的“理解”，使之更符合客观规律，接近事实的本来真实面目。因此，建构主义学习观认为，合作、交流和协商是对知识的不同理解和对现实经验的不同解释，是达到接近真实世界和真实世界进行解释的最佳途径。

（4）学习的最佳情境是在真实世界或接近真实世界的具体环境中，而不是在简单的、抽象的环境里。学习应该是一种对真实情境的真实体验。学习者在真实情境中运用多元的记忆表征进行思维，达到对知识的理解和建构。因此，较强语意的、情节和动作的多种表征之间的联系，是知识、记忆和表征与多样的情境相关联。这是建构主义认为的成功的学习的关键。

（5）建构性学习是一种自我监控、自我测试、自我检查和自我调整的学习。通过诊断和反思，学习者审视和判断学习过程与学习目标，为进一步的学习打下基础。因此，建构性学习主张使用自我分析和元认知工具，要求学习者对整个学习过程进行设计、运行、管理，并根据需要和不断变化的情况，调整和修改学习策略，达到不断进步的学习目的。

三、建构主义教学观

建构主义提出的学习主动性、社会性和情境性，不仅为学习者提出学习要求，也为教学者提出新见解。在建构性教学中，教师的角色发生了变化，由传统的知识传授者、提供者和灌输者变为学习者主动构建知识的帮助者、促进者和支持者。学生在教师的帮助和促进下，主动进行意义的建构过程。

建构主义极力提倡的教学模式是情境型教学、合作型教学和任务型教学，目前已开发出的比较成熟的教学方法有支架式教学（scaffolding instruction）、抛锚式教学（anchor casting instruction）和随机进入式教学（random access instruction）。

（一）支架式教学

支架式教学也称为概念框架式教学，即教学应当为学生认知结构的构建提供框架，就像建筑行业的脚手架一样。这种框架概念是按照学习者认知结构的“最近发展区”而设立的。支架式教学提倡将学习任务以图式认知结构提供给学生，以便他们扩充认知结构。

（二）抛锚式教学

抛锚式教学源自美国温特比尔特大学匹波迪学院的认知与技术小组（CTGV）在 20 世纪 90 年代开发的一种基于问题并以技术学为基础的重要教学方法，与情境式教学有密切的联系。其主要目的是让学生在一个完整、真实的问题面前产生学习需求，并通过镶嵌式教学以及学习团体成员的互动和交流进行合作学习、主动学习和生成学习，亲身体验从识别问题和目标到提出解决办法并达到目标的完整过程。他们改变传统教学中利用图像向学生进行知识传递的方法，而是利用影像作为“锚”为教学提供一个可以依靠的宏观背景。这些“锚”都是有情节的故事，而且故事的设计有利于教师和学生进行探索。抛锚式教学的最终目的是利用计算机或光盘等技术让学生重访真实的宏观背景，并从多个角度对问题加以分析和解决。抛锚式教学强调教学活动应围绕“锚”——某类型的个案研究或问题情境进行设计。而且，设计应允许学生对教学内容进行探索[①]。

（三）随机进入式教学

随机进入式教学是基于认知弹性理论发展起来的一个分支，指学生可以随意通过不同的途径和方式进入所设定的学习内容，以确保对学习内容比较全面和深入的掌握。随机多次进入学习内容，既有利于学生巩固知识，也有利于学生全方位地了解学习内容，实现对知识的全面理解和认知水平的提高，实现不同的教学目的。随机进入式教学过程包括情境呈现、随机进入学习、思维发展训练、小组合作学习和学习效果评价五个环节。它不仅具备建构主义教学的特点，还具有以下区别性特点：教学不受时间、地点的制约；教学按照学生和所学知识的要求进

①高文，王海燕．抛锚式教学模式（二）[J]．全球教育展望，1998（4）：31-35.

行设计，但没有固定的授课模式；学生是课堂教学的中心，通过主动实践、合作交流，拓展思维深度和广度，达到主动建构知识意义的目的；强调学习过程的最终目的是完成意义构建而不是教学目标；强调利用各种信息资源以支持学习的过程，支持学生的自主学习和合作探索①。

四、建构主义理论与大学英语微课教学

传统的课堂上，教师主要是以讲授的方式进行教学，很难向学生提供丰富而生动、与生活紧密相连的真实语言交流情境，因此不利于学习者对新知识的学习，不能很好地完成知识的意义构建。微课所选择的学习内容，都是要求在现实生活和真实的情境中产生的，同时有利于学习者用所学到的知识解决生活中遇到的实际问题。这对外语学习者来说，真实的语言输入是学习的重要基础，通过模仿并进行有效的语言产出，从而达到语言的掌握和灵活运用。

建构主义所提倡的学习者是认知建构的主体，教师的角色是帮助者、促进者和指导者，这对高校的大学英语教学有重要的指导意义。2017 年大学英语教学指南在很多方面也体现了建构主义理论的指导作用，其关于大学英语教学目的是这样描述的："培养学生的英语应用能力，增强跨文化交际意识和交际能力，同时发展自主学习能力，提高综合文化素养，使他们在学习、生活、社会交往和未来工作中能够有效地使用英语，满足国家、社会、学校和个人发展的需要"；在教学要求上，明确提出，"大学英语教学以英语的实际使用为导向，以培养学生的英语应用能力为重点。……大学英语在注重发展学生通用语言能力的同时，应进一步增强其学术英语或职业英语交流能力和跨文化交际能力，以使学生在日常生活、专业学习和职业岗位等不同领域或语境中能够用英语有效地进行交流"，还指出，"大学英语课堂教学可以采用任务式、合作式、项目式、探究式等教学方法，体现以教师为主导、以学生为主体的教学理念，使教学活动实现由'教'向'学'的转变，使教学过程实现由关注"教的目的"向关注"学的需要"转变，形成以教师引导和启发、学生积极主动参与为主要特征的教学常态"。这些可以清楚地看到建构主义思想中的主要内容：学习者是学习的主体，教师是学习者认知建构过程的促进者和指导者，教学目的不是完成教学目标而是帮助学生完成意义构建，也就是"学的需要"。建构主义开发的"支架式教学"中的情境型教学、合作型教学和探究型教学被明确指定为大学英语教学方法——"任务式、合作式、项目式、探究式等教学方法"。

①高文，徐斌艳，吴刚. 建构主义教育研究[M]. 北京：教育科学出版社，2008.

建构主义抛锚式教学强调以教育技术为基础，为学习者提供生动而有探索作用的影像作为学习资源。大学英语教学指南也将信息技术与课程教学的融合作为新时期大学英语教学的重要手段。近年来，多媒体、网络、微课、慕课等多模态的教育技术在大学英语教学改革中占了很大的比重。这些多媒体辅助教学有利于创设真实的语言情境，激发学生的学习兴趣，培养学生的自主学习能力[①]。

建构主义提出的学习环境所关注的问题与大学英语教学环境所关注的问题在某种程度上相契合。近年来的热门话题——网络教学就是基于建构主义学习理论的一种教学模式。在这一模式中，信息资源、技术工具和交往群体形成多种形式的生态交互，如认知主体也就是学生之间的生态交互，认知主体与认知工具也就是学习者与计算机或网络的生态交互，认知主体与认知客体也就是学习者与信息资源间的生态交互[②]。

第二节　产出导向法教学理论

产出导向法（production-oriented approach，POA）是文秋芳教授为了解决高校英语教学“学用分离”现象，经过 10 多年的研究和论证推出的一个新型教学理论。它的原型是 2008 年文秋芳提出的输出驱动假设（output-driven hypothesis, ODH），首先主要针对的是英语专业技能——听、说、读、写、译课程的教学改革，[③] 2013 年推广到大学英语教学，并得到众多国内外学者的关注。国内多所高校教师参加了产出导向法的教学试验，并取得许多一线外语教师的多轮课堂行动研究成果[④]。

POA 理论包含三个部分，分别是教学理念、教学假设和教学流程。教学理念是教学假设和教学流程的指导思想，决定着教学发展的目标和方向；教学假设是需要在课堂各个教学环节验证的理论依据；教学流程则是为了实现教学理念和验证教学假设的载体，也是实现 POA 教学目标的步骤和方式。用结构图的形式展示如下（见图 2-1）。

①胡智勇，刘海斌. 多媒体技术在大学英语教学中的作用与要求[J]. 中国成人教育，2011(16)：161-163.

②师琳. 建构主义视角下的大学英语网络教学生态环境研究[J]. 外语电化教学，2012 (3)：62-65.

③文秋芳. 输出驱动假设与英语专业技能课程改革[J]. 外语界, 2008 (2)：2-9.

④文秋芳. 输出驱动假设在大学英语教学中的应用：思考与建议[J]. 外语界, 2013(6)：14-22.

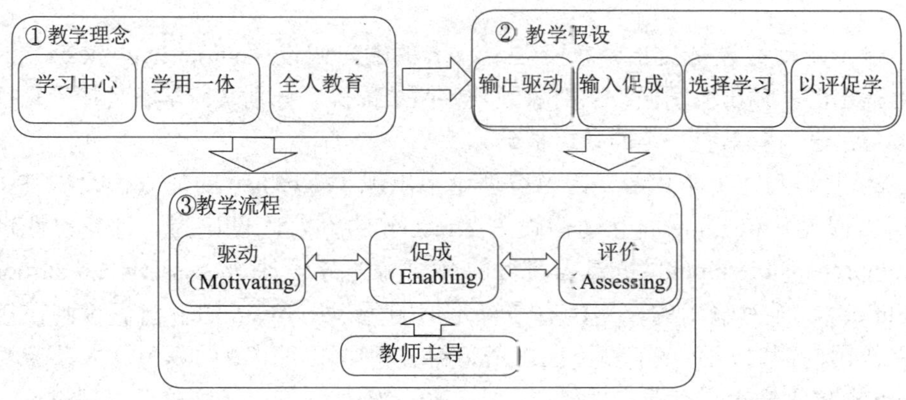

图2-1　POA的理论体系

这是一个相互关联、复杂而完整的教学理论体系，限于篇幅，现将其中几个最重要的部分进行解说。

一、学习中心说

POA 提倡的“学习中心说”对几十年来国内外盛行的“学生中心说”提出质疑和挑战。他们认为，以学生为中心的教学理念虽然比传统的“教师中心”和课堂“填鸭式”“满堂灌”的教学有了进步，认识到学习主体在学习过程中的作用，但是以学生为中心的教学理念一直也遭到一些学者的质疑：教师在教学中的作用没有得到体现，而学生的作用却被不恰当地扩大；教学评价过多地关注课堂上学生之间和师生之间的互动，似乎只要有互动就能产生知识的构建，而课堂教学目标能否实现、教学效果如何，却不是关注的重点。①

POA 主张课堂一切教学活动都要服务于有效的学习，学习是教师和学生共同参与的过程，既要发挥学生的学习主体作用，也不能忽视教师在课堂上的主导作用，即遵循教学的“双主”原则。而且，由于课堂时间不多，尤其是大学英语近年来课时被不断压缩，课堂教学时间更显宝贵，如果不能充分有效地利用好这些时间，教学质量和效果如何得到保证？因此，教师应该精心策划每一个教学活动，并将课堂学习与课外学习进行有机结合，互为补充。

① COLLINS J, BRIEN N O (eds). Greenwood Dictionary of Education [Z]. West-Port，CT：Greenwood, 2003.

二、输出驱动假设

输出驱动假设是文秋芳教授在Swain的输出假设（output hypothesis）的基础上提出的。输出驱动假设的对象须具备两个前提，分别是：学习者接受正规外语教育；学习者具有一定的外语基础。

20世纪八九十年代，二语习得理论中出现了Krashen的输入假设①、Swain的输出假设②和Long的互动假设③。Krashen的输入假设认为，可理解性输入（comprehensible input）是二语习得的必要和充分条件（necessary and sufficient condition），而对输出的作用没有予以足够的重视；Swain的输出假设则在接受输入作用的同时，补充了输出在二语习得过程中不可或缺的作用。文秋芳赞成Swain提出的输出具有四大功能：①提高语言的流利度；②检验语言假设；③增强语言缺口的意识；④培养对元语言的反思能力。经过多轮的教学实践检验，发现在学习过程中输入和输出都发挥着重要的作用，而且输出的作用大于输入，甚至可以激发学习者的学习动机，提高教学效率。因此，在Swain的“输出假设”的基础上，文秋芳提出了“输出驱动假设”，对输出的作用予以更大胆的评价，认为输出的作用大于输入。

输出驱动假设虽然选择了Swain的“输出假设”作为重要的理论基础，但两者有着明显的差异。

首先，两个假设的出发点各不相同。Swain的输出假设检验的是二语习得理论，辨别输入和输出在学习者二语习得过程中发挥的不同作用，而输出驱动假设探讨的是二语教学效率问题，尤其是针对有一定外语基础的中高级外语学习者的教学，关注的是如何解决教学中的“学用分离”问题，目标是使当下的外语教学更好地为学生未来的学习和就业服务。因此，从这个意义上说，输出驱动假设不同于Swain的二语习得假设——输出假设，它属于二语教学假设。

其次，两个假设挑战的对象不相同。Swain的输出假设挑战的是Krashen的输入假设。Krashen认为，决定二语习得的关键因素是输入的数量和质量，而输出只是输入的副产品，它没有直接帮助语言的习得。文秋芳的输出驱动假设挑战的则是“输入促输出”的教学顺序，并且提出听、说、读、写、译（包括口译和

① KRASHEN S. The input hypothesis：issues and implications [M]. London：Longman, 1985.

② SWAIN M. Three functions of output in second language learning [C]. COOK G, SEIDLHOFER B (eds). Principles and Practice in Applied Linguistics：Studies in Honor of H. G. Widdowson. Oxford：OUP, 1995: 125-144.

③ LONG M. Native speaker / non-native speaker conversation and the negotiation of comprehensible input [J]. Applied Linguistics.1983 (4)：126-141.

笔译）能力须均衡发展的教学目标。该假设针对有一定外语基础的中高级外语学习者，认为输出是教学的出发点和终极目标，输出驱动有助于盘活高中毕业生在过去英语学习中积累的“惰性知识”[①]，提高学生为获取新语言知识进行学习的积极性，教学效果也会更好。并且，输出驱动假设将学生未来职场或学业需要的输出能力作为教学的考核目标。

概括起来，输出驱动假设主张：①在教学过程中，因为输出不仅可以促进接受性语言的运用，也可以激发新语言知识的学习动机和兴趣，因此输出会比输入产生更大的外语学习内驱力。②在教学目标方面，培养说、写、译表达性语言技能作为显性考核目标，听、读接受性技能仅为隐性目标，因为说、写、译的能力更符合社会和未来职业需求。而且，学生可以根据需要，在说、写、译中选择一种或几种输出技能作为自己的外语学习目标[②]。

三、教学流程中的驱动

传统外语教学通常由教师组织的“热身”或“导入”活动进入一个新单元的学习，这样可以激发学生的学习兴趣或激活学生原有的相关背景知识。这些活动是为后面学习课文做铺垫，帮助学生更好地理解课文，也就是说，是为更好地接受输入做准备，并不是激发学生产出的欲望。POA 在新知识开始学习之前，就呈现了产出的“驱动”。“驱动”包括 3 个主要环节：教师呈现交际场景；学生尝试产出；教师说明教学目标和产出任务。各环节之间紧密相扣，每个环节目标明确，如第一环节 —— 教师呈现交际场景，是 POA 最具创意的环节，教师设计的场景需要具有交际性，话题具有真实性特点，又具挑战性；第二环节 —— 学生尝试产出环节，意识到现有语言知识的不足，从而触发学习新语言知识的欲望；第三环节 —— 教师说明教学目标和产出任务，明确交际与语言的两类目标，使学生对将要产出的任务类型和内容有清楚的了解。这一阶段对于教师来说最具挑战性。教师必须制定恰当的、相互匹配的产出目标和产出任务，设计“产出”场景，以激发学生学习的动力。产出场景的难易度要根据学生外语水平的差异而定，不同水平的学生可以选择不同的产出任务，以充分发挥学生潜能，实施个性化学习。

由于目前移动技术的普及，产出“驱动”这一环节可以拍成视频或微课，推送给学生，让其在课前学习。课上教师花少量时间检查学生对视频学习内容、教学目标和产出任务的理解，为第二阶段 ——“促成”，腾出更多的时间。

①LARSEN-FREEMAN D. Teaching language：from grammar to grammaring [M]. Boston：Thomson Heinle, 2005.

②文秋芳. 输出驱动假设在大学英语教学中的应用：思考和建议[J]. 外语界，2013（6）：14-22.

“产出导向法(POA)”产生于西方教育界“教学方法已死”思潮的大背景下，是中国学者在外语教学领域做出的世界性贡献。这套在实践中被证明是解决“学用分离”问题的行之有效的教学方法，已经引起各界的兴趣。2017 年，《现代外语》第三期以“产出导向法理论体系与实施方法研究”专题方式刊载了 6 篇最新成果。这些文章几乎涵盖“产出导向法”所涉及的各个方面，其中文秋芳详细阐述了“产出导向法”的中国特色，指出中国化的马克思主义哲学思想——毛泽东的《实践论》和《矛盾论》为产出导向法提供了哲学基础，中国古老的教育专著《学记》和西方的教育理论精髓为产出导向法提供了“学习中心说”教学原则①。常小玲以《新一代大学英语》教材编写为例，采用双轮驱动模式对“产出导向法”在教材编写方面发挥的作用进行了探讨②。张伶俐通过一学期的教学实验研究，检验了“产出导向法”的总体有效性。张文娟通过对学生单元教学实验中写作成绩的测量，分析出“产出导向法”对写作质量的影响。邱琳通过两轮课堂实践，从语言促成对象、类型和过程等方面对语言促成环节的设计原则进行研究，并提供了语言促成路径的设计方案③。孙曙光通过 4 轮课堂教学反思性实践研究，摸索出一套“师生合作评价”的原则和方法，确定评价焦点的三个原则，即典型性原则、循序渐进原则和可教性原则④。

第三节　人本主义教学理念

一、以人为本的教育思想

人本主义思想主要有三条演进路线：第一条是西方社会的人本主义思想和发展；第二条是中国传统文化中的人本主义思想及其发展；第三条是马克思主义的人本主义思想。

西方的人本主义思想源于古希腊，盛行于欧洲文艺复兴时期，产生的原因主要是宗教对人性自由的严重束缚，是为了挑战当时的“神本主义”思想。

中国文化中也有人本主义思想传统，历代贤明君主几乎都将重生重德、谋求百姓的生活安定作为统治国家、治理天下的基本思想。同时，每一个社会个体也

①文秋芳.“产出导向法”的中国特色[J].现代外语,2017,40(3)：348-358+438.
②常小玲.“产出导向法”的教材编写研究[J].现代外语,2017,40(3)：359-368+438.
③邱琳.“产出导向法”语言促成环节过程化设计研究[J].现代外语,2017,40(3)：386-396+439.
④孙曙光.“师生合作评价”课堂反思性实践研究[J].现代外语，2017,40(3)：109-118+151.

在客观上把自己置身现实的社会关系中来谋求自己的生存之道，由此形成中国传统文化的“民本思想”。

马克思创立的唯物史观，实质上就是“以人为本”的历史观和发展观。他认为，在唯物史观的科学体系中，人是其理论的出发点，人的发展是其理论的核心，人的自由、全面发展是历史发展进步的标志。

以人为本的精神实质具有三个表现：首先，以人为本的最终目标是人的完善；其次，以人为本的理念核心是尊重和突出人的主体性；最后，以人为本是人的生存和发展的价值趋向。在人与自然的关系上，以人为本就是要提高人的生活质量；在人与社会的关系上，以人为本就是要促进人的全面发展，尊重和关怀人性发展的要求；在人与人的关系上，就是要强调公正，关心弱势群体；在人与自身的关系上，以人为本就是要尊重个性差异，满足人的基本需求。

目前，中国教育发展的重要方针就是以人为本，关注学习中的每一位学生的学习活动。美国著名心理学家和教育思想家罗杰斯提出了一系列影响深远的人本主义教育思想主张，包括培养“完整的人”与“自我实现的人”的教育目的观、“以教师为主导、学生为主体”的教学过程观、以“真实问题”为主的课程内容观，以及注重学生“自主评价”的教学评价观等。

二、以人为本的英语教学理念

英语语言教学是一项实践性很强的教学工作。英语语言中蕴含着世界各国尤其是英语国家的悠久历史和丰富文化，传播着来自世界各国的资讯。教学中，学生的语言基础知识、文化背景知识、认知水平、语言能力等不尽相同，甚至千差万别，教师应充分予以理解，并运用“以人为本”的教学思想，满足学生正当的、合理的需求，鼓励学生积极参与各种学习和交流活动，提高学生的学习兴趣，最大限度地提高英语语言能力，汲取西方文化精髓，并在学习过程中养成良好的学习习惯，获得良好的自主学习能力，为终身学习和发展奠定扎实的基础。

因此，教学过程中，教师要根据学生的个性化需求，结合社会和经济发展需求，为学生提供一种良好的、能够促进他们学习和成长的氛围，创造最好的教学和学习条件，促使学生达到他们所能及的最佳学习状态，帮助学生发现与自身最相符的学习内容和学习方法，达到学习主体的全面协调发展。

三、以人为本的英语教学特点

以人为本的教育和学习理论在大学英语课程中的主要目标是帮助学习者学会

学习，人本主义的大学英语教学应具备以下几个特点。

第一，英语教学必须以学生语言能力培养为核心。以英语为基础的复合型人才，其英语能力是根本，不能倒置，否则就失去了英语复合型的优势。英语教学要坚持可持续发展的要求，帮助学生全面协调、逐步发展，并根据学生的需要，重点培养听、说、读、写、译中的一种或几种技能，满足未来的学习或职场需要。

第二，英语教学必须以培养英语实际运用能力为首要目标，注重学生创新能力的培养，多用讨论式、案例式、启发式教学，充分运用现代教育技术和多媒体教学手段，扎实训练学生的语言实际应用能力，帮助学生真正"学会学习"。正如著名外语教育学家韦斯特说过的那样：外语是学会的，不是教会的。学生的主动学习在外语学习过程中起着至关重要的作用。任何好的方法、理念和学习材料，都必须以学生积极主动学习为前提，否则一切都是空谈。学生在教师的引导下主动探究、发现和学习英语的语言规律与语言学习规律，把被动接受性学习、灌输性学习改变成主动发现性学习、研究性学习，对学习充满兴趣和动机，培养积极的学习情感，发挥主观能动性，从而使学习既具有自主性又具有创新性。

第三，英语的实际应用能力培养还需要设立更长远的教学目标，那就是通过学生对英语学习结果的自我评价，培养学生对自己学习负有责任感，提高英语学习的自主性、有效性和持久性，学会学习，学会应用，发展独立自主进行英语学习的能力①。

第四节　非正式学习理论

长期以来，人们认为只有发生在教室里的学习才是有价值的学习，发生在教室外的学习，价值不高甚至被忽略，前者被称为正规学习（formal learning），后者被称为非正规／非正式学习（non-formal learning / informal learning）。正规学习的重要性从未受过质疑，但对非正规学习或非正式学习的重视直到 20 世纪六七十年代才开始。1973 年，斯克里布纳（Sylvia Scribner）和科尔（Michael Cole）认为，正规学习的内容重在累积的、已记录的和建设性的知识，这类知识是普适性的，学习的目的在于使科学或艺术得到发展。但是人们每天无意识地学习了许多细节的、情境化的知识，这类知识更适用于特定情境。同时，斯克里布纳和科尔对正规学习的优势提出质疑，指出非正式学习存在的优势和重要性。其中，最典型的例子是语言学习，在语言学习中，非正式学习甚至超出正规学习成

①于金燕. 基于微课的大学英语教学改革研究[M]. 北京：中国纺织出版社，2019.

为最重要的学习方式。

国内对非正式学习概念、理论的介绍和引入来自教育界的不同领域，主要有教育技术领域和科学教育领域的研究者。其中，来自教育技术领域颇具代表性的是余胜泉等人的观点，主要借鉴了美国学者克罗斯（Jay Cross）和康纳（Marcia Conner）等人关于 e-Learning 应用于企业培训的研究结果，将学习分为正式学习与非正式学习两种基本形式。他们认为，“正式学习”主要指在学校的学历教育和参加工作后的继续教育；“非正式学习”指在非正式学习时间和场所发生的、通过非教学性质的社会交往来传递和渗透知识，由学习者自我发起、自我调控、自我负责的学习，主要指做中学、玩中学、游中学，如沙龙、读书、聚会、打球等。

杨晓平对正式学习和非正式学习从多种维度进行了概念内涵的区别分析，如表 2-1 所示。

表2-1　杨晓平关于正式学习和非正式学习的区别[①]

维度	正式学习	非正式学习
学习动机	外在	内在
学习目的	功利化	非功利性
学习取向	外塑	内生
学习机制	外驱	内驱
学习方式	偏重结构式学习	偏重社会开放性学习
学习形式	单一	多元
学习过程	接受、传递知识	管理、生产知识
学习意识	有意识	从无意识到有意识
学习角色	接收者、传递者	掌控者、创设者
学习内容	预设的	生成的
学习情境	人为性	自然性
学习效果	节点性成效	连贯性发展
知识类型	显性知识	隐性知识
关注焦点	培训（教学）与教学内容	学习本身与学习者
评价标准	常模评价	个体的进步

①杨晓平. 正式学习与非正式学习之概念辨析[J]. 贵州师范学院学报, 2015, 31(5)：80-83.

虽然正式学习和非正式学习在许多维度显示出极大的差异，但两者并不是截然对立的。虽然正式的高度结构性是学习者无法掌控的，但是这种学习活动结束后会对学习者产生或多或少的影响，促使其反思，或受到启发，或产生顿悟，从而改变自己的人生观和价值观。这就是典型的非正式学习。换句话说，非正式学习和正式学习往往有一定关联。

如果尝试在课堂进行微课教学，则是一种正规学习；更多情况下，微课都将作为一种学习资源，学生可以在课堂外有意识或无意识状态下进行学习，也是一种非正式学习。但是，微课教学和课堂教学紧密相关，并不是相互孤立、不发生关系。相反，两者应该互相补充，主动寻找结合点，以达到最佳的教学效果。

第五节　视听原理

视听原理由美国美学家鲁道夫·阿恩海姆提出，他在《视觉思维——审美直觉心理学》中阐述道："视觉乃是思维的一种最基本的工具"[①]。不可否认的是，视觉是人类认知的主要渠道。

实验心理学家赤瑞特拉做过关于人类获取信息的来源的实验，即人类获取信息主要通过哪些途径。通过大量的实验，他证实了人类获取的信息 83% 来自视觉，11% 来自听觉，也就是说高达 94% 的信息源于视听，还有 3% 来自嗅觉，1.5% 来自触觉，1% 来自味觉。总体如图 2-2 所示。

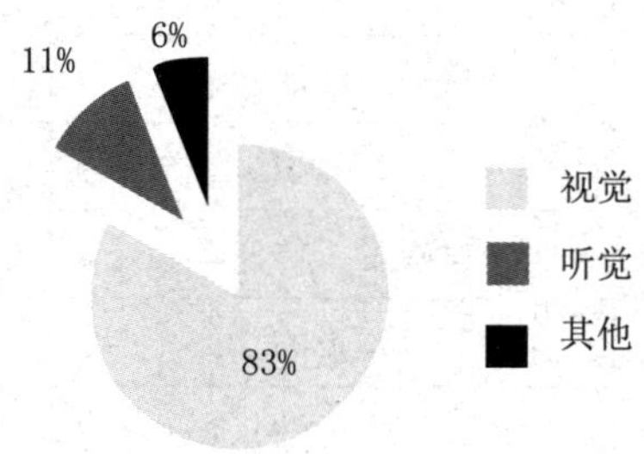

图2-2　人类信息来源分布

由此可见，要产生高质量的课件，必须要在视觉刺激上下功夫，但是这并不意味着视觉因素占某个课件效果的 83%，因为赤瑞特拉计算的是视觉占人类信息来源总量的 83%，并不是任何情况下都是 83%。

①鲁道夫·阿恩海姆.视觉思维——审美直觉心理学[M].成都：四川人民出版社，1998.

第六节　学习金字塔理论

学习金字塔（Cone of Learning）是由美国学者埃德加·戴尔（Edgar Dale）1946 年率先提出的，也有人翻译成“经验之塔”。美国缅因州的国家训练实验室做过类似的研究，并提出了学习金字塔（Learning Pyramid）理论，结论跟戴尔提出的经验之塔差不多，只是把阅读和听讲交换了次序，认为阅读比聆听记住的东西更多。图 2-3 是美国缅因州国家训练实验室提出的学习金字塔（Learning Pyramid）。处在塔尖的是第一种学习方式——“听讲”，也就是教师在上面说，学生在下面听。正是这种我们最熟悉、最常用的方式，学习效果却是最低的，24 小时以后学习的内容只能留下 5%。第二种是通过阅读的方式学到的内容，可以保留 10%。第三种是用声音、图片和视频的方式学习，留存率可以达到 20%。第四种是示范，采用这种学习方式，可以记住 30%。第五种是“小组讨论”，可以记住 50% 的内容。第六种是“做中学”或“实际演练”，平均留存率可以达到 75%。最后一种在金字塔的底层，是“教别人”或者“马上应用”，平均留存率可以达到 90%。这与中国孔子提出的“教学相长”（教师和学生相互促进）的观点是一致的。

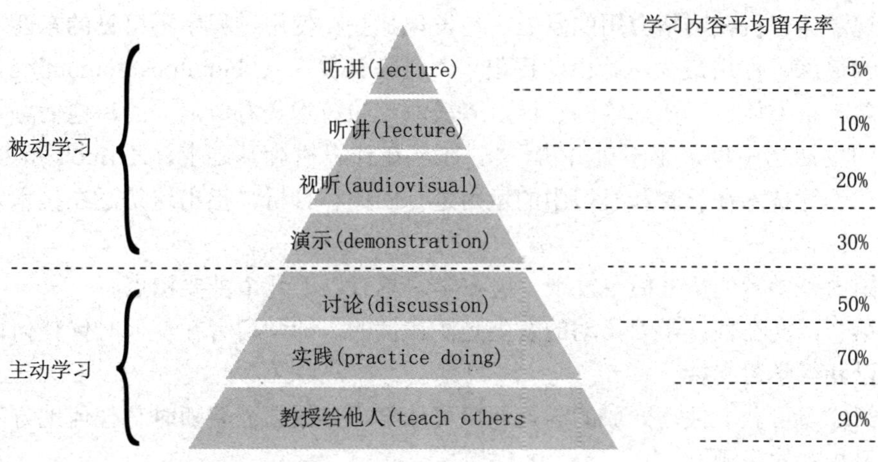

图2-3　学习金字塔（美国缅因州国家训练实验室）

需要注意的是，平均留存率在 30% 以下的几种传统方式，都是个人学习或被动学习；平均留存率在 50% 以上的，都是团队学习、主动学习和参与式学习。

网络环境下基于数字化课件的学习，多属于主动学习或参与式学习。与枯燥的纸质图书相比，视听俱佳的视频更能给人留下不可磨灭的印象。因此，经过精心设计的、视听效果佳的微课，能有效提升学生学习内容平均留存率。

第七节 泛在学习理论

随着计算机技术、网络通信技术的快速发展，学习模式正在发生着深刻的变化，先后出现“E-learning”（数字化学习）、“M-learning”（移动学习），并逐步发展出“U-learning”（泛在学习）。

泛在学习是指泛在计算技术环境支持下的一种无处不在的，学习者可以根据自己的需求和所处的情境积极主动、随时随地地利用容易获取的资源进行学习的活动，是由于数字化学习和移动学习发展到一定阶段而催生的新的教学模式。泛在学习将学习的开放性与灵活性融入日常生活，使学习活动的进行可以不受时空限制，从而使终身学习成为一种可能。由于泛在学习的便利性，它近年来受到国内外众多学者的关注。

多数学者认为，泛在学习这一概念源于泛在计算。1988 年，Mark Weiser 重新审视了计算机在网络应用的发展，他发现那些在使用过程中不可见的东西对人们影响最深、作用最大，并由此提出了“泛在计算”（Ubiquitous Computing）这个概念。正如他自己所描绘的那样，“最深刻的技术是看似消失的，他们融入了每天的生活当中以至于不可分辨”①。在泛在计算概念基础上，Harmon 和 Jones 将泛在计算技术在教育和学习中的运用进行回顾和分析，指出这是泛在技术发展的又一标志②。

国内外学者的研究成果发现，泛在学习具有以下几个主要特点。

第一，泛在性。学习活动的发生是泛在性的，即学习者在任何时候任何地方都可以获得学习支持。

第二，可获取性。开放的学习环境可让学习者根据需要随时从任何地方获取与学习相关的资源。

①WEISER M. The Computer for the 21st Century [R]. Morgan Kaufmann Publishers Inc, 1999.

②HARMON S, JONES M. Mobile Ubiquitous Computing in Teaching and Learning：A Review of the Literature [C] // Society for Information Technology & Teacher Education International Conference. Phoenix . Association for the Advancement of Computing in Education, 2005: 2634-2636.

第三，交互性。学习者可以在学习过程中与教师、学习同伴甚至专家进行同步实时的交流或异步交流。

第四，教学行为的情境性。学习被整合入日常生活的各个细节，自然地为学习者呈现知识和问题，以帮助学习者应对特定的问题情境。

第五，关注现实问题。泛在学习基于学习者的学习任务与认知目标，以解决学习者在现实中所遇到的实际问题为核心。

微课作为泛在学习的一种重要形式，具备以上每一个特点，也为英语教师进行教学在内容、呈现方式、情境设计、任务编排等方面提出明确的方向和有力的指导。

第八节　认知负荷原理

一、“7±2 法则”

1956 年，哈佛大学认知心理学家乔治•米勒对短记忆能力进行了定量研究，发现人类头脑最好的状态能记忆 7±2 项信息块。在记忆了 5~9 项信息后，人类的头脑就开始出错。神奇数字 7±2 法则经常被应用在软件及课件的交互设计上，如一般软件的选项卡不会超过 9 个，过多的元素会造成大量的记忆负荷，这就是著名的“7±2 法则”[①]。

这是对人类能力研究得到的结果：一个人能力的极限只能把注意力集中在 7±2 个信息块。这就像人弹跳的极限、忍受饥饿的极限一样，是不可改变的客观因素。它很大程度上限制了人的思维能力。这个法则也被称为米勒法则，即一个人的注意力的极限在 7±2 个信息块。

这说明一般人能同时学习的能力是有限的，这个法则对于如何确定课件的信息量，也提供了很好的指导和参考。比如，同一时间段屏幕上的信息点不要超过 6 个，这使课件内容的呈现变得简洁明快，因为这样设计能够大大减少认知负载过重的情况。

这一法则为后来澳大利亚南威尔士大学认知心理学家 John Sweller 提出认知负荷理论奠定了基础。

① MILLER　G. The magical number 7 plus or minus 2： some limits on our capacity for processing information [J]. Psychological Review, 1956 (63)：81-97.

二、认知负荷理论与教学

认知负荷理论把学习结构看成一个信息处理系统，包括两种记忆：一是工作记忆，执行与意识相关的智力工作；二是长时记忆，以图式形式存储知识。当工作记忆存储为长时记忆时，学习就是最好的，但是在这一过程发生前，工作记忆必须经过大量的处理，这种处理的容量及持续的时间都极为有限，而且工作记忆的局限性会对学习过程产生制约作用。因此，依据认知负荷理论，如果要提高教学质量，教师必须对工作记忆的作用及其局限性进行充分的分析和研究。20 世纪 80 年代，自认知负荷理论产生以来，已经在教育界被广泛用来提高教学设计的效率及质量。

三、认知负荷理论与大学英语教学

认知负荷理念认为，在信息适量的情况下，人的学习效果是最好的。然而，目前的大量微课设计中，屏幕上出现的内容太多，给学习者造成大量的认知负荷，无法在短时间内找出重点语言或知识信息进行储存和加工，从而导致学习效果低下。因此，认知负荷理论可以为当前的大学英语教学改革提出一些建议。

首先，选用大学英语教材时要避免注意分散效应和冗余效应产生的问题。许多高校通常会为同一年度入学的新生选定同一套教材，进行一两年的教学，目标是学生能通过四级或六级考试。从认知负荷理论来看，这种做法没有注意到学生认知负荷水平的差异。对于英语基础好的学生来说，如果使用这套教材是合适的，那么对于基础薄弱的学生来说可能会产生很大的认知负荷。那样的话，这部分学生的学习过程就会变得极其艰难，学习过程中可能会不断将注意力分散于各方面的认知负荷，如过多的生词及复杂的语法现象等。这种注意分散效应会降低学习者的学习效率和学习兴趣。另外，如果这一套教材对于基础薄弱的学生来说是合适的，那么就意味着英语基础优秀的学生很可能已经掌握了该套教材中相当一部分知识，从而在使用过程中就会出现大量冗余信息。这些冗余信息对学生来说是不必要的认知负荷。在这种冗余效应的影响下，学习者的学习效果也很难得到保证。因此，目前也有一些高校在学生入学之际进行分级测试，根据测试成绩选择不同的教材，从而避免注意分散效应及冗余效应对学生英语学习产生的负面影响。

其次，应改变大学英语传统教学给学生造成更多认知负荷的做法。传统大学英语教学虽然一直在改革，但整体上还是以教师为中心。许多教师已经习惯于灌输式教学，许多学生也习惯于默默接受教师向其灌输的英语知识。所以，在有些尝试以学生为主体的教学中要求学生参与课堂活动时，很多学生会觉得不自在，课堂活动参与度不高。在大学英语课堂上，教师往往会逐字逐句地讲解课文和练习，分析课文中出现的生词、难词、重点词、语法等英语知识，有的教师在讲解课文时还会把整篇文章翻译成中文。用认知负荷理论来分析，这种做法是不科学的。因为教师的“细心”讲解会给学生的学习产生冗余效应，学生忙于记录来自教师的冗余信息，不仅浪费了大量的课堂宝贵时间，还会逐渐消磨学习兴趣。而且，这种教学方式还会给学习者带来一种错误的感觉，认为英语学习只要学习词汇、语法这些基础知识就可以了，而不去重视、听、说等方面的训练。

对于大学英语的微课教学，教师选择教学材料和教学方法时，一定要充分考虑学生的认知负荷水平。无论是课堂教学还是课外学习，要选择与他们的认知水平相匹配的材料，避免因为给学生造成过多的认知负荷而影响学习效果和继续学习的兴趣。

第九节 记忆加工理论

认知主义的记忆加工模型指出，“编码”（encoding）与“提取”（retrieval）是学习的两种重要活动。“编码”是指将信息存入大脑，“提取”则是从记忆中回放信息的过程。当人进行测试或从事类似活动时，人的思想就将尝试提取问题的答案或提取被用来生成答案的相关信息。

Karpicke 等指出，重复提取能够增强长时记忆，重复学习则对增强学习帮助不大；在学习过程中加入测试能改进学习，但当学生自由控制学习时，他们并不能在第一需要的时间尝试提取，尽管那时进行提取可以产生最好的学习效果。① 他发现，它是测试中最为关键的环节，因此，“提取”对巩固学习具有非常重要的促进作用。测验效应（Test Effect）是指与单纯的阅读或聆听信息相比，提取信息更能增强记忆效果。这一效应有时也被称为提取练习或测验提升学习。他还发现，提取练习比以概念为代表的精细化学习更能促进学习效果的生成，但是教师往往比较信赖那些支持精细化学习的活动，而对那些需要学生练习提取和对知

① KARPICKE J D, ROEDIGER H L . The critical importance of retrieval for learning [J]. Science, 2008, 319(5865)： 966-968.

识积极性重构的活动兴致不高。①

如果从“提取”的视角来审视各种教学和学习方法，就有了一个重要评价指标——教学或学习活动中含有多大比例的“提取”活动。只要能够有效激发学习者的“提取”，就可以认为这种教学方法有助于增强学习和促进学习的保持。从这个意义上来说，单纯的微课视频只能起到重复学习的作用，如果要促进提取，还需要配合视频准备大量的练习——这就是现在流行的大规模开放网络课程（慕课，MOOC）的基本教学模式，这对于促进学生的自主学习具有非常重要的价值。

① KARPICKE J D, BLUNT J R. Retrieval practice produces more learning than elaborative studying with concept mapping [J]. Science, 2011, 331(6018)：772-775.

第三章　微课、慕课、翻转课堂

第一节　微课

对于这种以 5~10 分钟视频为主要载体的在线教学，如何给其以一个恰当的称谓，一直有争论。国外有用 microcourse、microlesson、microlecture 等词汇表示的，国内专家有的用“微课”，有的用“微课程”。对于究竟哪个合适，各说一词。在讨论微课之前，先要厘清这两者的关系。

其实，争论的关键在于这些碎片化但又自成体系的视频教学究竟是“课”还是“课程”。根据经典教学理论，“课”是指有时间限制并且有组织的教学过程单位，其目的在于达到一个相对完整但又是局部性的教学目的。“课程”一词的英语是 curriculum，来源于拉丁语 currere，意为“跑道”，转义为教育上的术语，意味着学习者学习的路线。课程一词在我国古代文献中就已出现，近代和现代教育文献中广泛出现课程一词。张之洞等在《筹议变通政治人才为先折》中说，查外国学堂法，“凡立一学必先限定，教至何等地位，算至几年毕业，若干时刻方能教完，按日排定，每日必作几刻工夫，定为课程”。以后在政府文件中常用课程这一术语来表明学校教学和教育的整体计划，包括学科设置、教学时数、教学内容等的安排，总称为“课程标准”。百度百科对于“课程”是这样定义的：所谓课程，就其广义来说是指依据学校教育目标制定的学生各种活动的总体计划，就其狭义来说是指一门学科的各种活动总体计划，包括教学目标、教学内容、教学时限、课内和课外活动。教学计划所规定的学校各种活动，都可以列入课程这个概念。

由此可见，“课”与“课程”是两个不同的概念，但又相互联系的，“课”是“课程”的一部分。同样，“微课”与“微课程”也是两个彼此不同但又彼此相联系的概念。概括地说，微课程是由微课组成的有体系的系统课程。通过将复杂的课程分解成多个知识点，用户通过系统地学习每个微课，继而形成一条学习链，即可完成一门系统课程。微课以微型教学视频为主要载体，包含与数字相配套的微教案、微学案、微练习、微课件、微实验、微反思、微反馈等辅助性教学资源，从而形成一个网络化、开放化、半结构化、情境化的资源动态生成和交互教学应用环境。微课程除了相关的资源外，还应包括相应的教学活动，是某门学科知识点的教学内容及实际教学活动的总和。

总之，微课是某一教学内容相关资源的整合与体现，而微课程却有课程的含义，是在微课的基础上结合具体教学活动所开展的，更能体现出教师对教学的掌控能力和信息化水平。

一、微课的特点

微课最重要的特点在于它的短小精悍，不是把所有的教学内容以视频的形式展示给学生，而是利用碎片时间把教学的重点和难点等以5~10分钟的视频形式展现出来，便于学生从网络上下载或观看。而且，能够不断重复利用，易于修改，更好地满足师生的个性化教学和学习。具体来说，微课特点包含以下方面。

（一）教学时间较短

教学视频是微课的核心组成内容。根据中小学生的认知特点和学习规律，微课时长一般为5~8分钟，最长不宜超过10分钟。因此，相对于传统的40~45分钟的教学课例来说，微课可以称为“课例片段”或“微课例”。

（二）教学内容较少

相对于较宽泛的传统课堂，“微课”的问题聚集，主题突出，更适合教师的需要。它主要是为了突出课堂教学中某个学科知识点（如教学中的重点、难点、疑点内容）的教学，或是反映课堂中某个教学环节、教学主题的教与学活动。相对于传统一节课要完成的复杂众多的教学内容，“微课”内容更加精简，因此又可以称为“微课堂”。

（三）资源容量较小

从大小上来说，“微课”视频及配套辅助资源的总容量一般在几十兆字节，视频格式须是支持网络在线播放的流媒体格式（如rm、wmv、flv、mp4等），师生可流畅地在线观摩课例，查看教案、课件等辅助资源；也可灵活方便地将其下载保存到终端设备（如笔记本电脑、手机、MP4等）上实现移动学习、泛在学习，非常适合于教师的观摩、评课、反思和研究。

（四）资源组成／结构／构成“情境化”

资源使用方便。微课选取的教学内容一般要求主题突出、指向明确、相对完整。它以教学视频片段为主线“统整”教学设计（包括教案或学案）、课堂教学时用到的多媒体素材和课件、教师的教学反思、学生的反馈意见及学科专家的文字点评等相关教学资源，构成一个主题鲜明、类型多样、结构紧凑的“主题单元资源包”，营造出真实的“微教学资源环境”。这使得微课资源具有视频教学案例的特征。广大教师和学生在这种真实的、具体的、典型案例化的教与学情境中可易于实现隐性知识、默会知识等高阶思维能力的学习，并实现教学观念、技能、风格的模仿、迁移和提升，从而迅速提升教师的课堂教学水平，促进教师的专业成长，提高学生学业水平。就学校教育而言，微课不仅成为教师和学生的重要教育资源，而且也构成学校教育教学模式改革的基础。

（五）主题突出，内容具体

一节微课就一个主题，或者说一节微课一件事；研究的问题来源于教育教学具体实践中的具体问题，如生活思考、教学反思、难点突破、重点强调、学习策略、教学方法、教育教学观点等具体的、真实的、自己或与同伴可以解决的问题。

（六）草根研究，趣味创作

正因为课程内容的微小，人人都可以成为微课的研发者；正因为微课的使用对象是教师和学生，研发的目的是将教学内容、教学目标、教学手段紧密地联系起来，是“为了教学、在教学中、通过教学”，所以，决定研发内容一定是教师熟悉的、感兴趣的、有能力解决的问题。

（七）成果简化，多样传播

因为内容具体、主题突出，研究内容容易表达，研究成果容易转化；因为课程容量微小，用时简短，所以传播形式多样，如网上视频、手机传播、微博讨论。

（八）反馈及时，针对性强

由于在较短的时间内集中开展“无生上课”活动，参加者能及时听到他人对自己教学行为的评价，获得反馈信息，较之常态的听课、评课活动，微课具有即时性。由于是课前的组内“预演”，人人参与，互相学习，互相帮助，共同提高，在一定程度上减轻了教师的心理压力，不会担心教学“失败”，评委也不用太顾虑评价“得罪人”，较之常态的评课会更加客观。

二、微课的种类

课堂教学会受到多种因素如教师、学生、教材和采用的媒体等多方面的影响，因此课堂教学具有复杂性、不确定性和艺术性等特点，这使得课堂教学既丰富多彩又千变万化。分类的角度和依据不同，课堂类型也就大不相同。

（一）按照课堂教学方法进行分类

教学方法是教师和学生为了实现共同的教学目标，完成共同的教学任务，在教学过程中运用的方式与手段的总称。根据李秉德教授对教学活动中常用的教学方法的分类总结，同时也便于一线教师对微课分类的理解和实践开发的可操作性，有研究者将微课划分为 11 类，分别为讲授类、问答类、启发类、讨论类、演示类、实验类、表演类、自主学习类、合作学习类、探究学习类。各类的分类依据、常用教学方法和具体适用范围如表 3-1 所示。

表3-1　微课的分类及适用范围

分类依据	微课类型	常用教学方法	适用范围
以语言传播信息为主	讲授类	讲授法	适用于教师运用口头语言向学生传授知识，如情境描绘、事实叙述、概念解释、原理论证、规律阐明等。这是普通教育中最常用的一种主要微课类型
	问答类	谈话法	适用于教师按一定的教学要求向学生提问，要求学生回答，并通过问答形式来引导学生获取和巩固检查知识
	启发类	启发法	适用于教师在教学过程中根据学生任务和学习客观规律，从学生的实际出发，采用多种方式，以启发学生的思维为核心，调动学生的学习积极性和主动性，从而引导学生进行生动活泼的学习
	讨论类	讨论法	适用于在教师指导下，由全班或小组围绕一个中心问题通过发表各自意见和看法，共同研讨、相互启发、集思广益地进行学习
以直接知识感知为主的方法	演示类	演示法	适用于教师在课堂教学时把实物或直观教具展示给学生，或者做示范性的实验，或通过现代教学手段，通过实际观察获得感性知识以说明和印证所传授的知识

续表

分类依据	微课类型	常用教学方法	适用范围
以实际训练为主的方法	实验类	实验法	适用于学生在教师的指导下，使用一定的设备和材料，通过控制条件的操作过程，引起实验对象的某些变化，从观察这些现象的变化中获得新知识或验证知识。在物理、化学、生物、地理、自然常识、技能培养等课程的教学中，这类微课较为常见
以欣赏活动为主的教学方法	表演类	表演法	适用于在教师的引导下，组织学生对教学内容进行戏剧化的模仿表演和再现，以达到学习交流和娱乐的目的，促进审美感受和提高学习兴趣。一般分为教师的示范表演和学生的自我表演两种
以引导探究为主的教学方法	自主学习类	自主学习法	自主学习是与传统的接受学习相对应的一种现代学习方式。以学生作为学习的主体，通过学生独立的分析、探索、实践、质疑、创造等方法来实现学习目标
	合作学习类	合作学习法	合作学习是一种通过小组或团队的形式组织学生进行学习的策略
	探究学习类	探究学习法	适用于学生在主动参与的前提下，根据自己的猜想或假设，运用科学的方法对问题进行研究，在研究过程中获得创新实践能力、思维发展，自主构建知识体系

要注意的是，一个微课作品一般只针对某一微课类型，但是也可以同时属于两种或几种不同的微课类型的组合。并且，现代教育教学理论的不断发展，教学方法和手段的不断创新，微课类型也不是一成不变的，需要教师在教学过程中不断提高和完善。

（二）按照教学主要环节或进程进行分类

微课类型可以分为课前复习类、新课导入类、知识理解类、练习巩固类、小结拓展类等。其他与教育教学相关的微课类型还有说课类、班会课类、实践课类、活动类等。

（三）从制作方式和文件格式角度分类

从制作方式和文件格式角度分类，可分析不同类型的微课技术需求和艺术效果，以及它们各自的传播功能与适用范围。

1. 拍摄型微课

拍摄型微课是指制作者利用摄像设备，在一定授课环境下，对教师讲课内容或学生学习过程进行记录制作而成的视频微课。授课环境既包括室内教室环境，也包括室外自然环境，这取决于课程内容的需要。拍摄型微课的最大特点在于教师出镜授课。教师出镜有利于形成网络学习中的师生互动氛围，尽管视频内外的师生不能进行直接交流，但是教师的神态、表情、动作等依然对学生的学习产生影响。这种微课一般在屏幕上同时呈现教师和课件，也存在教师图像和课件图像相互切换、分别呈现的情形。课件图像可以是静止的，也可以是嵌入的流媒体素材，如视频、动画等。

语言类课程、操作类课程适宜采用拍摄型微课。例如英语单词教学，需要突出字词的发音教学。一方面，教师教授学生识字、读单词，不仅需要给学生示范标准读音，还要为学生展示正确口型，让学生跟随模仿，既要口耳相传，也要口眼相传；另一方面，发音教学课程内容通常比较枯燥，并且需要学生花费较长时间反复练习，教师的出镜则让整个学习过程更有人情味，利于学生学习状态的保持。

2. 录屏型微课

录屏型微课是指制作者在计算机中安装录屏软件，如录屏大师、Camtasia Studio，录制教师通过教学课件（如基于PPT、Word、绘图软件、手写板输入软件等形式制作的课件）呈现的教学过程，并同步录制教师的授课声音和屏幕操作行为而生成的视频微课。录屏型微课不出现教师、实物教具和现实环境，仅仅显示电脑屏幕上的文字、图片、流媒体内容。一方面，这种微课的制作对软硬件的要求比较简单，对制作者的技术要求低，通常只要一台安装有录屏软件的电脑，教师便可自行操作；另一方面，由于视频画面主要是课件页面，因此，此类微课对课件的设计、美化要求较高，包括图文的组合、色彩的搭配、字体字号的设计、书写的工整与规范、简易动画的编制等，否则，视频画面会显得单调、枯燥或粗糙、杂乱。

需要呈现较长篇幅文本和严密逻辑关系的课程，适宜采用录屏型微课。教学内容必须能在屏幕上充分地展示出来，再配上教师的讲解与操作，这样能够解释清楚的知识就适合录屏型微课。例如，英语阅读教学中需要教师为学生呈现大篇幅的文章文本，英语写作教学、参考文献撰写方法教学也需要教师进行直接展示并书写大量内容。对于这些类型的教学内容，采用录屏型微课能够比较充分地展现教学内容，容易被学生理解和掌握。

3. 动画型微课

动画型微课是利用Flash动画技术和绘画艺术制作的微课，它的最大特征是趣味性和可操作性。动画型微课有两类常见格式：视频格式（如avi、mp4、wmv）和动画格式（如swf、flash）。视频格式的动画型微课只能观看，不能操作；动画格式的动画型微课既能观看，又能操作。动画型微课的有效作用在于，它能够有效帮助学生在学习过程中理解需要空间想象的抽象图形以及图形的运动变化过程。

需要增强趣味性的内容，不便于真人演示和实物展现的内容，都适合采用动画型微课。例如，英语课中教师演示学生作文修改，常常需要在范文中把句子顺序、词语顺序进行移动，也经常要形象地显示修改前后的变化，为了能清晰地展示这些修改路径和前后对比效果，可以采用动画视频的形式，给学生留下更深刻的印象，从而提高学习的效果。

4. 改良型微课

改良型微课是在常规课堂教学录像视频基础上加工而成的微课。改良，意味着它必须在原视频素材的基础上，按照微课的要求，为达到微课教学目的，进行制作加工。主要素材通常来源于常规课的教学内容，是学校在过去录制的全堂或片段常规公开课、示范课。微课兴起之前，这些影像素材通常被制作成完整的课堂教学视频或作为资料存档；微课兴起之后，这些影像素材便被发现有了新的用武之地。

制作方法主要包括：将较长的原视频剪辑为一个或多个时间较短的微型视频；删除与知识点教学关联性不强的部分（如课堂互动、学生作业环节）；制作清晰明了、重点突出的课件及显示效果；设计教师授课画面和课件画面的镜头导播切换；增加或重新制作片头片尾，体现该节微课的基本信息。

5. 幻灯片型微课

幻灯片型微课的格式可以被理解成是一种广义的影像视频格式。因为影像视频的基本特征是持续播放连续运动画面，要达到这种效果，在某些非视频类办公操作软件（如PPT、WPS演示）中也能呈现——尽管可能这类功能并未被人们广泛熟知。由于这种微课不属于严格意义上的视频格式，因此不需要制作者使用视频制作软件，只要在PPT等演示幻灯片软件中制作即可实现流媒体效果，非常适合普通教师操作。

在国内，不乏优秀的运用PPT制作能够动态播放的幻灯片型微课，其中比较典型的是李玉平制作的微课。他的微课由文字、音乐、画面组成，善于通过配合精简的文字、精美的图片和舒缓的音乐来呈现内容，能让读者在优美的轻音乐中细细品味和思考。让人们惊奇的是，PPT 竟然具备这种动态有声微课的制作功能。这类微课适合用来展现具有情节性、故事性和思考性的内容，在大学英语精读课教学，尤其是一些文学作品讲解教学中可以进行使用。

6. H5 交互类微课

主要是随着移动设备特别是智能手机的应用发展，可以在手机直接观看或者交互体验的微课形式，制作工具通常有 UMU、炫课、IH5、Frontpage、Dreamweaver 等。

7. 移动直播类微课

这种微课近两年开始在教学，尤其在一些培训中得到应用，是一种便捷的微课呈现形式。它借用现场直播的概念，使用智能手机，现场直播操作过程知识或技能演示。目前，这类工具比较多，如映客直播、腾讯 NOW 直播、钉钉直播等。

三、微课的组成要素

微课作为一种数字化教育资源，从其教育资源属性出发，一个典型的微课需要包含以下构成要素：目标、内容、教的活动、交互、多媒体。

目标是指教师预期微课的适用教学阶段和期望教学应用所要达到的结果。它包含两个含义：应用目的，即为什么要设计开发微课，这与微课应用的教学阶段（课前、课中、课后）有关，如为学生的课后练习提供个别化的指导而设计制作的练习讲解的微课；应用微课，即教师期望学生在使用微课后需要解决的具体问题，如引发学生的思考、掌握某道题的解题方法等。微课的目标一般具有单一、具体、明确的特征，对微课的内容选择和应用形式起到导向作用。

内容是指服务于微课预期目标达成的、与特定学科相关的有意传递的素材及信息，它是教师实现微课预期目标的信息载体。微课内容是教师依据微课目标、学生学习情况、准备应用的教学阶段等教学实际，有针对性地对特定学科教学内容进行综合加工而成。微课内容会直接影响教师“教的活动”的设计。由于微课的时间很短，在内容上具有短小、主题明确、相对独立的特征，需要教师对内容进行精心选取、删减、改编和设计。

教的活动是指教师作为活动主体与特定微课内容的客体之间的相互作用过程，通过这种相互作用，向学习微课的学生有效传递教学的方法。从教的方法来看，教的活动可以分为教师讲授、教师演示、教师操作、教师与其他活动主体的言语对话等活动类型。

交互与多媒体是在微课中教师用来完成相应的“教的活动”的特定的工具，以帮助学生对内容产生正确意义建构的相互交流和相互作用。微课中的交互通常有概念交互、信息交互和人机交互三大类型。其形式与交互对象关系见表 3-2。

表3-2　微课中的形式与交互对象

类型	形式	直接交互对象
概念交互	引发认识冲突的画面	学生与多媒体信息
	引发认识冲突的言语	
	提问性的言语	
信息交互	叙述性的画面	
	叙述性的言语	
人机交互	人机交互工具	学生与交互界面

微课的五大构成元素（目标、内容、教的活动、交互、多媒体）相互联系、相互影响。教师通过对它们的精心设计，组织建构成具有一定结构化程度的数字化课程资源。

四、国内外微课资源

近年来，微课资源网站不断涌现，并呈不断增长趋势。如国外的可汗学院、TED-Ed、Teachers TV、Watch Know Learn，国内的有中国微课网、微课网、大中小学优秀微课作品展播平台、全国高校微课教学平台等。国外最具影响力的微课资源网站是可汗学院及 TED-Ed。

可汗学院的微课包括数学、科学与经济学、计算机科学、人文学、测试准备（test prep）以及与著名高校合作的医学、实验等。其内容主要以写字板和教师旁白讲授相结合的形式呈现，并配有多国语言的讲授字幕。其中，理科课程较为完整和系统，教师通常采用例题讲解的方式进行知识点的讲授，没有过多的导入，直接进入主题。除基本课程外，每个专题还设有相应的拓展性内容，供学生提升能力。

国外在微课配套资源的设计和建设上不仅较为完整，而且别具特色。如可汗学院的一大特点是为学生提供知识地图（knowledge map）以及自定学习计划阵。知识地图将零散的知识点以网络图的形式串起，为学生指明学习路径，并由浅层次向深层次递进，同时指出知识点所需要掌握的技能，让学生明确自己的学习任务。学生还可以根据自身需求制订学习计划，并添加用户作为自己的教师。可汗学院采用专题测试的形式评价学生的知识掌握情况，每学习完一节微课，可汗学院会为学习者提供相应的练习题，以测试学生对该知识点的掌握情况。

TED-Ed的微课包含32个主题，不仅有中小学课程内容，还涉及大学课程，分别有：艺术、数学、商业与经济学、科技文娱与设计（TED）、文学与语言、哲学与宗教、心理学、科学与科技、社会研究、教学与教育、健康等。微课内容多以卡通动画及真人演讲的形式呈现，视频常配有同步讲授旁白、字幕及知识介绍，界面生动活泼，内容短小精练，知识点明确，特别适合中小学生的心理特征及学习水平。将英语作为外语的中国大学生可以利用该网站的资源进行英语听说能力的训练，也有不少中国高校英语教师将该资源与大学英语翻转课堂相结合的教学实践，如赵岩①、赵燕飞②、吴玲娟③ 等。

中国较有影响力的高校微课资源网站是“全国高校微课教学平台”。它是教育部全国高校教师网络培训中心为举办首届“全国高校微课教学比赛”而创建的资源平台，现有近1000件微课作品，涉及高校文史类、理工、高职高专和继续教育类课程内容。教学平台展示的是参赛作品和获奖作品，包括教师的微课视频、教学设计方案、PPT课件、教学反思、评委评语等内容，用于教师的专业发展及学科教师简单交流。

从中外微课网站的展示和分析可以看出，国外微课涉及的学科更加丰富，内容呈现形式更加多样，除了真人讲解演示外，还以电子黑板、卡通动画等形式呈现，能够吸引学生的兴趣。相比之下，国内微课内容的呈现形式比较单一，仍以课堂实录片段为主，教师更倾向于对自己的优质课视频进行后期加工，尤其是这些为了参赛获奖而制作上传的微课视频，重点考虑这些参赛作品内容的小完整性，而无法体现这些微课作为课程组成部分的整体完整性和效果。由于教师自身的编辑处理能力不强，而且都是参赛作品，为了达到良好的观看效果和竞赛效应，所以制作成本比较高。

国内外微课资源网站均为师生提供了互动平台，便于答疑、交流。国外微课

①赵岩. TED演讲在大学英语视听说课程中的应用与创新——评《新世界交互英语视听说4(学生用书)》[J]. 中国教育学刊, 2019(2)：143.

②赵燕飞. 运用TED演讲辅助英语视听说教学[J]. 教学与管理, 2016(21)：103-106.

③吴玲娟. 基于TED-Ed的通用学术英语听说翻转课堂研究[J]. 电化教育研究, 2015, 36(11)：81-87.

配套资源建设相对完善，不仅有多种题型的相关练习，还有知识地图、学习任务、成绩统计、奖励制度、编辑个性化课程、自定学习计划等。这有利于学生的自主学习和在线学习，并给予师生及时的教学反馈。国内的微课配套资源主要是提供教师交流学习的教案、反思和评价，这是国外配套资源所缺乏的，但针对学生学习的配套资源不足，仅提供相关的习题测试、学习攻略等，因而不能充分地发挥微课在教学上的作用。

第二节 慕课

慕课是指大型的开放式网络课程，即 MOOC（massive open online courses），是中国人对其缩写名称的音译。所谓“慕课”(MOOC)，顾名思义，“M”代表 Massive（大规模），与传统课程只有几十个或几百个学生不同，一门 MOOC 课程动辄上万人甚至几十万人；第二个字母“O”代表 Open（开放），以兴趣导向，凡是想学习的都可以进来学，不分国籍，只需一个邮箱，就可注册参与；第三个字母“O”代表 Online（在线），学习在网上完成，无须旅行，不受时空限制；第四个字母“C”代表 Course，就是课程的意思。

一、慕课的发展和主要特点

虽然大量公开免费线上教学课程是 2000 年之后才发展出来的概念，其理论基础深植于资讯时代之前，最远可追溯至 20 世纪 60 年代。1961 年 4 月 22 日，巴克敏斯特・富勒针对教育科技的工业化规模发表了一个演讲。1962 年，美国发明家道格拉斯・恩格尔巴特向史丹福研究中心提出一个研究“扩大人类智力之概念纲领”，并强调使用电脑辅助学习的可能性。在此计划书里，恩格尔巴特提倡电脑个人化，并提出使用个人电脑和网络将带来世界规模的资讯交换潮。

也有学者认为，开放课程最早起源于 1969 年英国开放大学的远距离教学。BBC 电视台于 20 世纪 90 年代开播开放大学节目。随着数字电视和网络技术的日新月异，传统的远距离教学理念和实践都发生重大变化。特别是始于 2006 年英国的“开放学习”计划，基于资源共享原则，利用网络无远近、交叉串联的功能，在开放大学团队的主导下，通过电脑虚拟空间营造网络公开课程。如今已有来自 200 多个国家和地区的参与者成为这一计划的践行者。

2007 年 8 月，大卫・怀利在犹他州州立大学开设了一门大型开放式网络课程（或称为大型开放式网络课程原型），它是开放给全球有兴趣学习的人来参与的研究生课程。成为开放课程之前，这门课本来只有5个研究生选修，后来变成有50个来自8个国家的学生选修。

2011年秋天，大型开放式网络课程有重大突破：超过160000人通过赛巴斯汀·索恩新成立的知识实验室（现称Udacity）参与索恩和彼得·诺威格所开设的“人工智能导论”课程。

2012年，美国顶尖大学陆续设立网络学习平台，在网上提供免费课程。Coursera、Udacity、edX三大课程提供商的兴起，给更多学生提供了系统学习的可能。

简而言之，慕课的特点可以概括为以下三点。

一是大规模：不是个人发布的一两门课程，只有大型或者叫大规模的，它才是典型的MOOC。

二是开放课程：尊崇创用共享（CC）协议；只有当课程是开放的，它才可以被称为MOOC。

三是网络课程：不是面对面的课程，这些课程材料散布于互联网上，人们上课地点不受局限。无论你身在何处，都可以花最少的钱享受美国大学的一流课程，只需要一台电脑和网络连接即可。

慕课这种新的教学组织形式更像一个融教育、娱乐与社交网络为一体的教学模式。通过先进的技术工具和手段、课件与视频，能让学生产生一种亲临教学现场的感觉，进而带来较好的学习体验。目前，慕课的主要形式仍然以课堂演讲视频为主，类似著名的可汗学院所设计的一种免费、简短的教学视频。因为有了这个成功先例，慕课的制作者目前已放弃了传统的以课时为时长单位的教学课件设计思路，转而将教学视频的长度剪辑为8~15分钟，体现出碎片化学习的设计理念。同时，慕课视频可能会中途暂停数次，具有一定的交互功能，以测试学生对知识的掌握程度，如弹出一个小测试，或者让学生写一段程序代码，然后系统自动给出反馈。课程的助教可能会查看、管理在线论坛。另外，有些课程也会有作业和考试。显然，这种课件的表现形式类似交互式微课：以视频为主，再辅之以各种交互性的测验和讨论等，以提高学生的学习兴趣。

综上，慕课就是信息技术在教学中应用的最新形式，为学习者提供一种全新的在线学习形式，通过新颖的技术手段，以更加吸引人的视频形式呈现给学生。

二、国外主要慕课平台

Coursera、Udacity、edX 这三大平台的课程全部针对高等教育，并且像真正的大学一样，有一套自己的学习和管理系统。再者，它们的课程都是免费的。

以 Coursera 为例，这家公司原本已和包括美国哥伦比亚大学、普林斯顿大学等全球 33 所学府合作。2013 年 2 月，公司再宣布有另外 29 所大学加入他们的阵容，比如新加坡国立大学，就是在这一年加入 Coursera 大型开放式网络课程平台，成为第一所与 Coursera 达成合作协议的新加坡大学，2014 年率先通过该平台推出量子物理学和古典音乐创作的课程。

Coursera（https://zh. coursera. org/），目前发展最大的 MOOC 平台，2012 年 4 月由斯坦福大学两位信息科学教授创立。该平台提供的课程科目门类丰富，截至 2018 年底，累计注册学生人数已达 3700 万。Coursera 的普通课程免费，完全对外开放，专项课程和获取认证证书收费。学生可以根据需求选择完成全部的阅读和作业或是部分作业，只有完成全部要求才可以申请获得结业证书。在教学方法上，Coursera 除了鼓励互动以外，还为学员设立学习小组、讨论小组。学生可以通过论坛、在线讨论、同伴评估等进行交流和互动。而且，Coursera 也与世界其他高校合作，它提供的是技术开发与支持，课程设计由各高校自行完成。

edX（https://www. edx. org/），美国位于第二位的 MOOC 平台提供者。2012 年 5 月由哈佛与 MIT 共同出资组建的非营利性组织，与全球顶级高校结盟，系统源代码开放，课程形式设计更自由灵活。截至 2018 年底，累计注册学生数 1700 万，提供的课程涉及物理、文学、法律、经济等领域，并与多伦多大学、得州大学奥斯汀分校、日本京都大学等知名学府合作。edX 的目的在于通过对新的混合型教学模式的探索，向社会大众提供优质的学习资源，打造出一个既有深度又有广度的在线学习体验平台。并且，edX 通过配合校内教学和学生的学习过程来研究技术在教学中的应用。和其他 MOOC 一样，edX 也很注重教学互动，并且对时间与课程的安排较为严格。学生要完成所修课程，还需要参加多次小型考试，并提交一份期末报告。

Udacity（https://cn. udacity. com/），成立时间最早，2012 年 1 月由斯坦福大学的塞巴斯汀・索恩教授等人创立。该平台提供的课目大多与数学、计算机相关。近来，心理学、商业以及设计课程也开始被纳入其中。Udacity 按课目进行分类，课程数量虽不多，但极为精致，许多细节专为在线授课而设计。截至 2018 年底，累计注册学生数达 1000 万。Udacity 的愿景是重塑 21 世纪的教育，希望通过这个平台可以缩小不同阶层、不同技能之间的差距，实现教育的公平。它对课程时间没有特定的规划，学员可以自身情况选择学习时间和节奏。在教师的选择上，Udacity 注重的是教师的教学水平，反而对学术研究没有很高的要求。Udacity 的课程并不都是教师设计的，还有部分是与微软等公司合作共同推出。高度的参与性、交互性是 Udacity 课程的一大特色。

三、Coursera 和 edX 的评优原则

慕课的迅猛发展离不开技术开发者的贡献，也离不开世界各国投身慕课教育的高校和教师。为了表彰这些引领教育改革的优秀教师，美国 Coursera 和 edX 两大慕课平台在 2016 年分别设立杰出教师奖和杰出贡献奖。为了了解这项奖项的设立过程和评优规则，为中国精品慕课开发和评选提供借鉴，中国学者汪琼① 通过回溯调查法对这项奖项进行交叉验证，并总结出如下慕课评优原则。

（一）态度和理念

获奖教师应认同慕课的教学理念和价值观。慕课教师应当把学生当作宝贵的财富和难得的英才，这样才有可能去钻研如何利用有限的平台功能让学生感受最好的学习体验。从心底认同慕课，并积极投入，是慕课评优的第一原则。

（二）教学设计

慕课教师需要提供高质量的教学体验和教学设计。慕课虽然是对传统课程的大幅度改革，但是依然遵循一般的教学规律，具备传统高质量课程的基本特征，比如设计合理的教学大纲、严格的学习要求，每个教学阶段的及时总结或通告，与教学目标相配套的练习和测验等。另外，由于慕课的教学对象来自网络，分布于世界各地，因此，慕课的教学设计要考虑如何让远程学生更好地学习。

参加慕课学习的学生在学习能力、学习兴趣和知识积累等方面相差甚远，如何让这些特殊的学生都能够学有所获，对慕课教师来说是一个很大的挑战。edX 对获奖者的颁奖词中特别提到这位教师的课程是经过精心设计的，不同程度的人都能够有所收获，做到这一点并不容易。以往评判课程的质量往往采用同行评议的方法，通过对教案等教学资料的审阅，判断教学内容的科学性和创新性。但是受评审时长限制，同行专家往往不能遍历所有的内容，做出准确的判断。慕课评优的便利在于接受学习的学生通过参与课程学习，体会到教师的用心。学生通过对教学资源的指正、评价、打分等方式，对慕课教师及课程进行评价，为评委发

①汪琼. 美国慕课评优原则分析[J]. 现代远程教育研究, 2017(3)：50-57.

现教学用心的慕课教师提供参考。比如，对于获奖者澳大利亚昆士兰大学的 John Cook 教授在 edX 平台的“Making Sense of Climate Science Denial”课程，有学生是这样评论的：课程很棒，资料很丰富，测验的答案没有歧义，而且必须看完大半视频才能答对题。显然测验题是经过了仔细斟酌。这表明，该慕课的测验确实起到督促和检查学习的作用。

（三）教学投入

获奖教师须对慕课教学非常投入。两个奖项都对教学投入有详细的要求和行为举证，如 edX 奖列举了获奖教师在慕课教学中应该具备以下行为特征：教学有激情，采用有效的教学方式，积极组织或参与课程论坛讨论，对学生的学习问题有视频回应，并在社交平台上设立答疑时段，利用视频技术召开网上研讨会，利用出差的机会举行当地学员见面会进行交流，等等。这一切完美地体现了慕课教师把网络学员当作自己真正的学生来关心，重视与学生的交流。有研究表明，当教师在课程论坛回答学生问题，或者当学生知道授课教师在关注大家的学习情况时，都会有助于课程完成率和学生成绩的提升。获得 Coursera“创新奖”表彰的荷兰莱顿大学的退休教授 Richard Griffiths 在慕课教学中意识到学生需要一定的学习技能，如论文写作技巧和必备的学术技能，才能胜任该课程结业论文写作，于是录制短小视频，向学员介绍这些技能。课程结束后，他还将学生的优秀作品汇编成电子书。这种方式不仅可以增进学生对课程的归属感，也因此形成课程的教学成果。这些成果数据可以用于教师的教学和科学研究，体现教学相长的教学和科研理念。

（四）教学创新

获奖教师应该对慕课教学发展做出突出贡献。为了让学生有更好的学习体验，不少慕课教师做出面授教学中没有尝试过的技术创新和教学创新，这些爱琢磨的教师推动了以慕课为代表的网上教育发展进程。如在 edX 和 Coursera 这样的全球慕课平台上，有几位教师根据学生来自全球的特点，设计了一些国别比较类作业，如上传当地超市物品的成分照片，或者在一张世界地图上标记数据等。这既增进学员对教学内容与身边生活的结合和认识，也促进了教学和科研的结合，形成难得的全球数据图。还有一些教师会设计出鼓励学生创新思维的作业，鼓励学生将课程作业推广应用。edX 奖获奖者 Armo Smets 教授就是这样做的。他的学生可以将课程学习成果直接应用于改善身边的环境。edX 平台现在已经可以支持近 40 种题型，不少题型都是一些教师的教学创新，继而也能惠泽其他教师。比如，加拿大英属哥伦比亚大学提出的“同伴教学”题型，学生在回答一个问题并给出自己的理由之后，可以看到所有选项的选择情况，并看到其他学员的理由陈述，然后再做出自己的终极判断。这些通过对慕课教学的研究和探索形成一套可推广的网上教学方式和教学活动的教师，都是对慕课发展做出突出贡献的教师，应该受到表彰和嘉奖。

（五）影响力

获奖教师的慕课应具有较大的影响面，不仅包括课程对国内外学员和相关课程的影响，还包括课程对校内慕课运动的影响。edX 和 Coursera 采取一些平台数据作为评优的参考数据，表明课程影响面的一个数据就是课程的受益人数。如活跃学生人数，这是在评奖有效时间段内（edX 确定是从 2014 年 1 月至 2015 年 12 月）开课期间至少访问了一个课程页面的学员人数，如果一个学员在课程多次开课期间多次注册学习，只算作一个学员。课程的成材率数据作为课程的完成率，即在评奖有效时间内完成课程学习并获得合格以上证书的学员人数。之所以需要这两个数据统筹考虑，是因为有些课程可能是基础课程，选的人多，但大多是来补缺补漏的，完成率可能不高；有些课程虽然选课人数不多，但是凡来者都是有心学习的，或者教师用心引导，课程完成率会较高。edX 在表彰时将课程被多个国家的慕课平台采用作为课程有国际影响力的一个证据。因为各个慕课平台在引进课程的时候，往往会根据口碑和本国需求优先翻译一批课程，这些入选的课程就是课程质量高的一个证据。另外，一些慕课还具有本领域的社会影响力，比如课程产生的一些副产品可以持续回报学术界。这些影响力举证都可以成为慕课评优时增加区分度的指标。

（六）领导力

获奖教师在慕课的普及和发展中应该起引领者的作用。这种引领作用体现在多个方面，如对 edX 和 Coursera 这样的国际慕课平台的贡献，在学科和跨学科领域的引领作用，还体现在该慕课教师对本校或本专业的创立和发展中发挥的引领与推动作用。

四、中国的慕课现状

国外名校的公开课程登录中国网站以来，一直受到中国网民的追捧。大量网民反映，他们有机会进入世界一流大学学习优质的课程和资源，完成相应课程学习和作业后，还能获得学习证书。这不仅可以锻炼和增强个人的学习信心与能力，还能为未来的学习和职业发展做好铺垫。

国内高校慕课建设虽然起步晚，但是近几年的发展势头迅猛。在教育部的政策号召下，众多高校积极投身到慕课建设中，广大教师和学者也对慕课进行了较深入的研究。

（一）中国慕课研究的三个阶段

1. 第一阶段

2009 年，研究者开始注意到慕课的存在。侯勇等学者在 2009 年、2010 年分别在《大规模在线课程非专用资源预测与查询调度》及《在线课程下的自适应查询调度算法》中提到过慕课的资源租用量以及相关问题，2012 年也曾有学者在教育研究论文中提到过慕课。因此，这一阶段可以称为慕课的起步阶段。

2. 第二阶段

2013 年起，相关研究提到慕课的科研论文显著增加，以慕课为主要课题进行研究的论文开始出现并显著增加，慕课研究步入兴起阶段。

3. 第三阶段

2014 年至今，以慕课为主题的研究论文呈现蓬勃发展的态势。基于中国学术文献总库 CNKI 的研究数据，以“慕课”为主题关键词，共检出 2014—2019 年的文献数量超过 1.3 万篇，其中在高水平核心期刊和 CSSCI 期刊发表 1200 多篇。由此可以看出，慕课研究已经成为国内重要研究论题之一。

目前，国内的有关研究主要是在教育视角下进行的，重点从高等教育改革和教育技术维度开展慕课研究。不过，慕课研究领域作者的科研缺乏连续性，慕课研究缺乏持续且深入研究的课题，因此非常有深入研究的必要性。中国还没有形成慕课研究领域的核心作者群，对慕课领域的研究仍不够稳定和深入，缺乏多产、高产作者。

高被引频次文献主要是期刊论文，发表时间集中在 2016 年前后，论文内容集中在与慕课发展对中国高等教育和高校图书馆服务产生的影响、造成的问题与带来的挑战，以及各大高校及教育机构应对这些问题与挑战所采取的措施；慕课与传统大学教育和传统图书馆服务的区别，以及相互作用、相互共存的意义。这些文献在内容方面表现出来的理论性、指导性、前瞻性等特点，也是其引用率较高的重要原因。

不过，从高水平中文期刊的年发文量来看，2015 年是慕课研究最盛行的一年，全年发文 288 篇，之后每年发文量依次是 270、234、177 和 141。虽然数量每年有所减少，但是比慕课开始的 2013 年（5 篇）相比，仍然属于高产的研究领域。而且，这两年对慕课的研究逐渐趋向冷静，在总结慕课给教学带来效益的同时，也开始反思慕课建设中出现的一些新问题，引起慕课领域的研究者的关注和国内教育界的重视。

此外，对慕课在大学英语课程中的建设和使用进行了研究。黄开胜和周新平① 通过对中国主要慕课平台开设课程的调查，发现慕课平台上的外语类课程数量不多，只占了 2%~6% 的比例，但是"慕课在强化学生的外语知识、提升语言各项技能以及激发学生的学习积极性方面起着显著的作用"，并对大学英语慕课课程的建设提出建议。与此同时，也有不少研究对慕课在大学英语教学中的应用表示担忧，蒋艳和马武林② 指出当前大学英语存在几个误区，如"重视频制作，轻教学设计""重技术团队，轻教学团队""重课程建设，轻平台建设""重前期建设，轻后续教学"等问题，对当前的慕课热潮敲响警钟。

韩艳辉③ 的研究对当前国内的慕课建设进行总结和分析，得出与黄开胜等相似的结论，还指出当前慕课建设中，仍然有许多人对慕课的内涵缺乏真正的理解，将慕课建设理解为就是"拍视频"。对于外语类课程是否使用微课模式，韩艳辉通过对当前的精品在线英语课程进行分析，得出"综合来看，可能侧重于技能训练和外语类课程并不太适合目前的 xMOOCs"。那么，如何解决外语课程的在线教学问题，韩艳辉认为可以采用SPOC（small private online courses）的模式，即一种小规模的私有在线课程形式。

（二）国内高校主要慕课平台

1. 清华大学 MOOC 实践 —— 学堂在线

清华大学建设 MOOC 的愿景是通过融通先进教学理念，集成前沿信息科技，汇聚优质教学资源，打造全球首屈一指的中文 MOOC 平台，全面服务于中国教育。

清华大学于 2013 年 5 月加盟 edX，6 月组建团队并启动基于 edX 开放源代码的中文平台研发工作，在多视频源、关键词检索、可视化公式编辑、编程作业自动评分、用户行为分析等方面进行改造。10 月，"学堂在线"正式对外发布，同时开放了第一批五门课程。同年又开展了首批小规模私有在线课程 SPOC 试

①黄开胜，周新平. 我国外语类慕课的建设与应用现状调查[J]. 现代教育技术，2017，27(12)：88-93.
②蒋艳，马武林. 论大学英语慕课建设应该避免的误区[J]. 外国语文，2018，34(1)：155-160.
③韩艳辉. 国内慕课建设评议——兼论外语类课程的慕课适用性[J]. 外语电化教学，2019(5)：33-38.

点。2014 年 4 月，教育部在清华大学设立了“在线教育研究中心”。截至 2019 年 12 月，“学堂在线”汇聚了清华大学自建的 263 门课程和来自 edX 联盟高校及中国部分高校的 1400 多门课程。此外，学堂在线 MOOC 平台正在帮助国内的其他高校和中学推广 MOOC 与 SPOC 模式。①

清华大学是我国首个推出 MOOC 平台的大学，虽然使用的是 edX 开源平台，但在 edX 平台的基础上进行了本土化改造。清华大学十分重视用户的行为数据分析，学校改建的MOOC平台数据显示，学习者年龄主要分布在20~30 岁，随年龄增加，学习者人数呈递减趋势；学习者主要分布在沿海中心城市；学历层次分布由多到少依次是本科、硕士、大专、高中；有效学习者（获得证书的和学习过程中表现比较活跃的）平均占比为 9. 76%，与国际上 MOOC 课程完成率“不到 10%”的比例相近。

2. 北京大学 MOOC 实践 —— 北大网络开放课程

北京大学发展 MOOC 的主要目的是：提高学校的教学水平；辐射优质教育资源，强调社会责任与贡献；促进中国高等教育事业的发展。

北京大学于 2013 年 3 月启动“北大网络开放课程”建设项目，还在 Coursera 平台上建设了学校私有平台，面向北京大学校内师生开放。平台中不仅有北京大学在 edX 和 Coursera 上开设的所有 MOOC，还有北京大学教师面向校内部分全日制学生开设的 SPOC。

在特色方面，北京大学为开设 MOOC 提供全方位的支持服务，包括开课培训、经费、设备环境、教学设计和课件制作等。北京大学现代教育技术中心在 MOOC 建设中担任了重要角色，尤其体现在“加强 MOOC 相关教育技术培训”，培训内容包括教学设计、视频课件制作、平台操作、教学方法等。

3. 深圳大学 UOOC 实践 ——UOOC 联盟

深圳大学于 2013 年 12 月在深圳举办的全国地方高校 MOOC 发展研讨会上，提出关于组建 UOOC（university open online course）联盟的倡议，得到 28 所地方高校代表的响应和支持。

作为地方高校，深圳大学的 MOOC 建设在初衷、推动方式和运营方式等方面与清华大学、北京大学等高校有所不同，总体上体现出四个特点：一是以地方高校联盟的形式推动，设有理事会、秘书处、课程管理委员会、运行中心和课程中心等。二是以在校生学历教育为主，联盟高校共同开展 MOOC 建设，基于统

①徐葳，杨升浩，吕厦敏，等. MOOC时代，“姚班”在行动[J]. 计算机教育，2014(21)：2-6.

一的 UOOC 平台推进课程共享和学分互认，在此基础上逐步为公众提供课程学习服务。三是课程来源多样化，课程不仅来源于联盟高校，还可以通过社会名人、企业导师、行业精英及其他方式引进特色课程等。四是运营方式市场化。UOOC 计划设置专业的运营公司协助运营，培育一批 MOOC 专业制作公司，吸引社会各界投入，同时进行课程认证，探索良性成长的商业模式。

4. 中国高校外语慕课联盟——中国高校外语慕课平台（UMOOCS）

中国高校外语慕课联盟于 2017 年 12 月由北京外国语大学倡议发起并成立，联盟成员包括自愿参加的非营利性、致力于中国外语语言与文化慕课课程发展的高校中的外国语院校和教学单位。截至 2019 年底，该联盟已有 196 个高校参加。UMOOCS 是中国高校专属的外语慕课课程平台，汇聚了国内外各高校的优质课程。至 2019 年底，该平台已汇聚 290 门外语课程，其中英语语种类慕课课程为 197 门。各高校进行慕课课程或精品课程建设时，也可根据需要引入联盟的优质资源，实现课程的跨校共享和学分互认。因为是为外语开设的专门慕课课程，所以平台上除了英语语种外，还有日语、俄语、法语、德语、西班牙语、阿拉伯语等，也包含部分对外汉语。该平台的课程按语言应用分类包括语言技能、专门用途、翻译、语言学、文学文化、语言测试、教师发展、通识教育、商务外语、研究生外语和职业教育等。

（三）中国高校慕课主要特点

一是认识理念，重视基于 MOOC 的教育教学改革和履行大学服务社会的职责。各大学将发展 MOOC 作为学校的“重大发展战略”，加快教育教学和人才培养模式改革，促进优质教育资源开发与共享，以更好地服务学习型社会和人力资源强国建设。

二是推进模式，由过去的以政府主导为主逐步转向以高校自主推进为主、以政府支持和引导为辅。已有的“新世纪网络课程建设工程”（2000 年）、国家精品课程建设（2007 年）和精品视频公开课与精品资源共享课（2011 年），都是由国家教育行政部门主导和推动的，而当前大学 MOOC 建设主要是以高校自主推进为主。正源于此，大学十分关注 MOOC 建设成本和可持续发展问题。目前，各大学 MOOC 实践发展不是很平衡。

三是组织实施，强调学习与借鉴，加强队伍建设和开展相关研究。许多大学加盟国外知名 MOOC 平台，引进国外 MOOC，借鉴、改造并推出自己的 MOOC。大学重视加强团队建设，开展有关研究，以期科学推进 MOOC 发展。如清华大学成立了“在线教育研究中心”，上海交通大学成立了“慕课推进办公室”和“慕课研究院”，北京大学、深圳大学则主要依托现代教育技术中心、信息中心等开展工作。

四是合作共享，包括大学之间、大学与企业之间的合作共享。大学之间的合作共享除地方高校UOOC联盟外，还有2012年5月组建的“上海课程共享中心”、2013年4月组建的“东西部高校课程共享联盟”等；学堂在线和好大学在线也引入国内其他高校的优质课程。大学与企业之间的合作主要有“好大学在线”与百度加强技术合作，UOOC与企业合作开发MOOC系统，“网易云课堂”与爱课程网合作推出“中国大学MOOC”。至2014年，该平台已经汇聚北京大学、武汉大学等16所高校的60多门优质课程。高校外语慕课联盟开发的UMOOCs是北京外国语大学和外语教学与研究出版社的合作开发的产品，虽然时间不长，在短短两年时间，已经在平台上建设了196门外语课程。

第三节　慕课课程评价

一、慕课课程的评价指标研究

早期，国内外官方机构已经制定并出台了针对在线课程的评价指标体系。比如，2000年4月，美国高等教育政策研究就出台了“Quality on the Line”（在线学习质量）[①]，这一标准包括7个方面，即教师支持系统、学生支持系统、评价与评估系统（3个系统）、课程结构、体系结构（2个结构）、课程开发、教学学习等。1997年，美国国防部制定了共享内容对象参考模型标准（shareable content object reference model，SCORM），2008年发行了SCORM 1. 1[②]，其内容包括SCORM内容聚合模型、SCORM运行时间环境以及SCORM排序和导航。2002年，我国教育部教育信息化技术标准委员会制定了《CELTS-22网络课程评价规范》[③]，主要从技术、界面设计、教学设计和课程内容4个维度，评价网络课程建设质量，每个维度再细分对应的具体评价指标。

在此基础上，国内外不同学者又从课程内容、教学实践、课程结构等角度进

① PHIPPS R, JAMIE M. Quality on the line: benchmarks for success in internet-based distance education [M]. Washington，DC：The Institute for Higher Education Policy，2000：1-5.

②Dodds P. Sharable content object reference model (SCORM)［M］. New York：Springer US，2008：1-9.

③教育部教育信息化技术标准委员会.CELTS-22 CELTS-22网络课程评价［S］. 2002-06-07.

行了有关在线课程评价指标体系的研究。如 Barker[①] 从课程内容的角度提出，可将在线课程的评价指标分为内容、技术、教学法三个方面进行考察。也有研究者从教学实践的角度展开研究，如 Herrington 等[②] 认为，可将在线课程的评价表分为教学法、资源、传递策略；涂宝军等[③] 则提出，可将网络课程评价体系分为 6 个一级指标，即教学资源与管理评价、技术性评价、适用性评价、建设性评价、教学特色与个性化评价及其对应的 26 个二级指标。张家年等[④] 从课程构建的角度提出网络课程评价指标体系包括 4 个一级指标，即学习内容、学习设计、学习交互和学习支持，并且下设相应的 30 个二级指标。

目前，国内专门针对慕课课程评价指标的研究还较少。邱均平等[⑤] 研究提出，慕课课程质量评价指标体系包括慕课教学队伍、教学内容、教学效果、教学资源以及教学技术 5 个一级指标，以及慕课提供组织、慕课主讲人、慕课团队组成等 14 个二级指标。冯雪松等[⑥] 提出，将慕课评价体系分为量化因素和定性描述两部分，把量化因素分为课程内容建设及课程实施两个阶段；定性描述则分为内容的组织、内容的呈现、讲授方法及课程执行与推广 4 个角度。

近几年，为了推动各高校的慕课课程建设和发展，各平台和高校都积极开展优秀慕课课程或线上线下混合课程的评选活动。作为外语类专门慕课课程平台的 UMOOCs 也进行开展了“UMOOCs 基于 MOOC 的混合式教学优秀案例评选”工作，要求参评者提交申请表、教学设计案例、参评视频等材料。其中，教学设计案例中除了课程基本信息外，还要提供整门课程的教学设计方案（如学情分析、课程目标、混合式教学设计思路等）和一个参评单元的教学设计方案，详述教学设计思路的实践运用，体现线上线下混合式教学设计思路与具体操作。对于优秀案例的评选指标和分值，主要有以下几项，可以作为外语慕课课程建设的参考。

①BARKER K. Quality guidelines for online education and training［EB/OL］(2016-06-09)［2019-09-12］. http: / /future com/form/pdf /English.pdf.

②HERRINGTON A J, HERRINGTON R, OLIVER R, et al. Quality Guidelines for Online Courses: the Development of an Instrument to Audit Online Units [A]. Proceedings of ASCILITE 2001 [C]. Melbourne, Australia, 2001：263-270.

③涂宝军, 孙进. 应用型本科院校网络课程评价体系的构建[J]. 中国教育信息化, 2014(1)：71-74.

④张家年，占南，李阳. 基于网络计量学的网络课程评价方法研究［J］. 远程教育杂志，2005(1):66-72.

⑤邱均平，欧玉芳. 慕课质量评价指标体系构建及应用研究［J］. 高教发展与评估，2015，31(5)：72-81.

⑥冯雪松，于青青，李晓明. 在实践中探索MOOC评价体系［J］. 中国大学教学，2015(10)：72-81.

表3-3　UMOOCs基于MOOC的混合式教学优秀案例评选指标[①]

一级指标	指标说明	分值
理念与目标	教学目标注重学生为中心和能力培养	10分
内容与结构	课程内容组织重构有特色；线上与线下教学内容配置合理；成绩评定方式合理	20分
设计与方法	混合式教学方法恰当、合理；教学设计新颖、完整、精细；考核题目有挑战度	20分
混合式教学	互补运用线上线下两种教学形式，有效提高教学效果及学生自主学习能力	30分
特色与创新	教学模式创新，具有可复制性与可推广性	20分

二、慕课课程评价指标体系构建原则

慕课课程评价是为了对课程的设定、过程实施以及教学效果进行综合性检验。综合国内外慕课课程评价及相关网络课程评价的研究，上海交通大学胡佳骏等[②]总结出慕课课程评价指标体系的构建应该遵循以下原则。

（一）科学性原则

即在构建慕课课程评价以及制订评价方案和评价过程中，都应该遵守科学性的原则，使得评价指标体系能在不同层次上真实地反映出该门课程的特征，减少因指标重合而造成的偏差。同时，结合量性和质性方法，使得评价的结果能够真实地反映出慕课课程质量。

（二）客观性原则

即评价的指标体系应具有良好的信效度。评价结果能真实地反映出课程的相关信息，不同的人以相同的指标体系进行评价能得到一致的结果。同时，评价要具有独立性，不能因为评价者的主观因素在评价实施过程中造成影响。

（三）可操作性原则

即构建出的评价体系要符合实际。评价指标过多，会造成评价实施过程中可操作性不强，所以评价指标体系指标的条目要在能保证结果准确且有效的前提下

①中国高校外语慕课联盟. 关于开展“UMOOCs基于MOOC的混合式教学优秀案例评选”工作的通知[EB/OL]. (2019-09-20)[2019-12-26]. http://umoocs. unipus. cn/article/26.

②吕佳骏，胡静超，章雅青. 慕课课程评价的研究现状及进展[J]. 解放军护理杂志，2017(6)：48-50.

尽量减少，便于设计、理解、实施，有利于评价活动的进行。

（四）全面性原则

即要考虑到该课程各方面的要素，包括学生、教师、内容、课程支持、管理系统等，不能因为某一因素的突出而忽视其他因素，造成以偏概全的假象。

第四节　翻转课堂

一、翻转课堂起源

翻转课堂的教学模式源于 1991 年哈佛大学物理教授埃里克·马祖尔的同伴教学方式（peer instruction）。他发现学生对所学课程的基本概念有错误性的理解，而且只是通过记忆运算法则来解题。为了改变这一现状，他开创同伴教学法，即把知识传递放在课外，课堂上通过说服同伴讨论系统实现学生真正掌握基本概念。2000 年，美国教授莫林·拉赫、格伦·普拉特在论文《颠倒的课堂：建立一个包容性学习环境的途径》中，首次提出翻转课堂（或颠倒课堂）。

早期的翻转课堂实施中，把教学资料按照教材具体章节分成不同主题，要求学生在课前阅读这些以有声的教学视频、Powerpoint 文件等呈现的材料，完成知识的学习。课堂上组织学生针对相关材料展开讨论。对于学生提出的疑问，教师用不长的时间进行讲解；如果学生没有疑问，教师则不再进行解释。这种教学模式节省了大量的课堂讲授时间，学生有了更充分的时间进行讨论，也很享受这种从同伴身上学到的对知识的理解。教师发现，不仅课堂时间不再被浪费，而且信息技术的使用也使得教学效果得到提升，这与翻转课堂的目标是一致的。韦斯利·贝克在第十一届大学教学国际会议上提出了实施翻转课堂的模型：教师通过使用网络工具和课程管理工具呈现教学内容并以家庭作业的形式分发给学生，课堂时间则被用来进行深入学生的主动学习活动[①]。

2004 年，萨尔曼·可汗学院的兴起为翻转课堂的实现和宣传起到推波助澜的作用。如今，可汗学院的微课教学视频已经成为使用翻转课堂教学模式的教育者教学策略的一部分。

① BAKER J W. The “classroom flip”: using web course management tools to become the guide on the side [C]. Proceedings of Selected Papers from the 11th International Conference on College Teaching and Learning, 2000: 9-17.

经过多年实施翻转课堂教学，美国林地公园乔纳森·伯格曼和亚伦·萨姆斯于 2011 年出版专著《翻转你的课堂：时刻惠及课堂上的每一个学生》（*Flip Your Classroom*： *Reach Every Student in Every Class Every Day*），与广大教育工作者一起分享他们的翻转课堂教学经验。

从以上翻转课堂发展历史可以看出，翻转课堂的实现，很重要的一个环节就是教师利用网络，将教学内容以流媒体的形式发布，便于学生课外自主学习。这些被发布到网上的流媒体教学资源就是我们所说的微课。

二、国内对翻转课堂研究的实践

笔者在 CNKI 数据库以“翻转课堂”为主题词进行检索，共检得文献 44734 篇，发表年度趋势图见图 3-1。

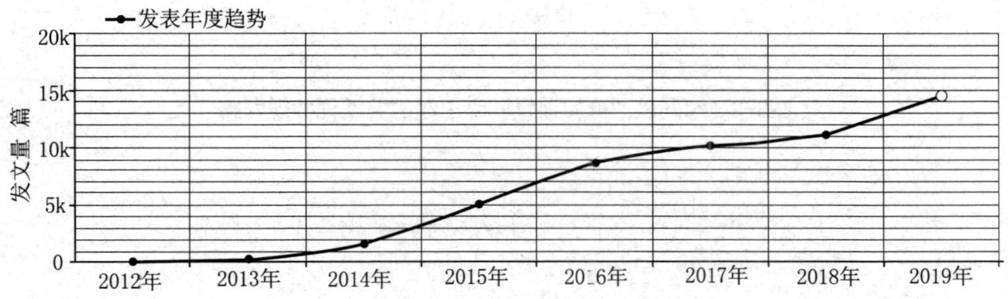

图3-1 知网以“翻转课堂”为主题的文献发表年度趋势

图 3-1 显示，2012 年后，以翻转课堂为主题的研究每年呈现剧增形势，从 2012 年的 27 篇猛增到 2019 年的 14499 篇（截至 2019 年 12 月 6 日）。

关键词共现网络如图 3-2 所示。

关键词以“微课”为中心，辐射到“自主学习”“大学英语”“教学改革”“慕课”等，分布较密集。

为了解中国以核心期刊和 CSSCI 来源为代表的高水平期刊对翻转课堂相关研究的发表情况，笔者以“翻转课堂”为主题词在 CNKI 的核心期刊和 CSSCI 来源期刊数据库进行检索，共检得 1971 项文献，并对所有检索结果进行可视化分析，得到的图谱见图 3-3。

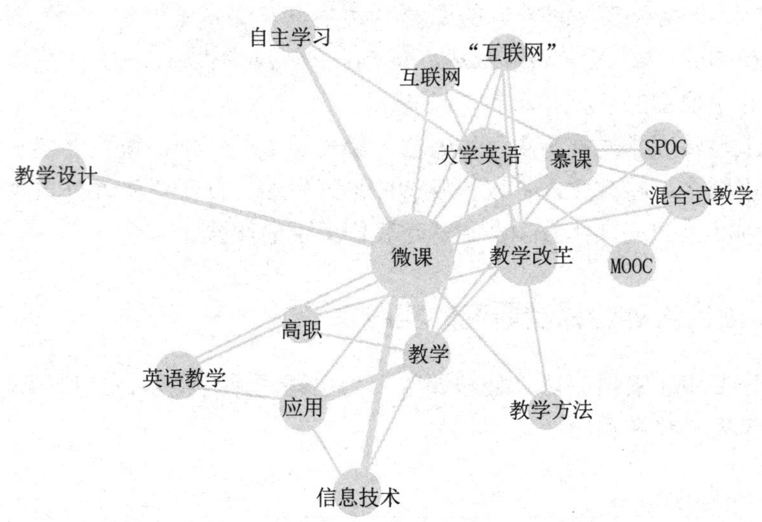

图3-2　知网以“翻转课堂”为主题的关键词共现网络

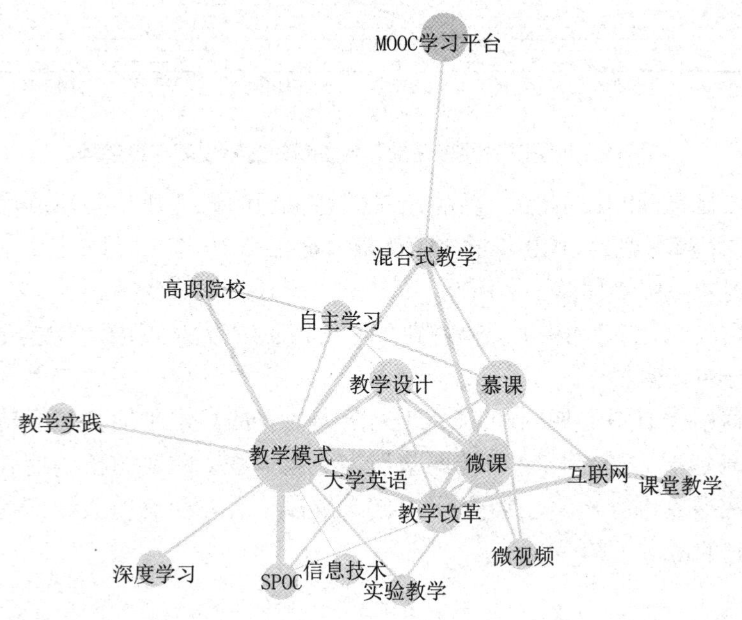

图3-3　中国高水平期刊中“翻转课堂”的关键词共现网络

此时的关键词共现网络图谱与之前的CNKI全数据库结果进行对比，发现高水平的核心期刊和CSSCI期刊的翻转课堂研究除了以微课为中心进行研究外，更主要的研究重心是“教学模式”。

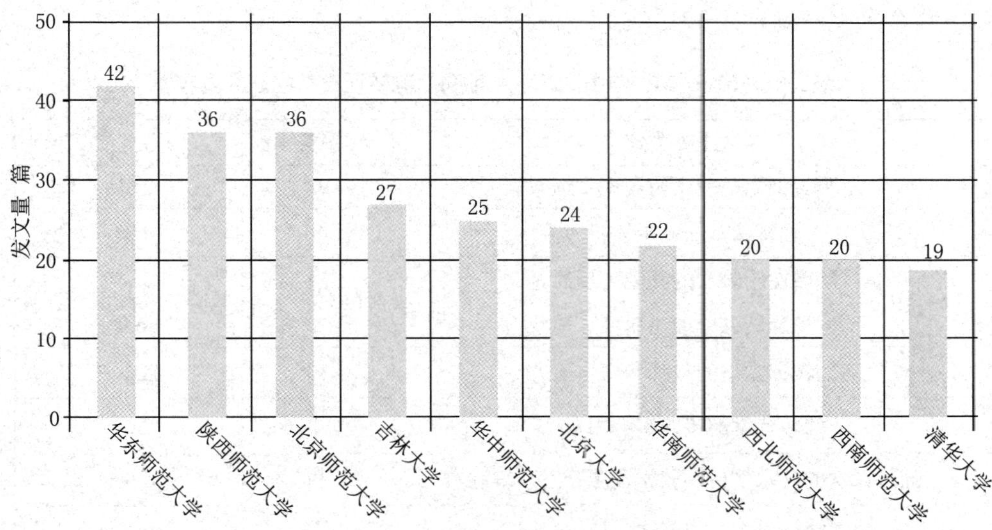

图3-4　中国高水平期刊“翻转课堂”研究机构（前10）

研究机构分布图显示（见图3-4），华东师范大学、陕西师范大学和北京师范大学在核心期刊和CSSCI的发文量是最大的，分别是42、36、36篇。发文前10的机构中有6个是师范类大学，这一点应该不难理解，师范院校担负着培养未来教师的重任，应该让学生在走上岗位之前更多地接触新的教育技术，并将新技术更好地融入将来的工作中。

在发表的期刊分布上，笔者按发文总量从多到少将2012—2019年在核心期刊和CSSCI来源期刊发表的篇数进行了统计，结果如下表。

表3-4　2012—2019年中国高水平期刊“翻转课堂”主题的发文量

期刊	2012—2019总篇数	期刊	2012—2019总篇数
《现代教育技术》	118	《电化教育研究》	45
《中国成人教育》	84	《远程教育杂志》	41
《中国电化教育》	79	《中学地理教学参考》	40
《教学与管理》	76	《职教论坛》	39
《实验室研究与探索》	49	《实验技术与管理》	38

这些研究论文从多视角对翻转课堂的理论和实践等方面展开研究与讨论。笔者将这些从知网的 CSSCI 和核心期刊数据库获得的 2012—2019 年发表的以“翻转课堂”为主题的数据以“外国语言文字”为学科检索项，再次进行检索，共检得 184 篇期刊论文。经过梳理和分析，外国语言文字的高水平论文大致可以分为以下八个大类（见表 3-5）。

表3-5　2012—2019年中国高水平期刊“翻转课堂”的研究内容

论文主要内容	篇数	百分比
翻转课堂的教学应用和实证	92	50%
翻转课堂的效果评价	8	4.3%
翻转课堂教学的经验、反思	14	7.6%
国内外翻转课堂理论研究、现状	20	10.9%
对翻转课堂下的教师和学生研究	10	5.4%
翻转课堂翻转的影响因素	4	2.2%
翻转课堂的技术平台、教材资源开发和编制	9	4.9%
课程评论、相关著作评论	22	12%

从表 3-5 中可以看出，对于翻转课堂的教学应用和实践，对于一线教师的一手资料研究远远超过 50%。有的研究采用调查问卷，有的研究利用群体访谈或个案研究，多角度地验证翻转课堂在教学应用中的可行性和有效性。李芳军等采用虚拟网络教学设计、现实课堂设计和知识应用情境设计等一系列教学设计，在 70 名选修大学英语课程的学生中实施为期 3 周的翻转式教学，教学环节包括动态交互模型 —— 摄入、内化和应用三个环节。① 摄入环节主要通过虚拟网络教学实现，利用 Blackboard 网络教学平台为学生提供学习资料、学习要求、评价指标等；内化环节主要通过现实课堂教学实现，课堂上通过多元交互，在解决问题过程中学生的英语语言知识得到内化，学习能力得到提高；应用环节需要学生走出教室，走进社区，开展并完成调研报告。实验结果发现，该方法改变了学生的学习行为，通过这种混合式的教学环境，使学生的惯性被动转变成主动。网络学习时，可以进行知识的多次反复，增加语言的摄入；通过完成社会调查和报告撰写，促成学生的语言应用。孙先洪等依据 Kalantzisde & Cope 提出学生的多元读

①李芳军，屈社明．翻转课堂环境下大学生英语应用能力发展的动态交互模型及其实效性研究[J]．外语教学，2018，39(5)：75-80.

写能力培养需要通过“亲身经历”“概念化”“批判分析”和“实际应用”四个环节组成，通过对参与调查的5所高校开设的专门用途英语（ESP）课堂教学时间分配，认为当前的专门用途英语（ESP）的课堂教学时间有41.03%分配在“概念化”模块上，亲身经历为25.94%，而分配在“批判分析”和“实际应用”的时间只有17.94%和15.09%。[①] 这与ESP的教学目的——培养学生的分析和实践应用能力是相背离的。因此，他们设计出一个基于多元读写能力培养框架的翻转课堂教学模式，将慕课和微课资源整合成课前资源，供学生课前学习并完成微练习，完成亲身经历和概念化两个学习环节；课内通过个别辅导、拓展活动或小组协作等活动，对发现的学生问题进行针对性指导和答疑。

翻转课堂作为一个从国外引进的教学方法，在中国教育环境下是否完全适用，在实践过程中有哪些问题，也有许多研究予以关注。

有研究者发现，翻转课堂实施过程中，很多课堂教学环节不完整。布卢姆的掌握学习法是实施翻转课堂的理论依据，但是掌握学习法所要求的“课前测试—反馈—再学习—再测试”这一过程并没有得到很好的落实，尤其是普遍缺少课前的“测试”和“分析学生测试结果并收集其他反馈”这两个被认为是翻转课堂必不可少的环节，导致翻转课堂教学效果受到影响。比如，马秀麟等通过对北京师范大学2016级信息专业学生翻转课堂教学实践进行研究，发现翻转课堂教学模式有利于培养学习者的自主学习能力和协作创新能力，但并不利于成绩较差的学生；而且，更多的学习者认为，比起翻转课堂，他们更喜欢传统的教学模式[②]。卢强通过实证研究，发现翻转课堂的教学效果并没有比传统课堂教学效果有大幅提高[③]。研究者还发现，尽管采用翻转课堂教学模式，多数教师仍然采用传统的评价方式，即期末考试等终结性评价依然占主导地位。即便有形成性评估，也多是对一些平时作业、测验的评价，而对于课前自主学习和课堂合作学习的评价则不多，由此造成学生的懈怠心理，对翻转课堂失去兴趣。对此，有研究者提出一些解决办法并在实践中进行验证。如孙彦彬提出的游戏化翻转课堂模式[④]。根据年轻学生对游戏的兴趣，课前学习环节采用Schoology学习管理平台，学生可以利用电脑、手机、平板电脑等多种终端形式随时随地学习。学习的内容和进程采用

①孙先洪，张茜，孙作顶. 从多元读写能力培养角度探讨ESP翻转课堂设计[J]. 外语电化教学，2017(4)：38-42+65.

②马秀麟，赵国庆，邬彤. 大学信息技术公共课翻转课堂教学的实证研究[J]. 远程教育杂志，2013，31(1)：79-85.

③卢强. 翻转课堂的冷思考：实证与反思[J]. 电化教育研究，2013(8)：91-97.

④孙彦彬. 游戏化翻转课堂教学模式的构建与实证研究——以“大学英语读写译”课程为例[J]. 现代教育技术，2016，26(11)：80-86.

生动有趣的游戏进阶方式进行。课中活动采用 ClassDojo 软件，便于课堂管理和活动组织，同样，活动形式也以卡通有趣的方式进行。

在基于慕课的翻转课堂中，由于慕课的设计是针对大规模的学生需求，不可能考虑到学生群体的个体差异，如认知水平、语言能力和学习目标等个性化需要。因此，学生自主学习时凭自己的能力很难找到合适的学习资源。对此，最近几年，一种新颖的后慕课时代教学模式兴起，这就是 SPOC（small private online courses）。它是“线上学习”与“课堂教学”的有机结合，是一种“小型私有在线课程”形式。大学英语 SPOC 翻转课堂是“后慕课”时期大学英语教学改革的必然产物，目的在于解构与重构课堂教学，弥补传统课堂教学的不足，进而重构学生的英语学习过程，创新英语有效学习模式[①]。大学英语 SPOC 翻转课堂包含三个核心部分——“SPOC”“小课堂”和“综合应用”，各部分以“主题”为轴心，相互关联，相互支撑，相互促进，为英语学习者提供丰富的语言应用环境。SPOC 部分解决了原本占用大量课堂时间来讲解的课文 / 文化导入、课文讲解、句子分析等知识性摄入，借用微课视频的形式呈现给学生供他们进行个性化的自主学习。“小课堂”因为有了 SPOC 的支持，大学英语传统课堂中的语言知识有了更丰富的内涵和学习形式，语言学习也变得个性化、多元化、动态化、社会化。小课堂上的学习环节主要包括创设情境、完成任务、答疑解惑、情感调节、策略指导、展示成果、课堂评价等。“综合应用”是语言输入与输出能力的互相转化，通过真实多样的语言应用，促使学生把输入获得的语言知识内化并转化为输出能力。

第五节　微课、慕课、翻转课堂、混合式学习间的关系

微课、慕课、翻转课堂、混合式学习……这些涌现出的学习形式相互间是什么关系呢？实际上，这些概念之间存在着密切的关。一些用语是一种教学思想或教学模式在不同的技术环境或发展阶段的不同表现形式，它们所蕴含的教学理念、指导思想、基本技术实现方案彼此关联、相互交织，形成一个复杂的教学技术新概念图（见图 3-5）。

①王娜，陈娟文，张丹丹．大学英语SPOC翻转课堂：一种有效学习模式建构[J]．外语电化教学，2016(3)：52-57.

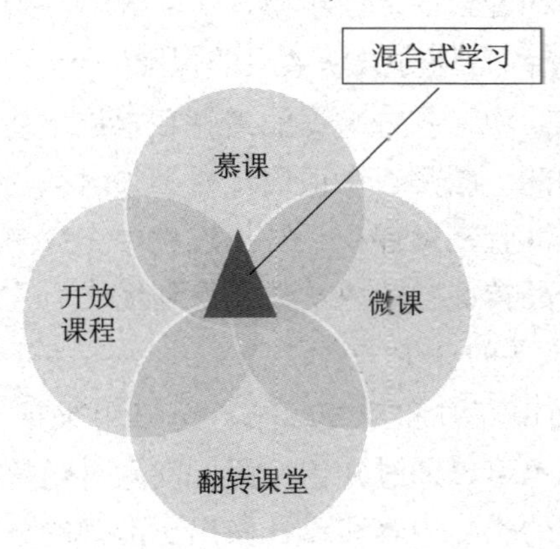

图3-5 微课相关概念相互组合形成图

翻转课堂与混合式学习：两者在含义上有所重叠，都是让学生更加灵活、主动地学习，使学生的参与性更强。实际上，两者是从不同侧面在谈同一问题。混合式学习是翻转课堂的指导思想，翻转课堂则是混合式学习的具体实施方案。

慕课与微课：当前慕课仍然以课堂演讲视频为主，但是视频长度控制在8~15 分钟，其实这就是一个个的微课。所以，微课是慕课的技术实现形式，即微课为慕课提供了更加符合学习者心理需求的技术解决方案，更能吸引学员学习，更能有效地展示慕课。

微课与翻转课堂：微课就是翻转课堂的具体技术设计方案，或者说，微课是实现翻转课堂教学组织形式的一种常用的课件设计技术方案。

微课与翻转课堂的关系主要体现为：

（1）微课是发展课堂的基础

翻转课堂主要分为课内和课外两个环节 —— 课外自学，课内消化，而微课就是课外自主学习的核心。微课将课堂知识重点和难点清晰明了地呈现给学生，学生可根据自身情况决定学习的时间和步骤。只有在切实完成微课学习任务的前提下，翻转课堂才能真正实现。

（2）翻转课堂是微课发展的平台

微课教学设计时要以翻转课堂的需求为根本，分化知识点，将学习目标分解成若干个小目标，每个微课只针对一个知识点或技能。翻转课堂成为微课发展的平台，只有建立在翻转课堂教学模式中，微课才能有效地发挥其作用。若干个看似零散的微课，只有借助翻转课堂教学模式才能成为一个体系。

（3）微课的质量是翻转课堂教学效果的保障

在翻转课堂教学模式中，基础知识的理解和掌握主要依靠课外自主学习，学习的核心便是微课。因此，教师在微课设计时必须对教学目标、教学内容、教学对象等进行仔细分析，并且在微课视频制作过程中充分考虑如何高效清晰地展示知识点和技能，从而使翻转课堂的教学效果得到优化。

（4）翻转课堂是微课的评价平台

翻转课堂的预备知识评测和反馈环节，可以用来评价学生对微课的学习效果；翻转课堂中，教师也可以通过知识反思、问题讨论等形式，检测学生的课外学习效果，从而对微课的教学内容和设计做出更准确的分析和修正，以便于微课的不断提高。

综上所述，在混合式学习的思想指导下，翻转课堂是网络教学的实施策略和方案，即为教师提供一些切实可行和可操作的网络教学设计思路，使教师能在设计教学过程时有章可循。也可以说，翻转课堂是联系理论（混合式学习）与技术实现（微课）之间的中介物；微课则是实现翻转课堂的一种重要的设计方案，强调学习资源的碎片化分割、学习路径的交互选择、教学视频的短小化和知识点学习的即时反馈。慕课则是信息技术在教学中应用的最新形式，通过新颖的技术方案使得原来的教学视频更加吸引学生的眼光和兴趣，更容易大范围地传播，从而使得网络教学的课件形式、技术解决方案和工具都产生相应的变革。

总之，作为教育工作者，对于这些新生的事物，要积极研究和尝试，取其所长，避其所短，既不能盲目追风，轻易“翻转课堂”，又不能一概排斥，忽视现代化教育手段带来的积极作用。

第四章　大学英语与自主学习能力

第一节　国外关于“自主学习”的概念之争

中国外语教学中的“自主”概念主要来自国外外语教学界，始于 20 世纪 70 年代中期。对于自主学习一词的英文表述，国外也有不同的表述，比如“self-directed learning ”（自我导向式学习）、“self-access learning”（自我获取资源式学习）、“autonomy/autonomous learning”（自主 / 自主学习）等等，每种表示都有各自不同的特征。

Rubin 认为，“self-directed learning“（自我导向式学习）的语言学习者拥有自己的学习风格，用宽容开朗的方式接近目标语言，能运用高技术来应付语言，并愿意在真实环境中使用目标语言，同时具有测试和修订与目标语言相关的备选策略。这种学习要求学习者正确地评估并积极管理学习目标、行为、环境和成果①[1]。可见，多数学者将自我导向式学习看成如何学习的过程。但也有其他学者如 Dickinson 认为，自我导向型的学习者只要是亲自完成了所有的任务，那么他就是一个自主学习者②。Dickinson 认为，自主意味着学习者应承担以下学习责任：1）决定学习内容；2）选择学习方法；3）选择学习进度；4）决定何时何地进行学习；5）选择学习材料；6）自我监控；7）自我测试③。

“self-access learning”（自我资源获取式学习）被 Gardner 和 Miller 认为是促进“自主”最普遍也是最被认可的一种学习模式。④ 该模式中，学习者可以接受教师导向，也可以自我导向；学习者可以在传统的以教师为中心的课堂接受教学，也可以采用任何一种自我指导的方式进行学习。

①RUBIN J. What the “good language learner” can teach us [J]. TESOL Quarterly, 1975 (9)：41-51.

②DICKINSON L. Self-instruction in language learning [M]. Cambridge：Cambridge University Press. 1987.

③ DICKINSON L. Autonomy, Self-directed Learning and Individualization [A]. ELT Documents 103, London：The British Council, 1978.

④ GARDNER D, MILLER L. Establishing self-access learning from theory to practice [M]. Cambridge：Cambridge University Press, 1999.

“self-instructed learning”（自我指导式学习）认为，学习者在没有教师直接控制的情境下进行学习，可以是独立学习，也可以和他人一起学习。自我指导式学习并不一定需要教师，而是在课堂中创造一种更为灵活的模式①。

Phil Benson 分别于 2001 年和 2007 年对“自主学习”的发展演变历史与学者对其含义的理解研究范畴进行较全面的梳理和归纳②。他发现，自主学习最早的雏形开始于 1976 年 Harding-Esch 在 Cambridge 的研讨会上发布的论文③，而且学者对自主学习使用哪个词表达也进行过长期的争辩。对“autonomy”（自主）研究最具代表性的人物应该是 Holec，他将语言学习中的“autonomy”定义为一种能力（ability），一种“可以掌控自己的学习的能力 the ability to take charge of one' s own learning”④。Allwright 认为，“学习者自主（learner autonomy）”长期以来一直与语言教学法的极端重构联系在一起，这种“自主”意味着抛弃传统的课堂，引入一种全新的模式，所以，早期的自主学习被用来进行成人培训，因为成人培训未必能有时间、爱好或机会进行课堂教学，所以，Allwright 认为，如果“autonomy”被运用于课堂，就要对此概念重新定义。比如，可以在课堂活动中看到学生的贡献，而且这种贡献是不可预测的，会使教师的教学计划偏离课程。Little 对 autonomy 的定义也是能力，但使用了另一个英语单词“capacity”而不是“ability”，说明他是将 autonomy 看成一种个人特征，认为“autonomous learning”就是学习者主观上愿意学，并且有能力自己控制并安排学习。它意味着学习者在学习过程中能高度自治，但也不是要放弃教师的主动权和管理权。⑤

① DICKINSON L. Self-instruction in language learning [M]. Cambridge: Cambridge University Press, 1987.

② BENSON P. Autonomy in language teaching and learning [J]. Language Teaching, 2007, 40(1), 21-40. DOI：10.1017/S0261444806003958.

③ HARDING-ESCH E M (ed). Self-directed Learning and Autonomy[R]. Report of a Seminar Held at Cambridge, 13-15 December 1976. University of Cambridge.

④ HOLEC H. Autonomy and foreign language learning [M].Oxford： Pergamon, 1981.

⑤ LITTLE D. Learner autonomy: definitions, issues and problems [M]. Dublin: Authentik, 1991.

第二节　国内关于自主学习的研究

一、最早引入自主学习的研究

20 世纪 90 年代以来，随着翻转学习理念的发展和实践应用，国外的自主学习理念也逐渐传入中国。最早将国外的自主学习研究动态传入中国的是刘根平和刘道溶，他们在 1990 年的论文中介绍了 Boud 的观点：autonomy 不仅是一种教育目标，也是一种教育实践的方法①。

作为教育哲学所追寻的长期目标，“自主”的基本含义是形成自主的个体或人，意味着要求学生在道德、情感和智力等方面表现出自立的品格。一个自主的人具有的特点包括：能对似乎理所当然的事进行思考并提出疑问；不为他人所强加的事实所屈服；能为自己感兴趣、想干的事情做出决定；能制订自己的行为计划、方法和目标；能自我思考后在多种方法中做出选择；能在自己感兴趣的话题上发表看法；能参照以前的活动对自己的行为与态度进行主动调整。当然，对于这种将自主作为教育目标的说法，后来也遭到道德教育专家的质疑：情感教育是否也要提倡自主？由此，在更大的范围内对提倡或实行自主学习的教育工作者和学习者提出忠告，不能为了实现个人的自主而影响到别人，因为人是有情感的社会动物，在进行个人自主时必须接受他人和自己的约束。

作为教学方法的自主，是在更窄的范围内讨论自主，那就是学生的自主，目的是让学生对自己的学习承担更多的责任。这种自主也可被称为“实践性自主”。在这种学习模式下，学生能有更多的机会自主地选择课程学习内容、时间安排和学习形式等。作为教学方法的自主，要在许多方面切实地体现学生的主体地位，如学生自主判别学习的需要，设立学习目标，寻找学习资源，与他人合作，计划学习时间、地点和具体内容，既能习惯于无教师指导的学习任务又能在需要帮助的时候寻求教师和他人的指导与帮助，能在非学校课堂环境下学习，能自我评价，能反思自己的学习过程。

二、“自主学习”的知网可视化分析

自主学习在被引入中国大约 10 年后，由于中国多媒体教育技术的快速发

①刘根平，刘道溶. 目前国外关于学生自主学习的研究动态[J]. 外国教育研究，1990(2)：20-25+36.

展，教育界引发了一场大规模的关于自主学习的研究和实践热潮。20 世纪与 21 世纪之交，在中国的大量学术刊物上，自主学习成为一个热门关键词。在中国知网上，笔者于 2019 年 12 月 1 日以“自主学习”作为“关键词”，采用“精确匹配”，在知网的期刊、特色期刊、博士、硕士、国际会议、国内会议、报纸、学术辑刊 8 个数据库进行“跨库选择”，检索年代范围为“1980—2019”年，共检得 67678 篇文献。采用 CNKI 自带的计量可视化分析软件，对全部检索结果的文献在发表年度、关键词分布、学科分布和关键词共现等方面进行文献计量和科学图谱分析。

通过对所有检得的文献发表年度进行统计，可以清晰地看出这一主题的研究发展历史。图 4-1 是以“自主学习”为关键词的研究，在 1980—2019 年间的文献发表年度趋势图。

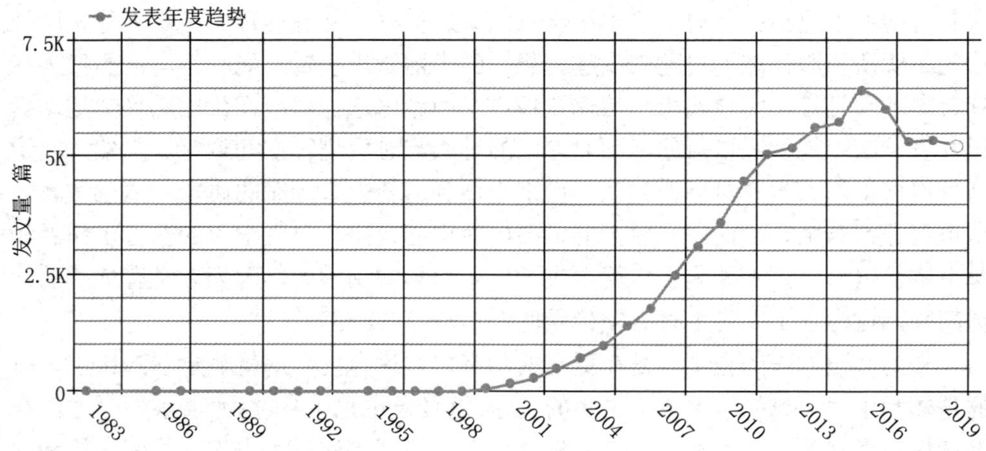

图4-1　知网以“自主学习”为关键词的文献发表年度趋势图

可以看出，2000 年前的 20 年间，CNKI 虽有少量研究自主学习的中文文献，但是没有形成研究热潮，发文量一直没有突破。然而，2000 年以后，文献发表的数量突然以爆发式增长的速度飙升。2014 以后虽有一定回落，但是整体每年的发表数量依然保持在 5000 篇以上。可见，最近的 20 年中，自主学习在中国是一个热门的研究话题。

通过研究文献中的关键词分布，可以发现这一关键词通常出现在某些主题的研究中，也可以看出该关键词与这些主题的关系。通过对知网文献中与“自主学习”相关的关键词分布统计，选取排位在前 10 的关键词，得到关键词分布图见图 4-2。

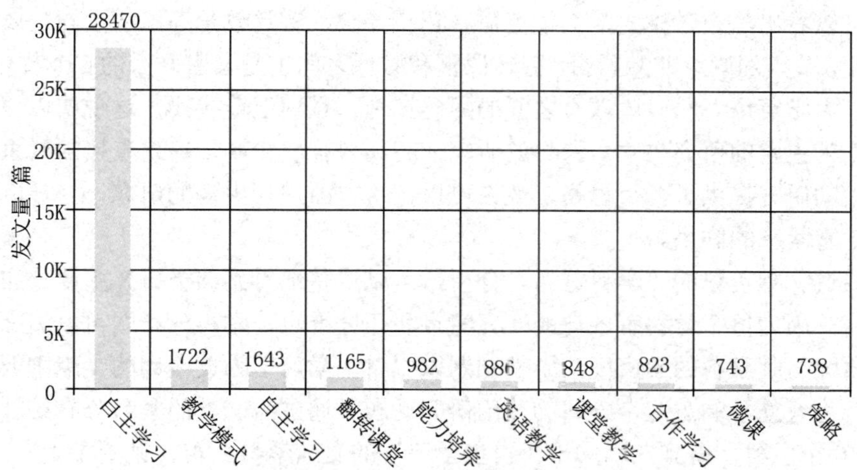

图4-2　知网关于“自主学习”的关键词分布（前10个）

从图 4-2 来看，“自主学习”这一话题除了出现在自主学习主题的文献中，还经常出现在许多相关主题中，如“教学模式”“大学英语”“翻转课堂”“能力培养”“英语教学”“课堂教学”“合作学习”“微课”“策略”等。这说明，研究者研究这些主题时，通常会将自主学习列为研究的重点或重点之一。值得注意的是，“大学英语”“翻转课堂”和“微课”中都将自主学习列为关键词，这些正是本研究所关心的话题和研究的重点。这说明本研究在一定程度上符合当前大学英语教学的研究热点和重点，也显示了本研究的实际意义。

如果用更直观的关键词共现分析，采用将关键词按三类进行聚类分析，则可以得到关键词共现网络图（见图 4-3），对这些研究主题间的联系紧密度有更清楚的认识。

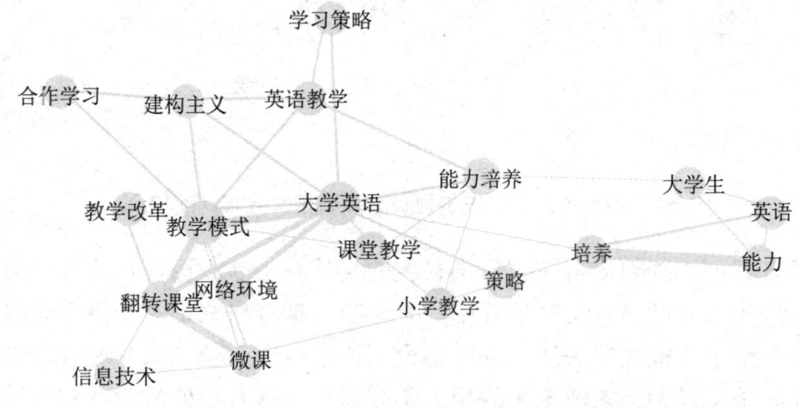

图4-3　知网关于“自主学习”文献的关键词共现网络

可以看出，教学模式、大学英语、翻转课堂、课堂教学等这些主题都属于同一词簇，节点间联系非常紧密，翻转课堂和微课之间也是紧密联系的2个节点。但是，“大学英语”和“微课”之间的距离较远，且缺乏连接线，这说明以“大学英语”为主题的研究与“微课”的研究之间离散程度较高，缺乏直接的联系。这为以后的研究提供了一个思路，或许可以在这方面进行更多的研究，使该网络呈现更丰富紧密的联系。

通过文献资料的“学科分布”分析，可以清楚地看到该类研究主要分布在哪些学科，因为每个学科有各自的研究特点和研究重点。学科分布图可以清晰地展示该研究与某学科的紧密度。了解知网以“自主学习”为关键词的文献主要分布学科，将有助于洞悉这个学科的热门研究话题。通过对文献的学科分布统计，选取前 10 个学科，得到知网关于“自主学习”的文献学科分布（见图 4-4）。

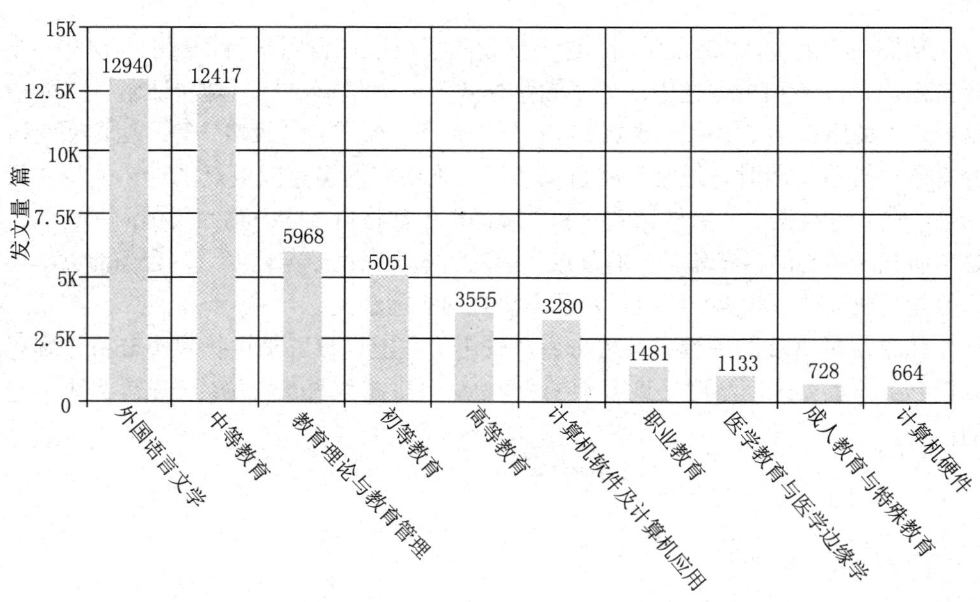

图4-4　知网关于“自主学习”文献的学科分布（前10个）

可以看到，“外国语言文字”学科类的文献有 12940 篇，在所有学科中位列第一。近些年的外国语言文字研究中，有相当一部分研究是关于自主学习，他们对自主学习给予了极大的关注。同时也说明，本研究符合当前的教育教学研究主题，研究成果可以为当前或未来的相关研究提供一些有价值的参考和借鉴。另外一些学科，如中等教育、教育理论与教育管理、初等教育、高等教育、职业教育等，也对自主学习研究给予了较高的研究兴趣。

三、中国“自主学习”研究模式

1999年，中国高校大学英语教学大纲的修订，高校的大力扩招，计算机和网络科技的迅猛发展，“自主学习”迅速成为教育界的一个热词。中国对于自主学习的大规模研究始于2000年以后，全国大学英语教学改革对促进学习者自主性的探索起到很大的推进作用。中国关于自主学习的研究有的是思辨性的，有的则是实证性的[①]。他们的研究大致按照以下三个模式。

（一）技术硬件视角的研究模式

在这种视角下，“自主性”是独立学习环境中的学习技能。他们的研究侧重学习环境，如自学中心。关于网络环境的自主学习研究在早期有较多的文献，如李正亚以某个英语自主学习平台为例，阐述了高职高专英语自主学习平台的创建。[②] 刘尔明探索了网络环境下自主学习的概念、分类和理论基础等。[③] 但是，对于大学英语自主学习中心的研究却相对较少，可以找到的少量几篇包括徐锦芬等进行的为培养大学新生英语自主学习能力的“三维一体”教学模式改革试验，经过两个学期的试验，他们发现采用该教学模式的班级学生在自主学习能力和考试成绩方面显著高于传统常规教学模式的学生[④]。华维芬对自主语言学习理论基础和自主学习中心的构建要素、功能与种类等进行了探讨和分析[⑤]，并通过在深圳大学进行的问卷调查，提出建立自主学习中心不仅必要而且非常紧迫[⑥]。这些研究主要是为了配合学校自主学习中心的建设进程，介绍了基本概况和硬件设置等情况。稍后的研究对语言自主学习中心在高校教学定位和学习资源建设中存在的问题进行分析，并对建立资源评估机制的重要性进行探讨[⑦]。2015年后，自主学习更多

①李颖．翻转的课堂，智慧的教师——高校外语课堂中的自我指导式学习[M]，北京：外语教学与研究出版社，2016．

②李正亚．谈网络环境下高职高专英语自主学习平台的创建[J]．教育与职业，2009(33)：91-93．

③刘尔明．网络环境下学生自主学习的理论与实践[J]．现代远距离教育，2001(4)：27-29．

④徐锦芬，唐芳，刘泽华．培养大学新生英语自主学习能力的“三维一体”教学模式——大学英语教学模式改革实验研究[J]．外语教学，2010，31(6)：60-64．

⑤华维芬．自主学习中心——一种新型的语言学习环境[J]．外语界，2001(5)：41-45．

⑥华维芬．关于建立英语自主学习中心的调查报告[J]．外语界，2003(6)：43-48．

⑦林莉兰．高校语言自主学习中心的定位及建设——基于一项学习资源的调查[J]．中国外语，2013，10(4)：78-85．

地与泛在学习理论和教育生态学结合起来，如江晓丽①、章木林和邓郦鸣②。

（二）心理学视角的研究模式

从心理学研究范畴来看，学习者的自主性是学习者个人特征的组合，这些特征主要包括态度、能力、学习策略和风格等。2000年前后，自主学习能力的培养被作为素质教育在全国大力推广，帮助教育工作者了解自主学习的真正含义和实行方法。庞维国和刘树农从现代学习心理学和教学心理学的角度对自主学习的理论内涵、施行的必要条件和常用的教学模式进行研究③。

现代学习理论主张从以下8个维度对自主学习进行界定，分别是学习动机、学习内容、学习方法、学习时间、学习过程、学习结果、学习环境、学习的社会性。如果学生在上述8个维度都能自主做出选择和控制，那么这样的学习可以被称为自主学习。具体地说，充分的自主学习应具备以下特征：（1）具有内在的自我激发的学习动机；（2）自我选择学习内容；（3）自我选择并利用学习方法；（4）自我计划和管理学习时间；（5）自我监控学习过程；（6）自我总结、评价学习结果，并且据此进行计划或行为修正；（7）主动建立有利于学习的学习环境；（8）主动寻找他们帮助，以解决困难。

现代心理学认为，要做到充分的自主学习，学生必须具备三个条件。首先，学生的心理要达到一定的发展水平，也就是说，学生的自我意识必须达到"能学"的水平，能独立地在自主学习的8个维度上做出自主的选择和决定。其次，学生必须具备内在的学习动机，是学生自己"想学"，学习的兴趣越高，学习的主动性就越强，自我效能感也越高，学习效果也越好。最后，学生必须有一定的学习策略，也就是学生要自己"会学"，既会学习目标设定、学习计划制订、时间管理等一般性的学习策略，也会用背诵、记笔记、画重点、列提纲、写小结、复述和转述等具体的学习策略。

现代教学心理学认为，课堂教学仍然是促进自主学习的最有效方法，但是传统的以教师为中心的讲授式教学，却不利于发展学生的自主学习能力。近年来出现的以网络和多媒体为基础的自主学习模式吸引了许多教学工作者和研究者，并进行了大量的实践、研究和总结。如徐锦芬的"三维一体"（注重实践和交互的"小班"+知识为主的"大班"+强化自主学习技能的"自主学习中心"）教学模式、邓

①江晓丽. 泛在学习理念下外语自主学习中心建设研究——基于国内外相关研究的分析[J]. 外语电化教学, 2016(3)：28-33.

②章木林, 邓鹂鸣. 自主学习中心环境下大学生英语学习动机减退现象研究：基于泛在学习视角[J]. 现代教育技术, 2018, 28(2)：68-74.

③庞维国, 刘树农. 现代心理学的自主学习观[J]. 山东教育科研, 2000(Z2)：54-55+59.

杰等在进行国家精品课程——英语视听说课程建设时提出“学习策略+自主学习”任务型网络教学模式，该模式的框架图如图 4-5 所示。

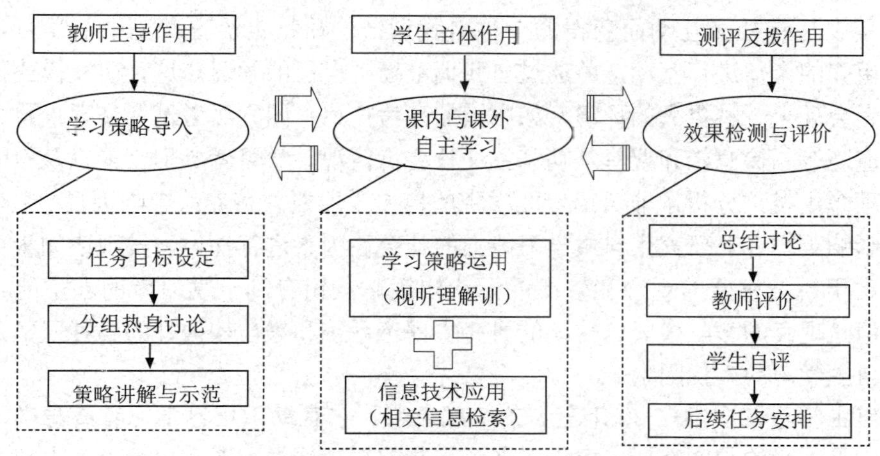

图4-5　邓杰等的“学习策略+自主学习”任务型网络教学模式①

在这些教学模式中，学生的自主能力得到更多的重视和锻炼，教师的主导作用体现在对学生提出学习目标，然后主要由学生自主选择时间和内容进行自学、讨论、练习、评价等，教师检查或评测或重难点讲解，最后做出总结。

从心理学角度进行自主学习研究，很大一部分聚焦于自主能力的培养。如徐锦芬通过对学习动机、自我效能感、学习策略、成就目标定向和成就归因 5 个学习者可控因素共 25 个变量进行考察，发现有 19 个变量与自主学习能力呈正相关关系②。在网络环境或多媒体教学环境下的学生自主能力研究也占有不小的比例，陈亚轩和陈坚林发现学习者的网络自主学习成绩与自我效能感呈显著相关关系③。

这些发现对大学英语教学改革中如何培养学生的自主性，提高自主学习能力，提供了较好的建议和参考。

①邓杰，白解红，邓颖玲．“学习策略+自主学习”任务型网络教学模式研究与实践——英语视听说国家精品课程建设例析[J]．中国大学教学，2010(2)：53-58.

②徐锦芬，李斑斑．学习者可控因素对大学生英语自主学习能力的影响[J]．现代外语，2014，37(5)：647-656+730.

③陈亚轩，陈坚林．网络自主学习成绩与自我效能感的相关性研究[J]．外语电化教学，2007(4)：32-36.

（三）社会文化视角的研究模式

社会文化理论主义者认为，“自主性”是通过与更强能力的中介个体在特定的场景中进行社交互动而获得的一种自我调节。在特定语言环境中，学习者与能力更强的个体进行互动，并通过自我调节控制自己的学习。这种研究模式下的学习者会处于一种更大的环境，如中国的高考扩招、四六级考试、文理分科、社会价值观等。徐慧娟和曹军从功利主义社会价值观、学习者心理因素以及教师的教育理念出发，分析了非英语专业学生的自主学习能力培养的影响因素①。李燕则对影响英语专业研究生自主学习能力的社会性因素进行探讨，发现诸如集体主义、敢于挑战权威的观念和较高的元认知策略认识有利于学习者的自主能力培养，但是现存的教学模式、传统的研究生评价系统和来自校内外的各种压力是学习者自主学习的干扰因素②。

自主学习在中国这 20 年左右的实践表明，它有助于培养学习者终身学习的能力，是教育的长期目标，但也发现了一些弊端，如学习者在自主学习中缺少真实语境。对此，有相当多的研究或从理论或用实证的方法提供了一些建议。王艳萍利用计算机网络研究和设计自主学习平台，教师和学生通过平台上的 QQ 群进行交流和资料的发放与收集，师生和生生之间的交流可以实时和非实时地进行，以帮助学生解决学习难题；同时，通过指导学生完成自主学习成长记录包，进行元认知学习策略的培养，提高学生的自主学习能力③。

这些研究给英语教学的启示主要有：自主学习不是完全放任学生而不需要教师帮助和监管，相反，在很大程度上，尤其是在自主学习的初期，需要教师给予更多的关注、指导、监控和推动；培养学生的自主性，教师首先要树立自主学习观，对学生进行自主学习重要性的教育，改变学生“学习就是为了应试”的学习观念，逐步让学生主动承担学习责任，减少对教师的依赖；帮助和指导学生树立正确的学习动机，并制订合理的学习计划、学习进程和评估方法等，学会运用恰当的学习策略；学会用批判思维的方法看待和分析社会问题。

教师本身要尽快从传统的填鸭式的教学模式走出来，探索使用更科学的教学模式，以教师的教学自主性给学生树立良好的榜样，有助于学生学习自主性的培养。

---

①徐慧娟，曹军．基于社会文化视角的非英语专业大学生英语自主学习能力的培养[J]．合肥师范学院学报，2013，31(5)：92-95+121.

②李燕．影响英语专业研究生自主学习的社会文化因素[J]．绥化学院学报，2013，33(5)：135-138.

③王艳萍．基于网络提高英语自主学习能力的实践研究[J]．中国教育学刊，2012(S2)：288-289.

第三节　大学生自主学习能力的重要性和现状

一、大学英语教学大纲对“自主学习能力”的描述

1978年，自中国高考制度恢复以来，外语便作为大学生的一门必修课。由于欧美英语国家在世界政治、经济、科技、文化等方面的极大影响力，伴随中国逐渐走向世界、融入世界、发出中国声音、共建世界共同体的决心，英语便作为一门通用的外国语言在高校教育中确立它的坚固地位。基于不同时期的社会和科技发展需要，高校学生的培养目标经历多次改革，大学英语教学大纲中的教学目标定位自1980年以来也经历了几轮修改。每次修改都使大学英语教学目标更加明确和具体。

1980年的大学英语教学大纲特别注重学生科技英语的阅读能力培养，指出大学英语的教学目的是“为学生阅读英语科技书刊打下较扎实的语言基础，使学生具备比较顺利地阅读有关专业的英语书刊的能力”。

1986年的大纲强调在阅读能力培养的基础上加强听说能力的培养——“培养具有较强的阅读能力、一定的听的能力、初步的写和说的能力，使学生能以英语为工具，获取专业所需要的信息，并为进一步提高英语水平打下较好的基础”。

1999年的教学大纲在提高阅读和听说能力的基础上，提出大学英语的教学目的已不再仅仅局限于提高学生的语言技能，还对语言学习方法和文化素养的培养提出要求——“培养学生具有较强的阅读能力和一定的听、说、写、译能力，使他们能用英语交流信息。大学英语教学应帮助学生打下扎实的语言基础，掌握良好的语言学习方法，提高文化修养，以适应社会发展和经济建设的需要”。

2007年的《大学英语课程教学要求》对学生英语能力的培养重点开始有了转移，从偏重阅读转向听说能力的培养，并且语言技能以外的能力除了文化素养外，还增加了“自主学习能力”的要求，明确提出对自主学习能力的培养——“培养学生的英语综合应用能力，特别是听说能力，使他们在今后学习、工作和社会交往中能用英语有效地进行交际，同时增强其自主学习能力，提高综合文化素养，以适应我国社会发展和国际交流的需要”。同时提出课堂教学与基于网络和计算机教学相结合的教学模式要求，改变以教师讲授为主的单一课堂教学模式，明确指出：“教学模式改革的目的之一是促进学生个性化学习方法的形成和学生自主学习能力的发展。”

2017年的《大学英语教学指南》更突出了“以人为本”的教育思想，体现教师主导、学生主体的教学理念——“培养学生的英语应用能力，增强跨文化交际意识和交际能力，同时发展自主学习能力，提高综合文化素养，使他们在学习、生活、社会交往和未来工作中能够有效地使用英语，满足国家、社会、学校和个人发展的需要”。面对不断涌现的大量慕课、微课等教学手段和教育资源，它鼓励大学英语教师建设和使用微课、慕课等网上优质教育资源进行课堂教学内容的拓展与改造，提出实施基于“课堂+在线翻转课堂”等混合式教学模式，以发展学生的主动学习、自主学习和个性化学习。

从教学大纲的变迁不难看出，虽然大学英语教学目标中对语言技能的偏重面随着时代的变化会发生转移，但是对于学生学习能力的培养却一直被重视。而且，1999年以来的几次大纲中，“自主学习”得到越来越多的重视。

二、大学英语自主学习能力现状

为了解大学生的自主学习能力现状，朱赟于2011年对非英语专业大学生英语自主学习现状进行调查，并对发现的问题提出对策。他根据Dickinson主张的自主学习者应承担的7个方面的学习责任（分别是决定学习内容、选择学习方法、选择学习进度、决定何时何地进行学习、选择学习材料、自我监控、自我测试），进行了一次问卷调查，结果发现：学生不能很好地规划英语自主学习的时间，缺乏时间管理意识；学生虽然认为学习计划的制订非常重要，但是在制定和执行学习计划时显得比较被动消极；学生英语学习动机主要是工具型而非融入型；自主学习方式比较单一且传统，多数学生的课后学习只是完成课本练习；学生运用英语进行交流的主动意识较弱；学生对学习策略了解不多，尤其是口语交际和写作策略①。

最近十年因为互联网以及各种自媒体和App等新学习模式的涌现，英语学习比以前有了更多、更便捷的学习途径，这应该是学生自主学习的有利条件。为了了解当前大学生自主学习能力发展现状，笔者参照朱赟的调查问卷和研究模式对所在学校的学生进行一次调查。问卷除了3个个人信息题如性别、专业、年级外，主体问题共24个，其中7个是根据Dickinson关于自主学习理论中提出的自主学习者应承担的七大学习责任，根据这七大责任又设计了9个拓展或延伸性问题，如每天用于英语学习的时间；课外英语学习主要资源、英语学习主要动机；另有6

①朱赟.非英语专业大学生英语自主学习现状与对策[J].东南大学学报(哲学社会科学版),2011,13(3)：122-125+128.

个问题是关于学生对英语学习策略的了解情况及其在英语学习中的使用情况，包括词汇学习策略、听力策略、口语策略、写作策略、翻译策略和阅读策略；还有 2 个问题是关于学生在发现问题的能力和创新精神方面的自我评价。问卷具体内容请见附录 1“大学生英语自主学习能力现状调查”。

笔者于 2019 年 11 月利用问卷星网站发布调查问卷，并将问卷链接发送给同校大学英语教师，在各自所任教班级向学生进行推送。问卷以分散填写的方式由学生自行在线填写并提交，调查问卷截止期限为 2 周。

调查共收到1089份答卷，被调查者来自2018级（大二）381人和2019级（大一）708 人；男生 566 人，女生 523 人；被调查者的专业来自以下学院：机械与能源工程学院、自动化与电气工程学院、信息与电子工程学院、土木与建筑工程学院、生物与化学工程学院、环境与资源学院、艺术设计 / 服装工程学院、经济与管理学院、人文与国际教育学院、理学院 / 曙光大数据学院。因为每个学院招生时的学生数相差较大，且在向学生推送调查问卷时说明这是自愿参加的调查，没有特别要求每个学生必须参加，因此各学院参加调查的学生人数从 41 人到 241 人不等。

通过对调查结果进行归类梳理，利用 Excel 进行数据统计。对于 Dickson 提出的自主学习者应承担的七大学习责任，调查问卷的选项采用 3 项选择制，即“能”“偶尔能”“不能”。本调查中得到的结果如表 4-1 所示。

表4-1　自主学习者应承担的学习责任

	能	偶尔能	不能
能决定自己的英语学习内容	36.94%	45.58%	14.48%
能决定自己的英语学习进度	28.32%	56.19%	15.49%
能决定自己的英语学习方法	14.39%	58.48%	27.13%
能自主选择课外学习资料	33.73%	43.54%	22.73%
能自主进行时间管理	27.73%	44.9%	27.37%
能进行英语学习的自我监控	23.51%	47.76%	28.73%
能对学习知识进行评估	11.92%	61.14%	26.95%
平均	25.22%	51.08%	23.27%

可以看出，受调查者明确表示具备这些自主学习者应承担的能力的人数并不是很多。从七项学习责任综合平均来看，25.22% 的受调查者认为自己能承担这些学习责任。表示“能自主进行学习知识的评估”的只有 11.92%，“能决定自己的英语学习方法”的只有 14.30%。相比较而言，学生对学习内容和学习资料的自主能力是最有把握的，分别达到 36.94% 和 33.73%。对每一项学习责任，受调查者选择最多的是“偶尔能”，平均达到 51.08%。表示“不能”“进行英语学习的自我监控”的学习者达到 28.73%，27.37% 的学生表示“不能进行时间管理”，27.13% 的学生表示“不能决定自己的英语学习方法”。所以，从总体来看，大学生具备一定的自主学习能力，但是总体水平有待提高。

从自主学习能力延伸内容调查结果发现，学生的自主学习总体能力不高还表现在以下方面。

（一）每天主动学习英语的时间不多

每天 2 小时以上主动学习英语的占 4.95%，1~2 小时的占 23.65%，1 小时以内的占 60.68%，更有 10.72% 的学生表示课外从不学习英语。

（二）课外主动使用英语的不多

能主动使用英语的只有 11.92%，能用英语与他人进行交流的只有 5.77%，而明确表示“不能”的分别占到 21.91% 和 39.41%（见表 4-2）。

表4-2　课后主动使用英语的状况

	能	偶尔能	不能
课外能主动使用英语	11.91%	66.18%	21.91%
能用英语与他人进行交流	5.77%	54.81%	39.41%

（三）英语学习动机表现较被动

53.9% 的受调查者是因为“英语是学校的必修课”，也就是说，这是一种无奈的选择，如果有机会，他们就有可能放弃英语课程的修课。23.83% 的受调查学生希望学好英语可以“找一份好工作”，而出于个人兴趣爱好学习英语的只占 10.72%（见表 4-3）。

表4-3　英语学习动机

了解英语国家文化	打算出国	找一份更好的工作	英语是学校的必修课	个人的兴趣爱好
5.13%	6.42%	23.83%	53.9%	10.72%

依据 Deci 和 Ryan 在 1985 年提出的动机理论，学习动机分为内在动机和外在动机。内在动机是维持学习动机的重要因素，它来源于学习者对学习任务本身的兴趣、学习者在完成学习任务过程中体验到的满足感和成就感；外在动机往往是一种不稳定的动机，是与外界刺激物相关的动机，如得到金钱、晋升、高分、奖励／惩罚等，会随着刺激物的消失或减弱甚至消失。两种动机也会相互转化，当外在动机被充分内化，它就有可能与内在动机相融合，转化为内在动机。①

按照此理论，此项调查考察了学习者的外在动机（找一份好工作、是学校的必修课、打算出国）和内在动机（了解英语国家文化、个人的兴趣爱好）。从调查结果来看，本研究中，受调查者的英语学习动机主要属于外在动机，学英语是“因为英语是学校的必修课”，意味着如果没有修读这门课或没有学好这门课程，就可能受到“惩罚”，如学分不够、不能毕业等；如果学好了英语，就有可能考试得到高分，将会给自己带来好处，如高分、奖学金、就业时能找到好工作、能找到高薪水或更好的工作环境等。

针对学习动机不高的情况，教师在教学中应在二语学习动机理论的指导下，对学生进行正确的引导。Dörnyei 等提出的“定向动机流”② 近年来在二语领域得到越来越多的重视。常海潮将其定义为“以清晰目标或愿景为方向，以行为结构为路径，以惯常行为的完成即短期目标的实现为支撑点，能够引发和支持长期行为的强大驱动力”③。首先，教师在英语课程开始时应帮助学生设立学习目标和学习愿景，以触发学生的学习动机。设定目标必须遵循三个基本原则：目标要有挑战性；目标要有一定的挑战度；长短期目标相结合。其次，教学过程中，要以学生为学习主体，让学生积极参与到教学活动和教学过程，并给予积极肯定的反

①DECI E L, RYAN R M. Intrinsic motivation and self determination in human behavior[M]. New York：Plenum, 1985.

②DÖRNYEI Z, IBRAHIM Z, MUIR C. “Directed motivational currents”： regulating complex dynamic systems through motivational surges [C]. // DÖRNYEI Z, MACINTYRE P D, HENRY A (eds). Motivational Dynamics in Language Learning. Bristol：Multilingual Matters, 2015: 95-105.

③常海潮. 定向动机流——二语动机理论研究新进展[J]. 现代外语, 2016, 39(5)：704-713+731.

馈，提升学生的自我效能感，让他们成为真正的自主学习者。最后，教学活动中要善于调动学生的情感因素，以增强学习动机。

（四）英语学习策略使用不够积极

本问卷的学习策略调查采用四分法，即为每个问题提供四个选项，分别是“知道，经常使用”“知道，偶尔使用”“知道，不使用”“不知道”。调查旨在发现大学生英语学习策略的知识及其使用情况，对提高学生的英语学习能力和英语成绩提供参考。

本调查结果数据分析显示，大学生的英语学习策略能力不高，知道并经常使用有关词汇学习策略、听力策略、口语策略、阅读策略、写作策略和翻译策略的均在15%以下，最少的只有6.87%（听力）；超过50%的学生知道写作和翻译策略，但只是偶尔使用；所有调查者中有10%左右的学生知道语言学习策略，但是却不使用；表示根本不知道这些语言技能学习策略的学生竟然占到24.24%~41.98%（见表4-4）。这对大学英语教师来说，无疑要引起充分的注意。

表4-4 英语学习策略的使用

	知道，经常使用	知道，偶尔使用	知道，不使用	不知道
词汇	10.82%	49.59%	9.53%	30.06%
听力	9.99%	48.3%	9.62%	32.08%
口语	6.87%	38.59%	12.56%	41.98%
阅读	16.32%	48.4%	8.52%	26.76%
写作	10.45%	55%	7.88%	26.67%
翻译	14.51%	52.07%	9.18%	24.24%

学习策略是学习能力的一个重要方面，也是提高英语学习成绩的重要预测因素。研究表明，中国大学生的英语学习策略（记忆策略、认知策略、补偿策略、元认知策略、情感策略、社交策略）与英语成绩呈从低到中等程度的显著正相关。① 对于解决学习者的英语学习策略问题，可以参考2018年颁布的《中国英语能力等级量表》中关于英语1~9级各项语言技能应掌握的详细的学习策略，对照并使用量表中提供的有关英语听说读写译等方面的学习策略。教师除了向学生介绍语言学习中的认知策略，也要重视元认知策略和社会—情感因素的作用，充

①李文，张军.基于SILL的国内大学生学习策略与英语成绩相关的元分析[J].外语教学理论与实践，2018(4)：39-47.

分调动学生学习的主动性和积极性。

调查发现，学生的课外学习资源和学习方法呈现出多样性特点。因为考虑到学生的学习方法和资源不局限于一种，所以本题采用多选方式。数据显示，利用手机 App 学习英语和通过看欧美电影学习英语的学生比例最高，分别达到 70. 39% 和 66. 36%，其后是做大学英语四六级试卷（53. 53%）、做课后练习（41. 51%）和通过网络学习平台完成作业（26. 95%）。通过收听英语广播节目和阅读英语读物的比例不算很高，分别是 20. 53% 和 23. 01%（见表 4-5）。

表 4-5　课外英语学习方法

学习方法	占比
看欧美电影	66.36%
收听英语广播节目	20.53%
阅读英语读物	23.01%
做课后练习	41.61%
做四六级试卷	53.53%
做雅思和托福练习	4.12%
做网络学习平台作业	26.95%
手机 App 进行英语学习	70.39%
其他	15.77%

以上数据表明，随着互联网和智能移动端的发展与应用，更多的学生偏向于通过更加活泼生动的影视和便捷的具有互动功能的手机程序进行语言学习。这一点给大学英语教师提供了一个教学改革的思路：英语教学应该利用学生的这种学习偏好，开发适合他们学习的内容和资料。传统的纸质读物和广播节目在学生中的受欢迎程度与具有很强的视觉感受的影视无法比拟。这也为笔者所倡导的以微课视频为基础的翻转课堂的英语教学应用奠定了基础。

有一点也应该引起大学英语教师和英语教学效果研究者的关注，那就是：欧美电影和手机 App 学习软件不像英语教学视频或教师专门针对某个知识点或技能而设计和制作的微课那样具有明确的教学目的和严谨的教学设计，那么这样的电影和学习软件对学习者的英语能力培养究竟效果如何？虽然当前已有不少研究在这方面有了一定的基础，但是学习效果的检验需要比较长的时间和大量的数据样本才能得到证实。因此，这也是笔者将继续关注的领域。

第四节　基于翻转课堂的自主学习与大学英语课程的整合

一、课堂教学 + 计算机网络自主学习的整合

21 世纪后，中国高校扩招和教育技术等的快速发展，大学英语教学经历了不同寻常的改革和发展。2003 年正式启动全国性的大学英语教学改革，改革的主要内容包括：1）教学目标 —— 培养学生的英语综合应用能力，尤其是听说能力；2）教学模式 —— 计算机和课堂教学相融合；3）教学评估方式 —— 形成性评估和终结性评估相结合；4）注重发展学生的自主学习能力。

当前，国内多数高校的大学英语教学采用现代信息技术，使用互联网、局域网、移动设备等作为英语教学的辅助手段，也有的高校建立了自主学习中心，与大学英语课程教学进程整合。经过对多所高校的考察，这些整合在一定程度上改变了传统的以教师授课为主的课堂教学方法，网络和信息技术的引入使学生体验到英语学习的更多途径和乐趣，学生的英语表现力比原来有了较大进步。但是从这些学校的自主学习实行情况来看，还是或多或少存在以下一些共同的问题。

（一）自主学习平台未能为学生的个性化学习创造充分的条件

多数网络教学平台设在学校图书馆或专门建立的自主学习中心，少数自主学习平台可以实现在校园局域网的任意一个终端登录使用。网络教学平台大多处于孤岛状态，平台提供的教学和学习资源只能在图书馆、自主学习中心和部分计算机网络教室使用，学生宿舍等一些非主要教学区无法使用。现代信息教育技术没有成为有效整合教学和学习资源的手段，既无法共享也无法便捷使用、信息化时代教学系统的“可移动性”和“随时性”没有成为现实，自主学习所应有的随时随地进行学习的特点没有得到体现，学生的个性化学习也无法充分实现。

（二）网络自主学习管理不够完善

缺乏计算机专业技术人员和英语教师的直接参与，教师的咨询和指导功能未得到有效利用。多数情况下，只有在自主学习中心和专门用于网络自主学习的教室，部分学校会安排计算机技术人员和英语教师对学习过程中的技术问题和英语知识和学习策略等问题进行咨询与辅导。离开这些场所，学生之间的互动、师生之间的交流、合作学习等无法实现，学习主体处于孤立、失语的状态，缺少良好

的语言学习环境。许多学校的自主学习中心只是利用这个平台为学生提供电子学习资料，没有其他形式的学习资源。有些自主学习中心没有安排计算机技术人员或根本没有指导教师，有些自主学习中心的技术人员或指导教师的主要任务是在工作记录本上签到，因为要么不懂技术，要么不懂英语知识，学生碰到问题无法快速有效得到解决。久而久之，学生的学习积极性受到打击，影响自主学习的更好开展。

（三）现代教育技术的作用在课堂教学中未被充分发挥

许多英语课堂教学中，计算机的功能仅仅是用 PPT 代替了以前的黑板，用音频播放代替了以前的放音机。相当一部分教师上课时只是播放与教材配套的教学软件或出版社提供、或备课小组集体完成的教学课件，没有综合考虑学生的实际情况、教学内容特点和教学目标等因素，从而让教学内容和教学方法缺乏个性与创造性。

（四）自主学习资源未能充分利用

笔者考察的几十所高校无一例外地都在进行自主学习建设，即便没有自主学习中心，至少都有语言实验室或网络教室。而且，每个学校都建立了一些英语学习资源，如四六级大学英语考试真题和模拟题库、听力训练题库等。然而，实际去这些教室学习的学生很少，来自学生的反馈是很多人表示不知道学校有这些资源。部分去过这些教室或自主学习中心的学生反映说学习资源不多。也有学生反馈说这些教室或自主学习中心缺乏学习气氛等。因此，学校有必要在自主学习中心或网络自主学习教室在硬件和软件方面进行更多的建设，教师也有必要对学生进行更多的关于自主学习的宣传，尤其是学校在自主学习方面具有的设施条件和建设的目的。

教育部高等学校大学英语教学指导委员会在 2009—2010 年对全国 503 所不同类型的高校进行了大学英语教学现状调查。王守仁和王海啸对调查结果进行了统计和分析，笔者参阅了其中与自主学习能力培养相关的几组数据，发现与笔者对多所高校的考察得出的上述结论有诸多一致。参阅的数据如下：大学英语教学模式相关情况、采取“课堂面授 + 自主学习”教学模式的课时安排、采取“课堂面授 + 有教师辅导的语言训练”教学模式的课时安排、不同课堂教学方法的有效性、多媒体教学课件和网络资源库的使用和开发等。为更直观地看清各项基本情况，笔者将相关数据展现如表 4-6。

表4-6　大学英语教学模式采用情况

	所有班级采用	部分班级采用	没有班级采用
采用多媒体投影设备情况	54.1%	40.8%	5.0%
采用课堂面授+网络自主学习模式	29.6%	33.5%	36.9%
采用课堂面授+有教师辅导的语言训练	15.6%	22.9%	61.6%

大学英语教学改革提倡采取“课堂教学 + 计算机网络自主学习”的教学模式，尽管如此，没有采用多媒体投影设备的还有 5%，没有采用课堂面授 + 网络自主学习模式的占 36.9%，没有采用课堂面授 + 有教师辅导的语言训练占 61.6%。可见，大学英语教学改革中的教学模式改革任重而道远。

表4-7　采取“课堂面授+自主学习”教学模式情况下的周课时安排

	周课时
每周无固定学习形式时间的自主学习	2.3
每周有教师在场的自主学习	1.6
每周面授课时	3.8

在参加调研的 208 所学校中，平均每周授课课时为 3.8，190 所调研学校中每周有教师辅导的语言训练课时为 1.6。由此可见，课堂面授依然是大学英语教学的主要形式（见表 4-7）。

表 4-8　不同课堂教学方法的有效性

教学方法	非常有效	较有效
单纯教师课堂讲授	1.70%	74.80%
教师讲授 + 适当的课堂语言实践	41.20%	56.50%
教师讲授 + 学生借助网络教学平台的自主学习	32.60%	56%
大班教师讲授 + 小班学生操练	30.90%	49.50%
教师在课堂组织各类语言实践活动，基本上不系统讲授语言知识	4.10%	37.30%
学生完全借助网络教学平台自主学习	1.50%	18.20%

对于不同课堂教学方法的有效性，选择最多的是“教师讲授 + 适当的课堂语言实践”，其次是“教师讲授 + 学生借助网络教学平台的自主学习”，选择最少的是“学生完全借助网络教学平台自主学习”。这说明，借助网络教学平台的自主学习已经逐渐被学生接受，但是教师的讲授依然是学生需要的，教师的作用不可替代（见表 4-8）。

调查显示，基于网络技术的英语教学模式中，以多媒体教学课件的应用为主，超过半数的调研学校使用的多媒体课件由出版社提供，但也有许多学校和教师对课件进行再开发，其中双一流高校有 20% 的学校使用自己开发的课件，普通高校只有 5.9% 的学校使用自己开发的课件。除了多媒体课件，网络资源库的自主开发在高水平学校和普通高校间也存在差距，双一流高校使用的自主开发网络资源占 22.8%，普通高校占 6.5%。

二、基于翻转课堂的网络自主学习与大学英语教学整合模式探索

现代信息技术主要是指计算机和网络技术，计算机网络技术与外语课程的整合是指在外语教学过程中把信息技术、信息资源、信息方法和课程内容有机地结合起来，共同完成课程教学任务的一种新型、高效的外语教学方法。课堂教学 + 计算机网络自主学习的教学模式将传统的 2+1（即教学理念、教学方法 + 课程 / 教材）的课程构成范式转变为 3+1（即教学理念、教学方法、信息技术 + 课程 / 教材）。现代信息技术在近些年的快速发展，其在教育领域内的应用和发展也日新月异，比如微课和慕课的使用，使得翻转课堂成为可能。[①]

基于现代信息技术的快速发展，以及《大学英语教学指南》的大力推动，笔者在任教的学校和班级采用基于翻转课堂的大学英语教学模式，目的是改变传统的大学英语单一的课堂教学模式，将计算机网络技术，尤其是适合大学生学习的重在发展学生个性化和自主化学习能力的翻转课堂教学理念和微课等教学资源融入大学英语教学，和课堂教学相辅相成，共同提高学生的英语能力和自主学习能力。“基于翻转课堂的大学英语教学模式”的结构可以较清楚地展示该模式的具体设计和理念（见图 4-6）。

①陈坚林. 计算机网络与外语教学整合研究[D]. 上海：上海外国语大学, 2011.

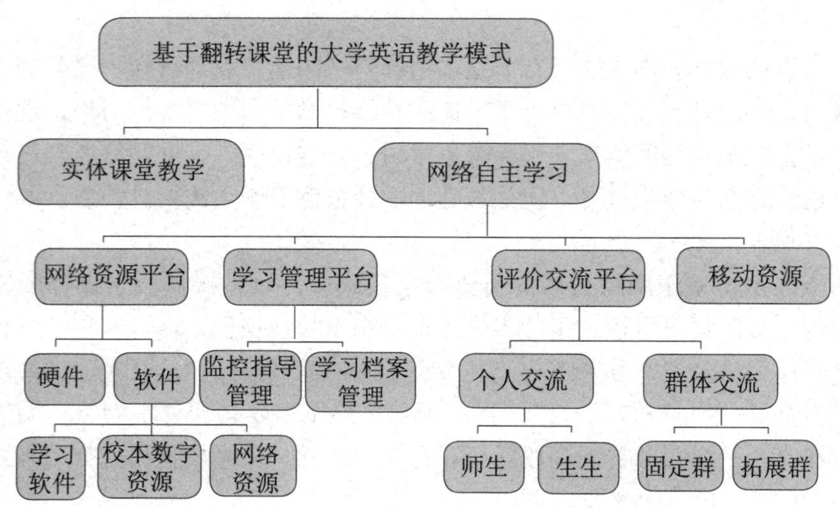

图4-6　基于翻转课堂的大学英语教学模式

在这一教学模式和网络自主学习模式中，以计算机和网络为核心的现代信息技术不再游离于教学系统，微课、慕课、移动学习端等与课堂教学都有紧密的联系，师生之间、生生之间、学生与外部世界之间的交流都可以成为现实。这一模式可以成为促进学生自主学习的认知工具和情感激励工具、丰富语言教学环境的创设工具，并将这些工具应用到大学英语教学的整个过程。丰富而真实的网络自主学习语言环境，使学生可以轻松地找到学习的资源和方法。并且，使各种教学资源、教学要素和所有教学环节经过整合能够互相融合，在整体优化的基础上产生聚集效应，促进传统教学方式和教学理念的根本性改变，最大程度地满足个性化学习和自主学习需要，加速实现大学英语课程总体教学目标。

（一）实体课堂教学

实体课堂教学在“以教师为主导，以学生为主体”教学原则的指导下，重点解决以下问题。

一是解决语言知识教学中的重难点问题，如某些生僻难以理解的词和句、一些特有的文化现象且对学习内容的理解有较大障碍的内容等。

二是检查学生课前自主学习效果，检查会有多种形式，有书面的也有口头的，可以是测试，也可以是游戏或活动的方式。同时，引导学生对学习进行反思和评价，形成积极的归因习惯和自我效能感。

三是设计教学活动，为学生的口语实践创设条件。这也是检查学生课前自主学习效果的一种方式，让学生利用自主学习中学到的知识和技能在真实的语言环境中进行实践和应用。

四是结合具体学习材料和学习任务进行学习策略培训和指导，如阅读策略、听力策略、口语交流策略、写作和翻译策略等。

从课程类型来看，基于信息技术支持的自主学习适合进行语言基础知识学习、跨文化知识学习，开展听力、阅读等输入性技能训练和写作等输出性技能训练，实体课堂教学则主要进行口语、翻译等输出性技能训练。

从教学目的来说，课堂教学主要解决多数学生的共性问题，满足学生的共同学习需要；网络自主学习则是满足学生个性化学习和自主学习的需要。当然，课堂教学的最终目的也是为了满足学生的自主学习需要，促进其自主学习能力提高。

（二）网络自主学习

从学习的角度来看，该模式中的网络自主学习主要基于四个方面：网络资源、移动资源、评价交流平台和学习管理平台。学生自主学习主要使用的是网络资源、移动资源和评价交流平台。监控指导平台主要用于学校和教师对自主学习者的管理与指导。

网络自主学习中心 / 教室的资源建设包括硬件和软件建设。硬件建设主要包括固定的自主学习场所（自主学习虽然是随时随地进行，但是学校依然应该有具体的物理场所，供学生进行资料查找、小组讨论和其他形式的学习活动）、电脑、桌椅、资料柜、阅览学习区等。很重要的一点是，网络自主学习中心 / 教室还需要提供一些纸质的学习资料，如四六级大学英语试题、英语读物（如报刊、期刊、杂志、小说等）。软件资源包括常用的学习软件（如外研社英语学习平台、iwrite 写作平台、itest 测试平台、……）、校本数字资源（如微课视频、英语能力训练系统、听力训练系统、阅读训练系统、翻译训练系统、写作训练系统、……），互联网资源（指校外资源，如互联网上的慕课、微课、在线词典、可可英语、沪江英语、English Town、……）。随着现代教育技术的大力发展，各出版社和社会机构都在积极开发不同的学习平台，各平台有不同的教学理念，针对不同类型的学习者。所以，学校在选择教学平台时一定要进行充分调研，了解平台的主要作用和优劣势，与本校教学理念是否符合，教学目标是否一致，学习内容是否与课堂教学内容有关联，是否有助于学生的自主学习。

移动资源是指学生使用移动设备上的 App 应用软件或小程序进行英语学习。许多互联网英语学习平台都有相应的移动端平台，如可可英语、牛津高阶英汉双语词典、金山词霸、CCtalk 等。还有专门针对某项英语技能训练的 app，关于词汇学习的App就有很多，如百词斩、扇贝、墨墨背单词……移动资源是网络资源的延伸，是一种更便捷的网络资源。

评价交流平台提供同步交互和异步交互功能。学生的自主学习多数是通过同步交互，如学习者个体之间的交流，包括师生间和生生间交流，但也有些活动需要异步交互功能来实现。如群体交流中，学习者可以把学习中遇到的困难、学习体会、个人观点、学习经验等信息发表在系统提供的论坛上，其他成员可以对此进行解答、评论或提供建议。

学习管理平台包括学生的自我管理和教师对学生的监控与管理。自我管理主要建有“学习档案袋”，用以记录学生的学习过程、学习内容、作业和学习成绩，作为学生的学习成长记录，有利于学生及时自我了解、自我监督、自我反思和自我调整。监控指导平台是自主学习顺利进行的保障，它的作用主要体现在：（1）提供各平台的使用方法和基本的学习者策略指导与训练；（2）最主要的功能是为教师提供监控和管理工具，对整个学习过程进行必要的引导和干预；（3）提供学习成绩管理工具，为教师形成性评估提供依据，也可利用这个工具对学生的学习成绩做出评价和反馈，提出指导和建议。

网络自主学习中心/教室既是一个有形的物理存在，也是一个虚拟的网络学习和管理平台。学生的自主学习可以借助各种资源，以自主学习方式展开，以配合课堂教学为主要目的，实现课堂的翻转，增强学习和教学效率。这个教学模式是一个自足系统，因为学习者个体、群体和学习资源都具有很强的扩展性，因此是一个具有很强兼容性的开放系统。

三、网络自主学习与大学英语教学整合模式的特征和意义

由于计算机网络与课程进行整合，新教学模式依存的自主学习环境具有以下特点。

（一）学习资源存储数字化

数字化的存储技术和存储方式提供数量巨大、内容丰富、形式多样的学习资源，为学习者提供多种选择。

（二）学习内容呈现方式多样化

数字化支撑的听觉媒介（CD播放器、MP3播放器、iPod）、以E-learning为主要特征的视听媒介（MP4播放器、iPad、智能手机、笔记本电脑）、外线

网络技术支撑的 M-learning 为主要特征的试听媒介、以虚拟现实技术为基础的高层次虚拟学习环境，也在大学英语教学中得到越来越多的应用。这些技术为语言学习者提供了接近于真实的学习环境，优化了语言学习环境。

（三）学习过程中的交互对象国际化

有了互联网，整个世界就变成了地球村，语言学习者与世界各地的人们进行交流已经不再是一件不可能的事。互联网扩大了语言交际对象存在的空间范围，特别是具备了交互对象国际化的特点，为语言学习者提供了文化背景不同的交流对象，使学生有机会在较为真实的语境中与英语为母语或二语的人群进行交流，提高语言输入和输出的有效性。而且，与异域文化接触有助于培养学生跨文化交际意识和能力，促进学生的学习动机从工具型转向融入型，提高语言学习效果。

（四）学习空间泛在化

学习可以随时随地发生，不再受空间限制。只要有网络，就可以进行自主学习和团体合作学习。

（五）学习时间兼具同步和异步特征

计算机和智能移动设备逐渐成为学习者进行人机交流、人人交流的媒介，实现了同步交互和异步交互。

四、自主学习与大学英语教学整合模式的生态环境优化

从教育生态学的角度看，在教育系统和社会环境中，教学模式本身就是一个有机系统。对其内部和外部的生态环境进行优化，是这个系统有效运行的重要保障。

（一）内部生态系统优化

为确保系统内部各平台在功能和系统的协调与统一，建立学习者与各个平台友好和谐的关系是建立良好内部生态的关键。为此，笔者从构建原则出发，从资源建设和学习者的角度提出四点建议。

（1）要对计算机网络环境提供的海量学习资源以“普适性”和“以使用者为中心”的原则进行分类与分级，以保证学生“能学”。资料呈现的方式必须是合理恰当的，要依据学习任务的难易度和学习材料对认知处理过程的要求，综合

考虑学生的认知水平、思维能力、情感过程、学习风格和心智能力等因素。此外，各平台的操作程序要提供简单快捷的搜索引擎和查询功能，便于学生轻松找到他们所需的学习材料。还要充分考虑语言学习的交互特点，设计学习材料的呈现方式时要充分考虑人与学习材料的互动、人机互动、人人互动的需要。

（2）课程资源的选择要从学生的学习需求出发，使学生“爱学”。学生的自主学习不仅需要形式上的多样性，更需要内容的多样选择，所以，课程资源建设不能只是把纸质教材内容翻版成数字教材，而是要根据学生的需求，尽可能寻找、整理、编写内容丰富的资源，这样学生才能对自主学习感兴趣。

（3）积极开展符合我国现实的翻转课堂的语言学习者的策略研究，提高学生的学习策略水平，使学生“善学”。每个教学理论有它产生和发展的特定背景，每个国家甚至每个高校的情况不同，我们在向学生介绍学习策略时，一定要考虑到中国的教育传统、教育价值观、教学理念、评价体系等外部因素对学习者策略的影响，进行大量的深入研究，构建符合我国现实的语言学习者策略体系。

（4）教师要提高自身的职业修养和教学水平，为学生树立榜样，使学生“学好”。作为实行翻转课堂自主学习和课堂教学相结合的教师，自己要对翻转课堂、自主学习等进行深入的了解和研究，这样才能把翻转学习和自主学习的理念变成教学实践活动的自觉。另外，教师要根据不同的教学模式主动调整自己的角色，提高自主能力和现代信息技术素养。

（二）外部生态系统优化

教学模式的外部生态环境是一个庞大的体系，它对内部生态环境的影响是不可避免的，但在某些程度上可以相互影响和转化。所以，教学模式想要有一个良好的发展，除了内容生态系统需要优化，还要重视与外部环境的沟通和对话，既要适应外部环境，又要影响外部环境。

（1）摆脱传统的功利主义和实用主义教育价值观的困扰。中国封建社会的教育以功利为重，以取得功名利禄为目的；清朝末年兴起的洋务运动，提出“中学为体，西学为用”，开始重视自然科学和技术的力量，旨在富国强兵，这种实用主义思想在当时显示出非凡的影响力。受历史传统的教育惯性影响，当今的教育依然没有摆脱功利主义和实用主义的束缚，学校的教育活动、学生的学习活动在很大程度上依然以考试为目的，家长和社会对学校教育质量的评判标准还是考试结果和升学率。近些年，社会各界对我国教育体制的价值观进行深刻反省，认识到批判性思维、创新能力、自主学习能力等在教育上的重要意义，提倡“通识教育”，培养“全人”，也提出一些新的教育理念。但是，人才的选拔和考试方式没有根本性改变，以集体教学为基础的直接教育模式占主导地位，以自主学习、个性化学习这些间接的教学模式在学校很容易失去动力，学生对自主学习的热情也不高。

不彻底改变当前的人才评价标准、教学评估和考试制度，中国教育中的一些突出矛盾就难以解决。当前的一些评估和考试方式的改革可能会引起新的社会矛盾，但是我们要权衡局部利益和整体利益、暂时困难和长期发展这些问题。如果因为新的改革遇到一些阻碍而放弃，真正有利于培养人才的机制就无法得到确立。

（2）客观评价教育技术的作用。教育技术刚刚兴起之初，有人认为只要把学习内容嵌入更新的媒体格式就能提高教学效率，但是很快遭到质疑。Kozma 认为，学习并非“来自”技术，而是要“借助”技术①。媒体和技术只是用来存储和呈现学习内容，只能营造语言学习环境，优化学习条件，触发学习动机。它可以促进学习，却不能代替学习。教学方法、教学内容和教学模式等的共同作用，才能决定有效学习能否发生，学习效率有多高。

近几年，随着社会对教育技术的逐步认识，教育技术万能论和教育技术无用论这两种极端的思想已无生存的土壤，但是现实中低估教育技术作用的人却不在少数。尤其当这种技术在实际使用过程中出现了一些问题的时候，有些人就会产生“技术不可靠”的想法。但是我们无可否认，现代技术给教育带来的巨大变化已成为不争的事实，英语的学习途径大大拓宽，学习机会大大增加。因此，我们既不能无限夸大教育技术的作用，也不能简单否定教育技术的功能和对教育教学的意义。既然是一种技术，它就是一把双刃剑，既能促进教学，也能带来负面影响，关键是如何使用，能否将教育技术与课堂教学进行有效整合，使之成为教学的要素之一。

（3）合理运用教育技术产品。目前，国内多数大学英语的技术解决方案提供者是出版社和教学平台供应商，出版社提供的教学平台基本上是纸质教材的数字化产品，内容与纸质教材没有本质区别。教学平台供应商提供的解决方案多是各种学习资源的简单拼凑。造成这种现象的原因可能是设计者不兼具教育学和教育技术学的修养，也可能是教育技术领域急于寻求技术的应用和单纯追求经济效益进行市场扩张，并非为了满足教学需要。这种做法不仅有违教育技术的道德规范，也有违商业道德。如果不从根本上加以改变，教育信息化的发展一定会受到影响，给教学带来的损失也是不可估量的。

① KOZMA R B. Computer-based writing tools and the cognitive needs of novice writers [J].Computer and Composition. 1991, 8(2)：31-45.

第五章　基于微课的大学英语翻转课堂教学实践

第一节　基于微课的大学英语翻转课堂的可行性

一、大学英语教师具备实行翻转课堂教学的能力

首先，大学英语教师基本都是经历了高学历的学习，多数教师年龄不大，具备快速接受新事物的能力和素质。戴曼纯等进行过针对高校英语教师素质的抽样调查研究，发现全国大学英语教师平均年龄约为31岁①。

其次，笔者通过问卷星对全国20多所高校的200多位英语教师进行调查，在回答“您认为您的创新意识处于何种水平”时，8%的教师认为自己的创新意识非常强，53%的教师认为“较强”，只有14%的教师师认为自己的创新意识较差，另有25%的教师认为自己的创新意识一般。

大学英语教师不仅具备一定语言和教学知识体系，而且在很大程度上能够将自己的语言学习经验和教学结合起来，具备进行创新性教学的能力。这是大学英语进行微课教学资源开发、实行翻转课堂教学所必不可少的人力资源。

最后，大学英语教师的信息技术应用能力可以为翻转课堂的实施提供必要的技术保障。21世纪以来，我国大学英语教学改革一直提倡将网络、多媒体等信息技术与英语教学结合起来，这一政策使大学英语教师对计算机的使用已具备较好的基础。教师在计算机网络的使用、文献信息和网络资源的搜索和利用、课件的制作等方面具备较好的素养，这为顺利实施翻转课堂提供了良好的技术保障。

二、大学生已具备实施翻转课堂教学所需的学习能力

（一）大学生已具备基本的自主学习能力基础

首先，大学生具备进行微课学习所需要的基本自主学习能力。近年来，从小

①戴曼纯，张希春．高校英语教师素质抽样调查[J]．解放军外国语学院学报，2004(2)：42-46.

学、初中到高中的各个阶段的学习都在强调学生自主学习能力的培养，因此大学生已具有较强的自主学习能力，完成微课程的学习对他们来说不是太大的问题。卜彩丽和马颖莹通过对中国东部（主要是华东师范大学和上海师范大学）、南部（主要是华南师范大学和南京师范大学）、西部（主要是西藏大学）、北部（主要是北京大学和首都师范大学）和中部（主要是河南师范大学和郑州大学）的部分学生共 200 人进行了高等院校学生学习特点调查。调查发现：6% 的学生认为自己的自学能力非常好，能够独立自主地学习；28% 的学生认为自己的自学能力较好，在想学习的时候能够独立自主地学习；42% 的学生认为自己的自学能力一般，在无人打扰和没有烦心事的时候能够静心学习；24% 的学生认为自己的自学能力较差，易受外界干扰① 。

笔者对所执教的一所以理工科专业为主的浙江地方本科院校的学生进行了大学生自主学习能力现状调查。调查共回收 1089 份问卷，相关数据和分析结果在本书关于大学生与自主学习的章节中已有详细说明。从本调查所获得的这些数据来看，大学生的自主学习能力现状并不非常乐观，按照 Dickinson 提出的自主学习者应承担的七大学习责任，明确表示能承担这七大责任的人数平均占比只有 25.22%，明确表示“不能”承担的占比 23.27%。我们看到，多数受调查者选择的是“偶尔能”。造成这种选择结果可能有几个原因：一是中国学生比较内敛，评价自己能力时往往比较谦虚；二是这些题目中提供了 3 个选项，受调查者可能会采取比较折中的态度。这是以后的调查问卷设计时应该注意和改进的地方。“偶尔能”这个选项包含的跨度是比较大的，所以，本调查结果中的此项选择者在一定程度上也可以理解为是属于基本能承担这些学习责任的。

综合这些调查结果，从整体来看，我国大学生的英语自主学习能力总体上可能不是很强，但是作为语言学习者来说，基本的自主学习能力还是具备的，关键是学生要以积极的态度对待英语学习，树立正确的学习动机和合适的学习目标，为大学英语以微课学习为基础的翻转课堂实施提供学习者层面的保障。

（二）大学生已基本具备较强的语言表达能力

学生良好的英语表达能力，使课堂交流得以基本实现。关于学生英语表达能力的调查中，卜彩丽等发现，30% 的学生认为自己的英语表达能力较好或非常好；42% 的学生认为自己英语表达能力一般，但可以借助肢体语言或夹杂少量汉语也能达到交流的目的；只有 28% 的学生认为自己的英语表达能力较差，不能使

①卜彩丽，马颖莹．翻转课堂教学模式在我国高等院校应用的可行性分析[J]．软件导刊，2013，12(7)：9-11.

用英语顺畅地交流。总体而言，学生已有的英语表达能力，经过训练后可以达到基本的交流目的，虽然语言可能比较简单，也会时不时有些错误，但借助一些工具和教师的帮助，可以用英语与他人就学习心得和个人观点进行交流和分享。

（三）大学生已具备较强的探索和创新能力

笔者关于大学生自主学习能力现状的调查问卷中，设计了关于发现问题能力和创新精神的项目，得到的数据分析结果如表 5-1 所示。

表5-1　学生发现问题能力和创新精神

	很强	一般	较差
发现问题能力	22%	50%	28%
创新精神	17%	62%	21%

可以看出，大学生的发现问题能力和创新精神虽然算不上“很强”，分别只有 22% 和 17% 的学生选了该项；选择“一般”的学生在半数以上。这说明，大学生在发现探索问题和创新能力方面具备一定的能力，这可能与近些年中国教育体制中从小学就重视这方面的训练有关。经过多年的积淀，大学生具备基本的探索和创新精神也是不足为奇的。

三、实行翻转课堂的基本条件

（一）现行的教学模式为翻转课堂和微课教学提供了技术基础

近年来，随着我国大学英语教学改革的不断深入，传统的“一支粉笔 + 一张嘴 + 一本教材”的教学模式已不多见。我国高校现行的大学英语课程更多的是采用“多媒体集中授课 + 学生网络自主学习”的教学模式。这种教学模式下，教师将自己的讲课内容制作成 Powerpoint 等多媒体课件，学生的学习是在教师的指引下观看多媒体课件。课后学生利用课余时间完成教师布置的作业，并根据教师的要求和布置的任务，在与教材配套的自主学习平台上进一步学习和巩固。相对于传统的只有教师讲授的模式，这种教学模式可以利用多媒体授课，将图、文、声、像融为一体，丰富教与学的活动，从而激发学生的学习兴趣。这种自主学习模式在一定程度上实现了学生的学习个性化要求和主体地位的突出。但是也有研究认为，现行教学模式的缺点也是显而易见的[①]：首先，多媒体课件播放时，许多知

①刘淑香. 浅析高校多媒体课堂教学的质量问题[J]. 理论观察, 2010(3)：103-104.

识点的讲解画面转瞬即逝，而知识点没有突出，学生也没有足够的时间记下讲课内容，这和情况使学生经常因挫败感而逐渐失去学习的积极性。其次，在有限的课堂时间内，学生观看多媒体课件并不能及时地发现问题，只是教师的灌输，学生并不能很好地将知识内化，主体地位没有真正得到体现。最后，学生课余的自主学习往往由于学习平台与教材配套的内容不够丰富多样，又缺乏教师的监管和指导而收效甚微，不能真正实现学生个性化学习的要求。因此，要想更有效地利用多媒体，使学生将所学知识内化并真正实现学习个性化，需要找到更为完善、科学的大学英语教学模式。现行的多媒体教学课件和网络自主学习平台可以为微课教学的进行和翻转课堂的实施提供基本条件。

（二）现代教学设备为翻转课堂和微课教学提供了设备保障

大学英语教学改革推行至今，基于多媒体和网络自主学习平台的大学英语教学模式在全国各地的高等院校已经基本确立。高等院校师生使用电脑、电子阅览室和自主学习平台的普及率已经很高，这为实现基于微课的翻转课堂模式进行大学英语教学提供了必要的设备保障。

第二节　以微课为基础的翻转课堂教学的效果

在大学英语翻转课堂教学模式中，微课视频通常被用于课前阶段的自主学习，主要目的是通过灵活生动的形式进行与课文学习内容相关的语言知识讲解，并布置合适的多元化的课前学习任务，可以是笔试形式的练习，也可以是口语形式的汇报、讨论、辩论等。微课视频可以从互联网寻找合适的资源，或者自己拍摄制作视频，也可以通过对网络视频进行必要的剪辑加工处理。学生课前进行微课的自主学习时，需要对视频内容中的难点和重点进行记录，向学习伙伴或教师进行在线咨询，或在之后的课堂听课时予以更多的关注，现场向同学或教师当面请教。课前学习任务的检查，可以根据需要安排在课前自主学习时完成，也可以在课堂上测试。查测的目的是让学习者更好地理解并掌握相关知识，也为教师了解学习者的学习情况并做出教学安排提供依据。课堂上的交流、分享等小组或协作等活动的主要目的，是帮助学生理解和吸收所学知识，完成知识的内化过程，并进行知识的固化。课后学生须在教师的指导下对所学的知识进行回顾和反思，自主运用知识进行创新应用，以进一步实现知识的固化。

以微课为基础的翻转大学英语教学的基本流程如图 5-1 所示。

课前	• 教师准备微课视频； • 通过教学平台发送微课学习视频和学习要求与任务； • 学生进行微课学习，在线与学习伙伴和教师进行交流和讨论
课堂	• 课堂检测（书面或口头）； • 课堂实践活动/师生共同完成任务； • 师生共同对任务完成情况进行评价
课后	• 拓展学习； • 学习反思； • 教学反思

图5-1　以微课为基础的翻转型大学英语教学基本流程

以微课为基础的翻转教学，使传统的课堂教学发生以下四个改变。

（一）教师的角色发生变化

教师从传统课堂上语言知识的传授者变成学习的促进者和指导者，学生的主体地位也得到充分体现。教师和学生共同完成学习过程，正如张金磊所发现的那样，教师的地位不仅没有被削弱，反而更加强了；教师也成了学生获取资源、利用资源、处理信息、应用知识到真实情境中的“脚手架”[①]。

（二）学生的角色发生了转变

因为翻转课堂的个性化学习，学生成为学习过程的主角，而不是传统课堂上被动的知识接受者。他们可以自定学习步调，自主选择学习时间、地点，甚至是学习内容。课堂上以小组学习或讨论等语言实践形式完成对知识的理解和吸收，实现知识的内化。一部分知识掌握快的学生可，以帮助其他学习者进行学习，相当于承担了部分“教”的角色，也就是说，他们由知识的消费者转变成知识的生产者[②]。

①张金磊, 王颖, 张宝辉. 翻转课堂教学模式研究[J]. 远程教育杂志, 2012, 30(4)： 46-51.

②MILMAN N B. The flipped classroom strategy: what is and how can it best be used?[M].Greenwich: Distance Learning, 2012.

（三）传统的教学时间得到重新分配，学生的语言实践机会大大增加

传统课堂中需要花费大量时间进行的语言知识讲授被转移到课前的网络视频学习，在基本的知识传递量不变的基础上，增加了课堂上教师和学生以及学生和学生的互动交流。经过充分的课前学习，课堂上的教学时间分配得以重新调整，学生有了更多的机会与学习伙伴或教师进行更多的有效交流，有利于知识的深度内化，从而进一步提高学习效率。

（四）学习者的自主性和创新能力得到提高

由于翻转式学习鼓励学生进行课外自主学习，自主决定学习时间、地点、内容、方式、目标等，有助于培养学生的探究和自主创新能力。课堂上的交流、分享和讨论等活动，有助于培养学生的合作能力、创新能力、集体凝聚力等。

第三节　基于产出导向理论的翻转课堂在大学英语听说课中的应用

一、大学英语听说课程教学现状

进入 21 世纪，移动互联技术的迅猛发展为基于手机终端微视频的制作、播放和传递提供了极大的方便，从而使微视频在大学英语教学中得到广泛应用。这一技术在给大学英语教学带来便利的同时，也对传统大学英语教学理念和模式构成前所未有的挑战。教育部高校大学外语教学指导委员会充分认识到新时期大学英语教学面临的严峻局面，并给予高度重视。2007 年颁布的《大学英语课程教学要求》指出：新的教学模式应以现代信息技术，特别是网络技术为支撑，使英语的教与学可以在一定程度上不受时间和地点的限制，朝着个性化和自主学习的方向发展①。2017 年新修订的《大学英语教学指南》对信息技术与大学英语课程教学的融合提出更明确的方向和措施：各高校应充分利用信息技术，积极创建多元的教学与学习环境；鼓励教师建设和使用微课、慕课，利用网上优质教育资源改造和拓展教学内容，实施基于课堂和在线网上课程的翻转课堂等混合式教学模式，使学生朝着主动学习、自主学习和个性化学习方向发展。通过建立网上交互学习平台，为师生提供涵盖教学设计、课堂互动、教师辅导、学生练习、作业反

①教育部高等教育司. 大学英语课程教学要求[M]. 上海：上海外语教育出版社，2007.

馈、学习评估等环节的完整教学体系。教学系统应具有人机交互、人人交互功能，体现其易操作性、可移动性和可监控性等特性，允许学生随时随地选择适合自己水平和需求的材料进行学习，能记录和监测学生的学习过程，并及时提供反馈信息①。

长期以来，大学生的英语听说能力训练效果一直不很理想，广大英语教师和教研人员虽然尝试过各种教学改革，但由于诸多因素制约，改革依然没有取得突破性进展。目前，我国大学英语听说课程的教学大致按照以下模式进行：教师围绕一个特定的教学主题，在课堂上播放一段听力材料和针对该材料设计的几个问题，然后点名提问学生或学生自愿作答；教师在学生回答时随时进行一些提示或点评；最后再根据整个听力材料的难易程度和学生的理解情况进行大致评估，并决定是否重新播放听力材料以加深学生的理解。这种授课方式耗时长，效率低，针对性差，整个授课过程都由教师唱主角，学生只是被动输入语言材料，属于典型的“输入驱动型”学习模式②。目前我国大学英语多采用大班授课，班级人数在40~60人，学生水平也存在较大差异，导致教师难以在有限的时间里实行因材施教，兼顾不同水平的学生。往往一节课上完后，好学生觉得太容易，中等学生大致理解，但是基础薄弱的学生却可能完全听不懂。

虽然教育技术在最近几十年得到不断发展，大学英语听说课程的教学手段也比30年前有了显著改善。其中，仅播放和收听设备就获得多次升级换代，比如30年前使用录音机和磁带进行明音播放，后来提升为耳机闭路播放，21世纪以来又有了以计算机多媒体终端为依托的语音实验室。在语音实验室，授课教师可以通过教学平台或系统采用多种方式播放听力材料，还可以根据需要随时与学生单独沟通或小组讨论。然而，这些现代信息技术的应用却并未能从根本上改变大学生英语听说课程中被动的“输入驱动型”学习。因此，教学效果未能出现显著提升。

结合大学英语听说课程的特点和以往教改探索中所遇到的困境，如果将微课微视频恰当地应用在大学英语听说教学中，构建基于产出导向教学理念的翻转课堂教学模式，就有可能将“输入驱动型”教学模式转变成“输出驱动型”，大大提高听说课程授课效率，充分调动和发挥学生学习的主动性、积极性，从而提升大学英语听说课程的教学有效性。

正如本书所介绍的，文秋芳等学者构建的产出导向教学模式主张彻底转变学生学习外语的模式，将学生学习外语的目的变为运用外语进行表达，并且在每一

①教育部高等教育司. 大学英语教学指南(教育部最新版)[EB/OL].(2017-02-03)[2019-12-23]. https://www.wenkuxiazai.com/doc/69680453d1f34693dbef3e7a-14.html.

②高频. 基于POA理论的大学英语翻转课堂教学模式实证研究——以听说教学为例[J]. 电化教育研究,2018,39(12):102-107.

次的课堂设计中都围绕一个特定表达任务来开展。产出导向教学理论总体框架由教学理念、教学假设、教学流程组成，三者在逻辑上紧密相扣但彼此独立，表现为动态的教学流程是整个教学模式得以运行的载体，以保证教学理念得以实现，同时也对教学假设进行检验。其中，教学流程又可分成三个阶段：驱动阶段、促成阶段、评价阶段。在驱动阶段，主要由教师设计并向学生布置“产出”任务，然后让学生进行独立准备；在促成阶段，教师需要通过测试、交流等方式具体了解学生准备情况，并根据需要及时提供帮助和指导性意见，以帮助学生提高表达质量；在评价阶段，教师需要对“产出”任务列出明确的评价标准，对学生的“产出”成果进行分析和评价。评价方式可以是教师对学生的评价，同时也鼓励学生相互评价，从而更好地完善“产出”任务成果。在每个阶段，教师必须充分发挥学生的自主权，但不能任其发展，必须充分发挥其主导作用，以确保整个教学过程的控制和有效性。“驱动一促成一评估”三个环节分为内部小循环和整体大循环，其中包括几个循环链。这些分解的小产出目标既具有逻辑关系，又相对独立。

二、基于产出导向教学理论的大学英语听说翻转课堂教学模式构建

产出导向教学理论自提出以来，就在学术界产生了较大的影响，在大学英语教学实践中也进行了探索性应用和研究，并取得了初步的成果。最重要的原因是，该理论中的“促成”和“评价”这两个实践环节可以与“翻转课堂”教学模型完美结合。在传统的大学英语课堂模型中，产出导向教学理论可能只停留在研究和探索层面，无法得到广泛应用，因为传统的课堂时间大多被分配于教师讲授，而没有太多的时间留给学生进行语言实践。只有通过翻转课堂教学模式，辅以现代网络技术，产出导向教学理论才能进入语言实践环节。“翻转课堂”是相对传统的“课堂教学 + 课后练习”的教学模式提出来的。课前的自主学习环节中，即产出导向教学理论的“驱动”阶段，学生不仅可以通过观看微课视频讲座，还可以通过收听播客或阅读电子书等方式进行自主学习，并对将要完成的任务形成驱动作用。在课堂上，教师通过讲解和交流讨论等方式对重点和难点知识进行解释，并对学生的“产出”任务完成情况做出相应的评估。

与传统的“先教后练”的教学模式相比，这种“先学后教”的翻转课堂，实现了语言学习从“输入驱动型”到“输出驱动型”的转变。教师的角色从教学内容的传递者转变成指导者，这正是产出导向教学理论体系所主张的教师在教学过程中的“主导作用”。文秋芳指出，“鉴于目前移动技术的普及，产出驱动这一环节可以拍成视频，或者制作成微课，让学生在课前学习。课上教师只需要检查

学生对视频、教学目标和产出任务的理解情况即可，这样可以腾出更多时间进入第二个阶段”①。这里所说的“第二阶段”，就是产出导向理论中的“促成阶段”。可见，课前基于微课视频等形式的任务学习和练习交流等活动“促成”学生在翻转课堂上的有效产出。而且，产出导向教学理论十分重视输入学习和产出运用间的有机联动性，这种联动性正是“翻转课堂”的意义体现。学生有了课前任务的驱动，会对学习进度和内容进行自主掌控，课外进行自主学习，课内通过师生间和生生间的互动与交流等语言应用活动进行知识的内化，促成知识产出的有效性。

传统教学模式下，大学英语听说教学所涉及的“听”和“说”两个环节都在课内完成，因受限于课堂时间，师生间或学生间的互动机会缺乏。学生在这种“输入驱动型”学习环境下的学习显得很被动，自主学习能力得不到体现和提高。在产出导向教学理论指导下的教学模式中，学生在课前自主观看微课视频、Powerpoint 课件、电子书等，熟悉教师呈现的交际场景，完成“听”的环节，实现学习的输入。课前微课视频的最后一部分，教师通常会对将要完成的产出任务进行描述。在这一任务“驱动”下，学生将自主进行选择性学习，并通过练习“促成”产出结果。学生的产出结果将在课堂上与其他学生进行分享或交流，并且能得到教师的检查和指导，以及来自学习伙伴的评价和反馈。翻转课堂上的“检查”和评价可以被看成产出导向教学理论中的“评价”环节，也就是“延时评价”。对产出成果评价的标准，可以根据产出任务的要求由教师与学生共同讨论制定。评价的维度可以是对口头表达的内容、逻辑结构、语音语调、语法、辅助用具、互动交流、肢体语言、时间控制等进行评判，并对每个需要评判的维度设定分值比例，最后的评价分数可以是百分制，也可以按优秀、良好和一般三个等级设定。另外，任务描述中必须明确说明产出成果提交的形式和期限。这样学生在进行任务准备时，就能心中有数，上课时顺利进行问答、讨论和交流，高效地完成“说”的环节。由此，在产出导向教学理论指导下，翻转课堂教学中学生的主动学习和输出，完成了“输出驱动型”的学习过程。

三、产出导向教学理论下的翻转课堂教学模式在大学英语听说课中的实践

（一）实践对象

为验证产出导向教学理论指导下的翻转课堂在大学英语听说课中的教学效

①文秋芳.构建“产出导向法”理论体系[J].外语教学与研究，2015(4)：547-558+640.

果，笔者将浙江一所地方本科高校的2018级两个工科班级作为教学研究对象，人数分别为45人和43人。学生的英语高考分数均在120~140分，入学后进行的一次课堂英语测验作为本实验的前测。测试题型为听力和口语，测得的两个班级平均分分别为67.3分和66.2分。从前测结果来看，两个班级的英语听说水平没有显著差异，适合作为实验比照班级，因此笔者将平均分为67.3分的班级设定为本实验的对照班，平均分为66.2分的班级设定为实验班。对照班按常规的“课堂教学+课后网络自主学习”的模式进行，实验班按照翻转课堂教学和产出导向教学理论的要求进行教学。

（二）实践步骤

实践过程中，严格按照产出导向教学理论的要求，将教学过程分为驱动、促成和评价三个环节。在驱动环节，教师一般会提前三天左右通过学校自主学习平台向学生发布学习资料，包括微课视频、辅助阅读材料、推荐网站和电子资料等，随同发布的还有教师根据单元学习目标和学习资料而布置的产出任务，并在任务中描述对成果的要求。然后进入促成环节，学生按任务要求自行准备，他们可以通过交流平台与其他学生进行讨论，也可以向教师咨询。教师可以给予一定的帮助和指导，但只是一般性的指导或引导。评价环节主要在课堂完成，包含自我评价、同伴评价和教师评价。实验初期，对学生进行评价方法的指导，但考虑到学生对评价标准的掌握还不够熟练，评分有可能偏颇，因此将三者的比例构成分别定为：自我评价20%、同伴评价20%、教师评价60%。半学期后，发现学生对评价标准的把握基本趋于合理的时候，将三者的比例调整为自我评价30%、同伴评价30%、教师评价40%。课堂上，学生通过分享、讨论或测验等形式展示任务完成情况，教师和学生当场给出评价和建议，也要求学生进行自我评价，如有学生课堂表现不佳，可通过课后反思进一步完善，并对任务最终成果进行再次评分，教师对学生自我评价、同伴评价和教师评价的三项评分进行整合统计，作为学生该次任务的最后得分。

实行这一模式时，教师应注意以下：首先，微课视频、辅助阅读、网络资源等资料，应针对学生的英语水平进行设计或选择，任务设置要由易到难列出清单。这样可以兼顾不同程度学生的学习需求，并自己决定不同的学习目标。任务形式可以是完成视频材料中相关词汇和句子的跟读练习，借助字典或网络查找生词意思；可以是回答根据发布资料设计的问题；也可以采取小组讨论的形式要求组员发表观点，完成问题的讨论。其次，学生需要对教师上传的微视频等资料反复收听、观看和学习，并检查是否完成了任务清单上的所有项目。最后，教师在课堂上不仅要评价学生的词汇和句型产出情况，还需要根据学生的反馈情况和教师在自主学习交流及课堂活动中了解到的普遍问题进行集中讲解，采用启发式教学引导学生解决课前自主学习中碰到的重难点问题，帮助其熟练掌握知识。对于课前自主学习中能够积极参与在线讨论和发表自己观点的学生，教师会给予相应的奖励分数，提高学生的期末总评成绩。

（三）教学案例

本书以《新视野大学英语视听说教程（第三版）》第三册第一单元“Access to Success”为例，来说明基于产出导向教学理论的“驱动”“促成”和“评价”三个步骤的实施情况，并对该理论下的大学英语听说课程的翻转课堂教学模式进行分析。本单元的会话技能是“Referring to what has been said earlier”（提及之前谈过的事情），以进一步澄清说话者想要表达的意思，或尽量减少对方的误解。

教师事先录制了三组对话小视频，每组对话均会出现提及之前谈到过的事情，用的表述分别是：as I mentioned earlier, I told you a few minutes ago, as I have already demonstrated that……，视频的最后布置了 5 项产出任务，其中 4 项为口头完成形式，1 项为对话，须找搭档共同完成，课堂上进行角色表演。视频播放时间为 6 分钟。

驱动阶段：教师在上课前三天将自行录制的有关本单元中会话技巧的小视频“Referring to what has been said earlier”连同产出任务清单和任务成果形式一起发布在自主学习平台上。学生可以在平台上反复观看，也可以进行小组讨论。

促成阶段：学生课前自主找时间和地点观看视频资料，根据视频中布置的产出任务进行自主学习和准备，并自主寻找搭档进行讨论，合作完成任务清单中的内容。本次自主学习的产出任务包括：（1）跟读对话；（2）借助词典查出生词意思；（3）找出表示“提及以前谈到过的事情”的表述方法；（4）收集类似功能的其他表述方法；（5）创编一组新对话，对话要有清晰的情境，并且含有“提及以前谈到过的事情”的表述。

评价阶段：课堂互动交流环节中，教师首先和学生一起复习与总结“Referring to What has been mentioned earlier”的常用表达方法，并检查学生任务完成情况。此部分的教学时间约为 5 分钟。对于角色表演任务，抽选 2 组学生在课堂上进行展示，每组展示时间约为 2 分钟，并要求展示者进行自评，其他学生对表演者进行评价，教师也对表演进行评价打分。最后将三者分数进行汇总统计，依据自评 20%+ 同伴评价 20%+ 教师评价 60% 的比例计入学生的平时成绩分，作为学期成绩形成性评估的依据。评价要素和规则如表 5-2 所示。

表5-2　口头表达任务评价表

表演者姓名 ______________

自我评价□ 同伴评价□ 教师评价□

评价项目和分值	评价要求	评分	最后得分
内容（30分）	生动有趣		
逻辑结构（20分）	清晰		
语音语调（10分）	自然、准确		
语法（10分）	正确		
互动（10分）	恰当		
肢体语言（10分）	自然合适		
时间控制（10分）	恰到好处		
总分（100分）			

然后，以课本练习中的两个对话任务情境：（1）出国读书的好处与弊端；（2）遇到困难的时你会向谁求助，与同桌分别选定一个角色，进行即时对话交流和角色互换，再次进行对话。这个对话训练时间约为 5 分钟。

接着，教师利用语音实验室课堂教学系统的“生生交流”功能进行小组自由交流，可以随时进入不同小组监听并提供必要指导。教师根据课堂讨论情况，不断进行学生分组的变换，让学生有机会与不同的学习者组成小组进行交流和讨论，使“说”得到充分训练。此部分用时约 10 分钟。

最后，由学生自愿或教师根据具体情况选出 3 组不同英语水平的学生进行对话表演，每组表演时间为 2 分钟。学生对话结束后，教师针对不同程度学生的对话表演 —— 产出结果进行评价，并要求所有学生一起参与评分，包括自评和同伴评价，结果同样按照自评 20%+ 同伴评价 20%+ 教师评价 60% 的方式计入平时成绩。此部分用时约 15 分钟。

成绩不理想的学生通过课后反思，参与在线讨论，重新完成相关产出任务，可以获得奖励分数。教师也要对教学进行反思，针对不同英语水平的学生提出进一步学习的建议和要求，并推荐相关学习资料如视频、链接等，供学生根据各自需要进行有选择的学习，当然也可以选择不学。

对照班的教学步骤与现行大多数班级的常规方法进行，先教后练，即在课堂教学时先进行导入，用的材料是与实验班相同的自制小视频，同样也包含视频后的 5 个任务，但是任务完成形式有所不同。对照班的视频任务主要通过自主完成，如跟读、生词查义、找出“提及以前说到过的事”的相关表述，部分可以通过在线交流或向教师请教，也有需要小组协作完成的对话编制和角色表演准备。对照班的任务因为需要在课堂当场完成，考虑到时间有限，所以跟读和找出相关表述是通过集体口头回答的形式完成，生词释义由教师讲授完成，对话编制和表演在课堂上找同桌当场完成。

具体步骤如下：第一遍播放后，大约一半的学生对内容和任务有了大致了解，从部分学生的表情判断，他们对视频内容还不是很理解，但由于课堂时间有限，教师没有进行第二次播放。视频播放时间是 6 分钟。然后，针对视频任务要求，在课堂上统一跟读对话，教师对生词进行解释，此步骤用时约 13 分钟。然后让大家找出三个对话的共同点 —— 都有“提及以前讲到过的事”，集体找出对话中出现的相关表述方法，与同桌一起讨论还有哪些有类似功能的英语表述，一旦找到了，就大声说出来，教师在黑板上进行记录。此过程用时约 5 分钟。接下来是对话编制，要求与同桌一起完成对话，并抽取两个组进行角色表演，每组展示时间是 2 分钟。所有学生与教师一起评分，采用与实验班一致的评分表格。此过程用时约 10 分钟。

课堂进行到此阶段时，已经用时 34 分钟。因为教学计划还要完成课文情境对话练习，所以最后的 6 分钟让学生与同桌一起商量决定选择其中的一个情境进行对话练习，最后选择一组学生进行角色表演展示，同样也是所有学生参与评分，并按照同样的比例计算分数，作为期末总成绩的参考依据。对成绩不满意的学生可以在课后进行反思，在网络自主学习平台进行在线参与，并重新提交作品，对其评价分数做相应变化。

（四）实践效果及分析

经过课堂观察，40 分钟的翻转课堂中，教师讲授主要是对课前自主学习内容的总结以及对学生的产出成果进行评价和反馈，大量的时间是学生的反复练习和实践，交流对象在不断地变，教师在此过程中给予一定的指导和帮助。对照班的常规教学中，教师的讲授时间大大增加，课堂节奏和时间由教师掌握。为了赶教学进度，学生的语言应用环节被简化，学生的语言实践多是比较简单机械的集体跟读，小组交流机会较少，交流对象比较固定，缺少变化。

通过对学生课前自主学习情况的调查、翻转课堂教学观摩以及网络自主学习平台的记录，我们对实验班和对照班在听力用时、口语用时以分钟为单位进行了统计，得到如下数据（见表 5-3）。

表5-3　实验班和对照班的听力和口语用时

项目 班级	听力用时/分钟				口语用时/分钟				听力+口语总用时/分钟
	课前	课堂	课后	听力总用时	课前	误堂	课后	口语总用时	
实验班	20	10	0	30	20	30	15	65	105
对照班	2	25	0	25	0	15	10	25	50

同时，也对两个班级的任务完成率和参与率进行统计，结果如表 5-4 所示。

表5-4　实验班和对照班听力和口语的达标率与课后参与率

	听力任务达标率	口语任务达标率	课后参与率
实验班	83%	79%	34%
对照班	84%	50%	14%

可以看出，实验班学生在听力和口语投入时间上高于对照班，尤其是口语表达，实验班的口语表达总用时（65 分钟）是对照班（25 分钟）的 2.6 倍，这是因为翻转课堂教学模式突破了常规课堂在时间和空间上的限制。两个班级在听力达标率上的差异不大，这与高频等人的研究结果略有不同。在他们的研究中，翻转课堂下的学生听力任务完成率（82%）明显高于传统课堂（58%）[①]，这可能是两个原因造成的：（1）实践中的对照班虽然没有采用先学后教的翻转课堂教学模式，但是采用的常规教学模式是在传统教学模式上进行改革的，使用的教学材料和设计的任务没有区别，只是对照班没有要求课前进行微课视频的自主学习，而是将这部分内容放在课堂进行教学。这个结果可以证明常规教学方法对学生的听力输入训练效果和翻转课堂类似。（2）在听力用时方面，对照班和实验班在听力上所花的时间没有显著差别，分别是 25 分钟和 30 分钟，这可能是造成两者听力任务达标率差别不大的原因。

表中显示，实验班和对照班在口语任务达标率上的差异显著，分别为 79% 和

①高频. 基于POA理论的大学英语翻转课堂教学模式实证研究——以听说教学为例[J]. 电化教育研究, 2018, 39(12)：102-107.

50%，这应该是翻转教学法优势的体现。因为有了课前的输入式听力学习，在产出任务的驱使下，学生对相关会话技能有了更好的吸收、理解和掌握，通过任务的准备和完成促成知识的内化，并且课堂上与不同交流对象的反复练习，使知识不断固化。另外，这也验证了布卢姆“掌握学习”理论所主张的观点：学习程度=所用学习时间量/所需学习时间量，也就是说，在条件合适的情况下，学习时间越多，得到优良成绩的可能性就越大[①]。

经过一个学期的教学实验，对实验班和对照班的听说能力再次进行测试，作为本实验的后测，并对两个班级的测试结果做了数据统计和分析。试卷采用标准化的四级听力试卷和四级口语考试试卷，且两个班级学生均是第一次接触这份试卷。实验班和对照班的考试结果平均成绩分别为 75.3 分和 69.5 分。两次测试成绩平均分变化如表 5-5 所示。

表5-5　实验班和对照班前测与后测成绩对比

	班级人数	前测	后测	成绩升降变化
实验班	45	66.2	75.3	+9.1
对照班	43	67.3	69.5	+2.2

实验班的平均成绩比对照班高 5.8 分，提升幅度比对照班大 6.9 分，虽然没有达到显著水平，但是根据教学经验，这样的差异已经说明基于微课的翻转课堂应用使大学英语听说的教学效果得到提高。

通过对实验班和对照班学生学习情况进行全程跟踪记录，对教学效果的多次检测，笔者认为基于微课的翻转课堂教学模式在英语听说课程教学中有以下优势。

1. 突破时间与空间的限制

网络和移动技术的发展为学生的自主重复学习创造了条件，学校提供的网络自主学习平台也帮助学生摆脱了学习时间和空间的限制，可以根据个人习惯和学习计划进行学习。微课视频时长一般在 10 分钟以内，知识点经过高度浓缩，学生的学习时间利用率大大提高。

2. 学生在每个学习环节目标明确，学习效率得到提高

“驱动环节”中，学生对将要产出的任务成果有了了解并开始进行准备；口头表达练习对任务的产出起到“促成”的作用。翻转课堂上，学生间反复的语言应用加强了固化的效果，教师根据学生表现及时调整教学内容和实践方法，真正

①赵兴龙.翻转课堂中知识内化过程及教学模式设计[J].现代远程教育研究，2014（2）：55-61.

起到“以学定教”的作用。

3. 学生语言应用和实践机会增加

课堂时间分配发生变化，学生的语言实践机会大大增加，促进语言应用能力的提高，从而也激发了学生的英语学习热情。

4. 评价与反馈对师生都是促进和提高

翻转课堂中的评价和反馈，不论对学生还是对教师都是自我提升和完善的过程。

第四节　基于同伴反馈的翻转课堂在大学英语写作课中的应用

一、大学英语写作课程教学现状

国际化发展的不断深入，对我国大学生的英语沟通能力提升提出越来越高的要求。2017 年的《大学英语教学指南》（教育部最新版）对大学英语提出三个级别的教学要求和教学目标，对应每个级别的语言单项技能做了分别描述。其中，对写作，即书面表达三个级别的要求如表 5-6 所示。英语写作教学在大学英语教学中被提升到一个前所未有的重要地位。

表5-6　《大学英语教学指南》对写作教学目标的具体描述①

基础目标	能用英语描述个人经历、观感、情感和发生的事件等；能写常见的应用文；能就一般性话题或提纲以短文的形式展开简短的讨论、解释、说明等，语言结构基本完整，中心思想明确，用词较为恰当，语意连贯；能运用基本的写作技巧
提高目标	能用英语就一般性的主题表达个人观点；能撰写所学专业论文的英文摘要和英语小论文；能描述各种图表；能用英语对未来所从事工作或岗位职能、业务、产品等进行简要的书面介绍，语言表达内容完整，观点明确，条理清楚，语句通顺；能较好地运用常用的书面表达与交流技巧
发展目标	能以书面英语形式比较自如地表达个人的观点；能就广泛的社会、文化主题写出有一定思想深度的说明文和议论文，就专业话题撰写简短报告或论文，思想表达清楚，内容丰富，文章结构清晰，逻辑性较强；能对从不同来源获得的信息进行归纳，写出大纲、总结或摘要，并重现其中的论述和理由；能以适当的格式和文体撰写商务信函、简讯、备忘录等；能恰当地运用写作技巧

①教育部高等教育司. 大学英语教学指南(教育部最新版）(EE/OL]. (2017-02-03)[2019-12-23]. https://www.wenkuxiazai.com/doc/69680453d1f34693dbef3e7a-14.html.

在实际教学中，教师和学生对写作的重视度又是怎样的呢？王懿对上海交通大学3450名一年级大学生的调查结果显示，学生认为最难学的两种语言技能，一是口语，二是写作；最有兴趣学的是阅读（41%），其次是口语（25%），只有12%的被调查者表示对写作有兴趣；对于心目中最重要的语言技能，63%的学生选择“口语”，而选择“写作”的只占4%。可见，写作虽然和口语一样同属语言的产出技能，但是它的重要性在学生心目中远远不如口语。意识到写作学习难度大，又由于缺乏对写作重要性的理解，因而不会对写作感兴趣，也就不会在学习写作上花更多的时间和精力了[①]。

陈亚轩的研究发现，英语教学中存在的一些问题导致英语写作教学效率低下。[②] 首先是英语写作提高难，导致教师和学生不愿在写作上花太多时间。根据全国大学英语四六级考试委员会公布的2005年1月全国大学英语考试统计数据，全国高等院校学生写作部分在满分是15分的评分制下，平均成绩是6.7分，比1991年6月四级考试写作平均成绩5.07分仅提高1.63分。大学英语写作水平提高难由此可见一斑，导致多数学生愿意花更多的时间和精力去提高其他语言技能。

其次，传统的英语课堂模式不利于写作教学。多数大学英语课程是把听说读写译各种语言技能综合在同一课堂进行训练，最多是把听说与读写译分开上课，采用不同的教材和教学时间。通常，写作与阅读是结合在一起进行的，因为阅读和写作息息相关，通过阅读可以发现和总结出写作的基本能力和技巧，为自己的写作提供参考和指导。但是，由于课堂时间限制，阅读课上，教师往往把大量的实践用在课文讲解和课后练习上，留给写作的时间则少得可怜。如果有也大多是课后的短文写作练习，或者教师拟定一个题目，作为课后作业完成，字数一般在120~200字。对于此类作文的写作方法和技巧，教师大多未进行有针对性的指导和训练，导致学生作文成绩不理想。

最后，作文批改实际效果欠佳，学生受益少。现在，大学英语教师普遍抱怨教学和科研压力大，对于作文批改，许多教师只是给个分数，有的在文中醒目的错误处做个标记，而很少有教师认真地将每个学生的作文进行仔细批改，指出错误并提出修改意见，也很少对学生写作中的闪亮点进行评论，即便有也只是在相应句子下画波浪线或其他符号，表示这是好句。根据笔者调查，现在的大学英语教师一般每学期布置2~4篇作文，批改的是1~2篇；有的教师是抽取班级里四分之一或五分之一的学生作文进行较仔细的批改，整理出一些共性问题，供教师在

①王懿，宣安，陈永捷.理工科大学英语写作教学现状调查与分析[J].外语界，2006(05)：22-27.
②陈亚轩.网络多媒体与大学英语写作的整合[J].湖北经济学院学报(人文社会科学版)，2007(8)：190-192.

课堂上统一讲解；也有教师采用智能写作评阅系统，学生线上提交作文后，系统自动评分，教师只是把系统评分复制到自己的学生作业记录册上。以上诸原因造成大学英语教师在英语写作教学上用时少，布置作业少，批改少等。同时，学生在作文训练上用时少，获得作文反馈少，学习效率低等。

二、“后方法时代”教学观与“同伴反馈法”

（一）后方法时代

外语教学自 19 世纪诞生系统的语法翻译法以来，就不断地对旧方法进行重新认识和改革，并根据不同时代的语言需求和社会研究领域不断广泛与深入，先后出现多种教学法，具有较大影响力的有 19 世纪末 20 世纪初以斯维特为代表的直接法、20 世纪 50 年代以霍恩比为代表的情境教学法、20 世纪 70 年代基于海姆斯的交际能力理论和韩礼德的功能语言理论发展起来并以英国威尔金斯为代表的交际法。20 世纪 90 年代，由于受到不断涌现的哲学、社会学和认知心理学等思想理论体系的影响，外语教学界也提出一些教学方法，如任务教学法、合作教学法、项目教学法、内容教学法、整体教学法等。进入 21 世纪，人们逐渐意识到，每一种教学方法都是在某一特定的历史背景下产生的，它们都有各自的作用，但是这种方法并不能像人们所期望的那样可以解决一切问题。外语教学是一个动态的、复杂的过程，诸多因素共同作用，从而影响外语教学效果，仅靠一种教学方法的改变不可能使教学效果产生立竿见影的效果。况且，每门课程、每堂课甚至每个教学内容都有其特殊性，如果用千篇一律的教学方法进行教学，势必会造成尴尬的局面。一个有经验的教师往往能够因地制宜，根据实际情况和需要进行因材施教。正是在这样的背景下，以美国库玛拉法代鲁特为代表的“后方法时代”教学理论在 21 世纪初开始兴起。这种教学理论认为，课堂教学效果是多方面因素共同作用的结果，教师和学生是课堂最重要的因素。“后方法时代”教学观主张，学习者应该是自主的学习者，教师应该是自主型的教师，教师教育执行者应在教师教育活动中建立教育者与未来教师的互动对话，设法增强教师教育的批判反思功能①。这一教学理念从整体上关注学习者、教师和教师教育执行者之间的互动作用，强调学习者的学习自主性和社会自主性的培养，并且承认教师的教育知识和教育经验在课堂教学中的作用②。

①KUMARAVADIVELU B. Toward a postmethod pedagogy [J]. TESOL Quarterly, 2001(35): 537-560.
② KUMARAVADIVELU B. Beyond methods: macrostrategies for language teaching [M]. New Haven and London: Yale University Press, 2003.

“后方法时代”教学理论认为，教师应是自主型的，应该在刻苦学习教学理论知识的同时，将前辈的教学实践成果与自身的教学环境和教学条件进行有机结合，并开展科学的实验和调查，形成独特而有效的教学理论和方法。

在这一教学理论指导下，大学英语教师应善于发现教学中的难点问题，不采取回避态度，而是主动地分析问题，积极寻求合适的教学理论和方法，进行教学实验和研究，提出具有创新意义的新理论和新方法。笔者在教学实践中，根据多年的观察、学习和实践，结合当前网络技术在教学中的广泛运用，发现利用网络环境运用同伴反馈的翻转课堂教学对学生的写作能力训练具有较好的作用。

（二）同伴反馈法

20 世纪 70 年代以来，传统的以写作成果为重心的成果写作法（product approach）的英语写作教学发生重大的变化 —— 过程写作法（process approach）应运而生[①]。它强调在写作过程中充分激发学生的主动性和独立思考能力，主张学生参与写作过程，强调学习者主体在写作过程中的作用，如写作主题的确定、信息的收集、写作计划的制订、写作的修改和完成写作等一系列过程[②]。

同伴反馈作为过程写作的一个重要环节，是指学习者相互交换写作成果并提出修改建议的一种写作教学活动[③]。修改建议可以是书面形式，也可以是口头形式，为对方的写作问题提供反馈，目的是提高反馈双方的写作质量[④]。

在同伴反馈法教学中，学生可以通过多种不同渠道获得反馈信息，进行多稿修改。在这一过程中，学生的读者意识得以加强，并将这种意识运用在写作中，根据读者需要和作者目的及时调整写作思路、组织结构、用词和修辞等，能够更积极有效地参与写作活动。同伴反馈法强调以学生中心的教学理念，它可以帮助教师解决因课堂规模大而无法关注每个学生的问题，同时减轻作文批改负担，在一定程度上弥补因教师反馈缺乏的局限[⑤]。

长期以来，写作过程中的纠错功能主要由教师完成，因此，传统课堂上的教

① CHAUDRON C. Analysis of products and instructional approaches in writing：two articles on the state of the art [J]. A Peer Review Traini TESOL Quarterly, 1987(21):673-675 .

② GRAVES D H. Balance the basics: let them write[M]. New York: Ford Fountain, 1978.

③ MANGESDORF K. Peer reviews in the EFL composition classroom: what do the students think [J]. EFL Journal, 1992(3):274-284.

④LIU J, HANSEN J G. Peer response in second language writing classroom [M]. Ann Arbor：University of Michigan Press, 2002.

⑤崔莹，盖笑松，张绍杰. 同伴反馈法的有效性及应用于英语写作教学的可行性探究[J]. 外语电化教学，2019(2)：3-9.

师反馈被认为是最直接有效的，也最具权威，学生通常只能接受教师的反馈并进行修改①。英语写作教学中，尤其在许多亚洲国家，英语作为二语或外语进行学习，社会和学校的教育价值观通常以成绩为评价标准，教师的反馈可以为学生带来直接的分数和好处。因此，教师反馈是最为权威的，得到学习者的一致认可，对提高学习者的写作质量有极大的帮助②。

然而，以学生为中心的教学理念发现传统的教师反馈存在以下问题。一是许多高校学生数量多，教学资源缺乏，只能实行大班授课，造成教师的教学任务重，没有太多时间和精力对每位学生的每篇作文都进行认真细致的批改，教师的反馈往往简单而且刻板，有时语义不清，导致学生不能完全理解教师的反馈，收获甚微③。二是教师的反馈会干预学生的自主性，从而在写作过程中放弃对草稿、修改和定稿的自主控制；而且，教师的绝对权威会使学生对自己的外语表达能力感到怀疑，用外语表达时缺乏信心④。正是在这样的背景下，同伴反馈法应运而生，并在英语写作教学中得到应用和研究。

国外对同伴反馈的研究比较积极踊跃，在课堂实践中的应用也较多。相比之下，中国写作教学中的同伴反馈实践则较晚，理论研究也多为教学模式的探讨和创建，真正在实践中运用并验证其效果的并不多。这可能与以下因素有关：同伴反馈的研究在中国起步较晚；中国学生性格偏向保守，不愿公开批评别人的作文⑤；学生的语言水平制约了同伴反馈的有效进行⑥；甚至有人认为亚洲包括中国在内的英语教学以应试为主，同伴反馈教学是不可行的⑦。

尽管如此，中国外语教学界对同伴反馈的研究在近几年有了一定的起色，一些教师和学者在教学中进行了实践和验证。笔者在中国知网核心期刊和 CSSCI 期刊数据库以“同伴反馈”与“英语写作”为主题关键词进行搜索，发现共有

①MENDONCA C O, JOHNSON K E. Peer review negotiations: revision activities in ESL writing instruction[J].TESOL Quarterly, 1994(4): 762.

② YANG M, BADGER R, YU Z. A comparative study of peer and teacher feedback in a Chinese EFL writing class [J]. Journal of Second Language Writing，2006(3): 199.

③ ZHAO H. Investigating learners' use and understanding of peer and teacher feedback on writing: a comparative study in a Chinese English writing classroom [J]. Assessing Writing，2010(1): 15.

④HYLAND F. ESL writers and feedback: giving more autonomy to students[J]. Language Teaching Research, 2000(1): 34.

⑤ CARSON J G, NELSON G L. Chinese students' perception of ESL peer response group interaction [J]. Journal of Second Language Writing,1996(21): 1-19.

⑥LEKI L. Potential problems with peer responding in ESL writing classes [J]. CATESOL Journal, 1990(3): 5-19.

⑦ SENGUPTA S. Peer evaluation: I am not the teacher [J]. ELT Journal,1998 (1): 19-28.

24 篇文献，最早的发表年代是 2007 年，之后基本是每年有 1~3 篇相关研究成果发表，2018—2019 年每年有 4 篇发表。可见，中国对同伴反馈的研究比国外晚了 30 年左右。因为该教学方法引入中国时正值网络技术快速发展时期，大学英语教学改革强调要将网络技术运用到教学中去，因此，中国的这些研究有许多是基于网络环境或在线的英语写作同伴反馈研究。如蔡基刚经过 3 个学期的分班教学实践和调查，即教师反馈班（由教师直接批改学生作文）和同伴反馈班（学生间相互批改作文），验证了同伴教学能增强学生的读者意识，提高学生学习和掌握英语写作技巧的主动性与积极性，加强学生的写作质量意识，明显提高学生作文内容和语言质量，有助于学生形成英语学习群体[①]。李旭奎等对同伴书面反馈和口头反馈效果进行对比，发现两者都能提出正确有效的反馈[②]。《外语电化教学》期刊连续刊文对 peerceptiv 在线同伴互评系统在中国高校采用“线上同伴互评＋线下教师面辅”的写作教学模式进行分析，肯定该模式在文本修改和语篇知识掌握等方面的中介作用，也证明了学生能对同伴文本做出客观评价并提出有效建议[③]。

同伴反馈教学法对不同程度的外语学习者具有普适性。研究者在针对不同水平语言学习者使用同伴反馈的有效性研究中发现，高水平外语学习者和低水平外语学习者都能做出有效的反馈[④]，并且对写作内容的修改建议无太大差异[⑤]。不过，也有研究者发现，高水平学习者在使用同伴反馈时能比低水平学习者提出更多的修改建议[⑥]。比起从同伴的反馈中获得的效益，低水平学习者为同伴做出反馈的过程能为自己收获更高的效益，而高水平学习者无论作为反馈的发出者还是接收者，他们所获得的效益差异不明显[⑦]。这些研究结果表明，同伴反馈可以适用于不同外语水平的学习者。

①蔡基刚. 中国大学生英语写作在线同伴反馈和教师反馈对比研究[J]. 外语界, 2011(2)：65-72.

②李旭奎, 于丽, 魏新锋. 口头与书面同伴反馈对中国大学生英语作文语言准确性的影响[J]. 中国海洋大学学报(社会科学版), 2017(5)：105-111.

③何佳佳. 基于Peerceptiv在线同伴互评系统的学术英语写作个性化辅导模式研究[J]. 外语电化教学, 2019(02)：25-33.

④YU S, LEE I. Exploring Chinese students' strategy use in a cooperative peer feedback writing group [J]. System, 2016 (58):9.

⑤BERG E C. The effects of trained peer response on ESL students' revision types and writing quality[J]. Journal of Second Language Writing, 1999(3):228.

⑥ALLEN D, MILLS A. The impact of second language proficiency in dyadic peer feedback [J]. Language Teaching Research, 2015(4):511.

⑦LUNDSTROM K, BAKER W. To give is better than to receive：the benefits of peer review to the reviewer's own writing [J]. Journal of Second Language Writing. 2009, 18(01): 30-43.

三、基于网络的同伴反馈翻转课堂应用于大学英语写作课的可行性分析

关于同伴反馈的研究和论证表明，同伴反馈有助于提高学生的外语写作质量、小组协作能力和自主学习能力。但是对于当前翻转课堂环境的同伴反馈是否具有同样的效果和可行性，本部分将从以下方面进行探讨。

首先，从理论上看，以学生为中心的同伴反馈教学法倡导教学理念的改革，符合当前外语教学改革和发展要求。同伴反馈法是伴随传统的以教师为中心转向以学生为中心的教学理念产生的，它不仅是外语教学发展的要求，也倡导教学理念的变革。20 世纪后半期，全世界的外语教学都在强调以学生为中心，如今已被广泛应用于外语教学的各个方面。我国外语界提倡以学生为中心的合作学习，并在教学大纲编制、教材编写等方面对这一理念进行贯彻和落实，但是由于多种原因，写作教学并未真正发挥该理念的指导作用。落后的写作教学方法使学生对英语写作没有兴趣，也使他们的自主性得不到充分发挥。所以，同伴反馈教学法不仅可以带来教学方法的改变，更是教学理念的变革，符合当今外语教学改革目标。

其次，从认知层面来看，教师和学生对同伴教学法已经有了较理性和正确的看法。在同伴反馈教学法被应用到写作教学中时就引起学者和教师的关注，同时也带来一些质疑。比如，学生对同伴反馈法究竟持何种态度？它在写作能力培养中究竟能起到多大的作用？学生的语言水平和认知能力能否对同伴提出有效的反馈？是否愿意接受同伴的反馈？国内外相关研究证实了学习者对同伴反馈的怀疑、焦虑和排斥。有的学生谨小慎微，碍于情面，不愿公开批评同伴的作文；有的学生对同伴反馈的修改意见持怀疑态度，质疑其正确性。因此，他们依赖教师的反馈，更愿意根据教师的反馈进行修改。这些研究表明，学习者对同伴反馈持怀疑甚至排斥的态度，也反映出教师对同伴反馈的有效性表示担忧。

对于此问题，学界展开了针对性研究，找到解决同伴反馈有效性不高的方法，那就是对学习者进行同伴反馈培训，帮助学习者对同伴的写作做出更有效的反馈，提高反馈的数量和质量，帮助同伴对写作做出有效修改，提高写作质量①。而且，在学习过程中，学习者感受到同伴反馈对自己语言发展产生的积极影响，也会导致他们对同伴反馈的态度发生改变，由原来的怀疑和排斥逐渐转变为积极地接受。

对同伴反馈的类似态度在中国学习者和教师身上可能同样存在，但是如果教

①LORETTO A, DEMARTINO S, GODLEY A. Secondary students' perceptions of peer review of writing [J]. Research in the Teaching of English, 2016,51(2):134-161.

师能对学习者进行恰当有效的同伴反馈培训，让学习者感受到它对提高自身写作能力的有效作用，同伴反馈法必定会得到广泛应用。因为这一方法最直接的好处就是减轻教师的作文批改负担。

最后，同伴反馈法在课堂教学中具有很强的可操作性，这是一种新的教学法能够得到广泛应用的关键。当前，我国各类学校大学英语课程教学班级平均人数为 30~50 人，英语教师面对的学生数量多，作业批改任务重，因此对学生的作文批改不可能很认真细致，能被教师批改的作文数量少，学生受益面窄。批改的时候，教师通常只给学生指出语言层面的问题，而对更重要的意义和逻辑层面则关注较少；还有的教师的批改评语过于简练，导致学生难以理解，或出现错误理解。同伴反馈法可以很好地解决学生多、教师少、批改任务重的问题，因此被认为完全契合我国大学英语教学实际需要，将其应用于大学英语写作课堂具有极强的可操作性。同伴反馈法包括同伴互评和同伴修改两种方式。同伴互评指的是学习者对作文的相互评价；同伴修改指的是学习者对写作成果相互修改，方法简单易懂，在课堂进行同伴反馈培训时很容易被学习者理解和接受。围绕同伴反馈培训，国外学者也开展了较多的研究，提出一系列同伴反馈培训的方式方法，并不断得到改进和完善。Lam 把培训分为示范、探索和意识提升三个阶段①。在示范阶段，教师应该对语言文字和意义表述进行修改；在探索阶段，学生尝试使用所学的修改方式对同伴的作文进行修改；在意识提升阶段，教师应指导学生对已给出的对同伴的反馈和意见进行分析。Min 发现，同伴反馈培训中将课堂示范（即为学生展示正确的评价过程与方法）和教师纠错式反馈相结合并向学生解释，对学生提高同伴反馈技能是最有效的②。经过这样的培训和指导，同伴反馈法在英语写作教学中的应用效果显著③。随着互联网技术在英语教学中的应用，同伴反馈法已被应用于网上在线同伴互评，并取得了显著效果④。

因此，基于同伴反馈培训效果的研究发现，同伴反馈法符合我国大学英语教学现状，能减轻教师的作文批改压力，在大班教学中具有很强的适用性和可操作性。尤其是将该方法运用在互联网在线写作互评活动中，可以为同伴反馈提供更

①LAM R. A peer review training workshop: coaching students to give and evaluate peer feedback [J]. TESL Canada Journal，2010, 27 (2)：114-127.

②MIN H T. Reviewer stances and writer perceptions in EFL peer review training[J]. English for Specific Purposes, 2008(3): 285-305.

③RAHIMI M. Is training student reviewers worth its while? A study of how training influences the quality of students' feedback and writing [J]. Language Teaching Research, 2013 (1):67-89.

④高瑛，张福慧，张绍杰，等. 基于Peerceptiv互评系统的英语写作同伴反馈效果研究[J]. 外语电化教学, 2018(2)：3-9+67.

便捷的方式，同伴间的交流和互动也变得更加便利，反馈效率得到大大提高。

邓迪的研究认为，翻转课堂是对传统教学模式的“破坏式创新”，具有传统教学模式无法比拟的独特优势①。将翻转课堂与同伴反馈进行结合的教学模式，既有别于传统的课堂教学，又有别于传统的在线教学。传统的在线教学虽然也利用网络向学生提供学习视频和学习资料，但是存在交互体验少、内容与课堂重复多、学生学习积极性不高等问题。将实体课堂与虚拟课堂进行结合的翻转课堂，通过课前的自主性输入学习、课堂上的互动交流和实践，相互结合，更有利于学生的知识得到内化。这样的模式更能调动学生的学习积极性，培养学生的自主学习能力②。

四、基于网络的同伴反馈翻转课堂在英语写作课中的实践

为探索基于同伴反馈的翻转课堂对大学生英语写作教学的效果，笔者在所任教的两个班级进行了为期一年的教学实践和跟踪研究，希望通过研究回答以下两个问题：基于同伴反馈的大学英语写作翻转教学模式对提高学生的英语写作水平有何影响？学生对这种教学模式的评价如何？

（一）研究对象及设计

本研究以 2019 年秋季学期浙江省一所地方本科高校的开放实验课程《英语在线写作》为对象。该课开设目的是培养学生通过计算机网络进行英文写作训练，增强英语书面表达能力，促进学生自主学习能力的提高，为以后较高要求的英语写作实践如参加英语写作竞赛、雅思／托福写作和英语科技论文的撰写等奠定基础。每期学生的学习时间是 8 周，每周 4 课时。该课程属于全校公共选修类课程，学生来源分布广泛，来自学校的各个专业和年级。学生的英语水平参差不齐，学习动机也各不相同。本课程的在线写作和评阅采用 iwrite（爱写作）英语写作教学与评阅系统。iwrite 的研究和设计以大学英语写作教学为基础，从语言、内容、篇章结构和技术规范四个维度对学生的作文进行智能化评阅，并且将机器评阅和人工评阅相结合。更有意义的是，它融合了学生间的同伴互评功能，促进同伴间的互相学习，大大提高教学效率。

基于同伴反馈的英语写作翻转课堂教学步骤如下。

①邓笛. 翻转课堂模式在大学英语教学中的应用研究述评[J]. 外语界, 2016(4)：89-96.

②胡新梅. 翻转课堂教学模式在大学英语教学中的运用与思考——以《中国民族文化英语赏析》课程为例[J]. 临沂大学学报，2015(5)：71－74.

1. 课前阶段

教师将事先准备好的相关微课视频和学习任务要求通过学校自主学习平台发布给学生，要求学生课前学习并完成相应的作业和任务。

任务和学习内容密切相关。微课视频可以是自己录制，也可以在网上慕课平台或其他网站寻找合适的教学视频。笔者教学实践中，采取部分微课视频由自己或团队成员录制，部分从国内外名校的慕课课程中选取合适的章节。视频录制可简可繁，最大的优点是切合学校和学生特点进行个性化设计与制作，但要想达到好的呈现效果，教师需要在课前进行大量的工作，不仅是教学内容的准备，更主要的是视频拍摄和后期处理等技术工作。而且，随着国内外慕课建设的日益发展，慕课平台越来越多，慕课课程越来越丰富，慕课技术越来越发达，教师很有可能在众多的慕课中找到合适的材料。也可以向学生提供一些可供学习的网站链接，让学生自主选择和决定学习内容。因为写作课程的特殊性，学生在写作前如果对写作结果有个大致的了解，将有助于学生在模仿的基础上更好地完成写作任务。因此，翻转型的写作教学课前学习也可以向学生发布一些优秀范文，让学生对学习任务有更具体直观的了解。教师在学习平台上随同视频一起发布的还有本单元写作的任务，主要包括课前学习需完成的写作任务、课程单元学习需完成的任务等。而且，对写作任务的主题、体裁、字数、目标等描述都必须非常清晰。同时，还要告知学生作文最终稿的最后提交日期及评分规则，这样学生对将要完成的任务有一个整体的了解，可以有针对性自主安排学习和写作步骤。

所以，课前阶段主要是学生的自主学习，完成初步的写作成果，也就是初稿。完成后的初稿通过在线形式提交，这样教师可以对学生写作中的主要问题有基本的了解，及时对课堂教学内容和安排进行有针对性的调整。

2. 课堂阶段

教师用讨论和交流等形式让学生对课前学习内容进行回顾和总结，并且结合学生的初稿情况进行要点补充，与学生一起对范文进行解读和分析，使学生能快速地进入将要学习的领域。课堂上的主要任务是进行学生间的作文互评和反馈。第一次同伴互评前，必须对学生进行互评反馈培训，否则学生会觉得无从评起，不得要领，对自己和同伴的评阅能力表示怀疑。因此，按照 Lam 和 Min 等人提出的同伴反馈培训方法，对评阅进行分步指导。教师还可以拿一位学生的作文作为范文进行评阅示范，这样可以比较快速地获得评阅同伴作文的技能。

需要强调的是，iwrite 系统的机器评分标准是从语言、内容、篇章结构和技术规范四个维度进行评分，但是学生反映这四个维度比较宽泛，他们对具体的要求不是很清楚，所以笔者在同伴互评时进一步明确标准，有助于学生更好地进行把握。具体地说，同伴反馈主要对以下方面进行评分：文章是否切题、各段落结构是否有合适的衔接词、逻辑是否清晰连贯、内容是否完整、语法是否规范、词汇和句式是否恰当且具有多样性、是否用书面语、文献使用是否合理、标点空格拼写等是否规范等。评阅中鼓励正面赞赏，这样有助于提高同伴的学习兴趣和语言表达自信心，但是更重要的是提出具体修改意见，因为同伴反馈的最终目的是提高反馈双方的写作水平。

培训后即进行同伴间的互评。互评期间，互评双方可以交流，以确保评阅者能了解作者的表达动机和表达结果之间的差异，从而进行更合理的评价。教师要根据学生需要及时给予一定的指导和帮助，但是仅限于一般的纲领性指导，而不是帮助学生对同伴的作文给出具体的评价意见。否则，学生对教师依旧会存在依赖心理，不利于培养学生的评阅和反馈技能。教师可以规定每位学生需要完成几个同伴的作文评阅和反馈，这样可以让每个学生接触到不同的学习者的写作，了解更多人的英语和写作水平，从好的作文中学到更多的英语书面表达，找到自己的差距，以促进自己的学习；也可以从不太好的作文中发现一些问题，以督促自己在以后的学习和写作中予以规避。

3. 课后阶段

学生在课后要对同伴提出的修改意见和评语进行仔细阅读，对于反馈中的不理解之处、不接受之处，与同伴进行线上或线下交流，最大程度确保评价信息的有效性和有益性。然后，学生对自己的作文进行修改，修改后与同伴再次交流获得评价和反馈。

经过多轮的修改，学生对自己作文的最终稿进行评分，自评规则与同伴互评时的规则相同。同时，进行写作后的自我反思，总结写作过程中时间精力的投入程度、修改经历、错误分析、同伴评价对自己写作的影响、对教学的建议等。最后，在截止日期前完成在线提交。

教师对学生写作成绩的考核采用形成性评价的方式，重视写作过程中学生的成长经历，同时结合学生的自评和同伴互评分数。教师对学生作文的评分重点不在写作的语言层面，因为经过同伴的多轮修改，绝大多数语言问题基本都已被提出修改意见。教师主要从学生的学习态度、课堂互评和交流活动中的参与度、写作过程中的成长等方面进行考虑。学生单次作文的最后评分按照以下公式计算：

学生作文分 = 学生自评分×20% + 机器评分×20% + 同伴评分×30% + 教师评分×30%

（二）研究方法和过程

1. 前测、后测

量化统计和质性分析相结合是本研究的最基本方法，量化统计采用书面测试分析学生在翻转教学前后的英语写作水平的变化，质性分析采取访谈和问卷方式调查学生对这一模式的认识和态度、对他们写作影响的主观感受等。

笔者以书面测试的方式了解学习者在基于同伴反馈的英语写作翻转模式下的写作水平发展和变化。研究中采用前测和后测，第 1 周和第 7 周的课堂上进行前测和后测。每次测试都在 iwrite 系统进行，时间都是 45 分钟，作文要求是 300 字，不得借助字典、网络等工具。因为该课程主要是为较高难度的写作、学术写作和竞赛写作打基础，所以写作要求会高于普通大学英语写作，字数也比大学英语四六级考试的作文字数多。不过，为了保证大多数学生能在规定时间内完成写作，时间上从四六级考试的 30 分钟增加到 45 分钟。不过从单位时间产出的写作字数来说，参加该研究的学生平均每分钟的产出量（6. 7 个单词）高于大学英语四六级考试要求（约 5 个单词）。

为了保证前测和后测题目的科学性，采用的题目均来自雅思 2018 年的真题。前测题目是：

Doing team/group activities can teach people more important life skills than doing individual activities. To what extent do you agree or disagree?

后测题目是：

Some people think the qualities a person needs to become successful in today' s world cannot be learned at a university or similar academic institution. To what extent do you agree or disagree?

前测和后测的评分方法均采用 iwrite 平台的机器评分和教师的人工评分各按 50% 的比例进行统计，这样可以尽可能做到评分的公正和可靠。

前测总共 80 人参加，后测总共 79 人参加，所以前测成绩分析时剔除 1 名未参加后测的学生成绩，以保证所有参加实验的学生可以成对的数据进行比对。

2. 调查问卷

参照刘景珍等设计的基于师生共同体的同伴互评写作教学情况调查[①]，笔者根据实际情况做了一定修改，利用问卷星网站发布调查问卷，并向学生展开在线

①刘景珍, Lawrence Jun Zhang. 基于中外师生语言学习共同体的大学外语写作教学研究[J]. 外语界, 2018(1)：79-87.

调查。调查问卷的问题包括学生对基于微课和同伴反馈的大学英语写作翻转教学的评价、学生的学习偏好、新教学模式的受益情况等。问卷采用Likert5级量表，分值从1到5排列，1代表“非常不同意”/“非常不赞成”/“非常不满意”……2代表“不同意”/“不赞成”/“不满意”……3代表“不一定”/“不确定”/“不知道”……4代表“同意”/“赞成”/“满意”…… 5代表“非常同意”/“非常赞成”/“非常满意”……为了检测受调查者的答题诚实度，问卷特意设置了两个测谎题，以确保调查结果的有效性。调查表具体内容详见附录2“学生对基于同伴反馈的英语写作翻转课堂教学的评价调查”。

经检测，问卷的信度系数α为0.923，信度较高，符合正式测量的要求。调查结束后，在问卷星网站回收到有效问卷80份。经检验，所有有效问卷的提交者均为参加本课程学习的学生。

（三）结果与分析

为了方便对学生的写作错误进行分析，首先对学生写作语料进行收集，然后找出语料中的错误，并将其归成三类——技术规范性错误（拼写和标点）、语言类错误（词汇和语法）、语篇类错误（连贯和语用），之后对各类错误进行评估和等级划分。两次测试结束后，先进行错误归类，然后利用Stata 16数据统计分析软件进行前后测错误结果两配对样本的T检验，以检验学生在两次测试中的错误是否有差异。调查问卷的数据也导入该软件进行统计分析，以了解学生对该教学模式的接受程度和学习偏好，为以后的教学提供借鉴和参考。

结果显示，后测中学生作文的平均错误总量明显少于前测。从附录3“写作前后测错误数量数据”可以看出，前测中平均错误总量为34.05，后测平均错误总量降为15.34，平均下降了18.71。每个单项的错误量也均有大幅度下降经T检验，所有单项错误和总错误数量的下降都达到显著水平。

学生的技术规范类（标点和拼写）错误减少最明显，这个现象很容易理解。因为学生之前的写作都是采用纸质稿手写的方式，而手写的标点符号比如逗号“，”和句号“.”的差异不大，对标点符号的位置前后是否有空格更是无法辨认，所以学生养成对标点符号不注意的习惯。但是计算机上的英文输入，对于标点符号的使用有严格的规定，标点符号的前后是否应该有空格也有明确的规范。iwrite系统对此也可以进行检测。所以，当第一次学生发现自己的作文中竟然有这么多的错误时表现甚为惊讶，以后的训练中稍加注意，这种错误就会急剧下降。拼写中的部分错误也是因为学生不注意在线写作的规范而造成的，所以在了解相应的计算机英文输入规范后就可以避免。

对于词汇、语法、连贯性等的错误减少，可以从对学生的访谈中分析出原因。学生反映，课程学习过程中，由于写作实践机会增多，以前写作中常出现错误的高频词经过多次练习已经被用得很熟练，所以词义的正确性有了很大提高。课前发放的学习资料和视频中经常有相关的常见词汇和语法使用错误举例，让学生对一些常见错误形成初步规避意识。同伴互评中，词汇和语法是最关注的评价点，对于互评时产生的一些疑问会相互沟通和澄清，有时也会查阅书籍或在线求助，这些都在不经意间提高了双方的词汇和语法能力。之前写作时，考虑最多的是词汇和句型，但是对篇章存在的问题及如何改善，学生没有太多的知识。经过课前发放的范文阅读以及教师在课堂上的范文分析，逐渐对篇章结构之间的逻辑性有了较清楚的认识。同时，多次的写作实践对一些常用的表达逻辑关系的衔接词也能自觉、正确地使用。

前后两次测试的单项差异检测中，6 个项目都呈现了显著差异，包括语用方面的错误。这一点与刘景珍等人发现的经过同伴互评教学学生语用错误未显著减少的研究结果有所不同。本研究虽然发现了语用错误数量在前后两次测试中的显著差异，但是与其他单项相比，这个项目的差异是最小的。这在一定程度上也证实了语用失误比语言失误更复杂[①]。

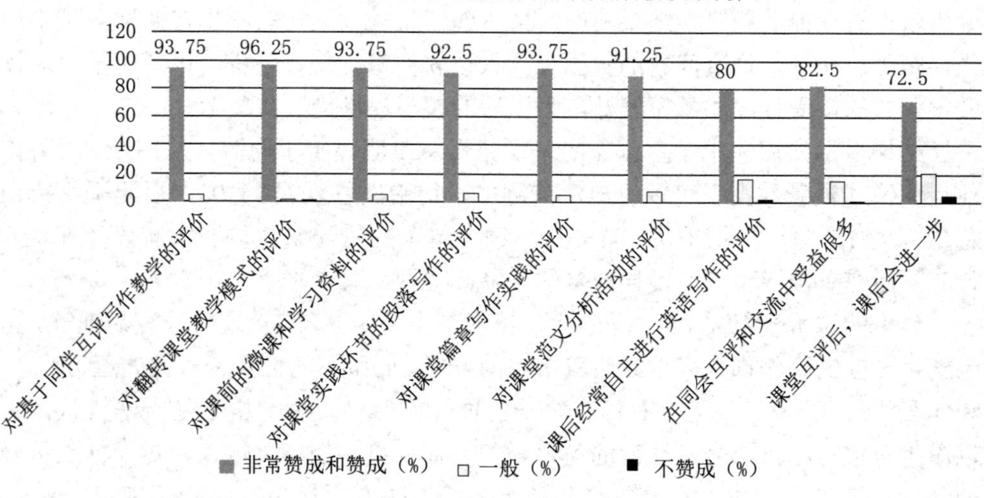

图5-2　学生对基于同伴反馈的英语写作翻转教学的评价

研究结果表明，这种基于同伴反馈的英语在线写作翻转课堂教学模式可以应

①莫艳萍．跨文化交际视阈下的语用能力培养[J]．中国教育学刊，2016(S1)：52-54.

用于当前大学英语写作教学，能有效降低因大班教学带来的教师评阅作文的繁重负担。更主要的是，该教学模式能充分发挥微课教学的灵活性和趣味性，提高课前学习效率，同时课堂时间可以被更好地用来书面语言实践，锻炼学生的自主学习能力、与人交流和团队协作能力；有助于培养学生的批判性思维能力。

从附录 4“学生对基于同伴反馈的英语写作翻转教学的评价调查数据”和图 5-2 可以看出，学生对同伴互评与翻转课堂的教学方法、课前微课使用、课堂上的段落写作 / 篇章写作 / 范文分析等教学活动是非常认可的，“非常赞成和赞成”的比例均达到 90% 以上。82.5% 的学生认为在同伴互评和交流中获益，课后能经常进行自主英语写作的学生达到 80%，72.5% 的学生表示课堂互评后还会在课后主动与对方交流讨论。

第六章　网络自主学习与自我效能感研究

第一节　网络自主学习成绩与学生自我效能感的相关性研究[①]

大学英语课程被列为高校必修课程以来，关于大学英语“如何教”和“如何学”的问题一直没有停止过探讨。每个时代背景下，伴随科技发展和社会生产的需要，产生了一些符合时代特点的新型教学理念和教学方法，并取得了丰硕的成果。

21 世纪以来，以计算机互联网和智能终端在教育技术上的应用，使大学英语教学改革迈上一个新的台阶，由此在全国兴起新的改革和研究热潮。2007 年颁布的《大学英语课程教学要求》明确指出，大学英语的教学目标除了培养学生的英语综合能力外，还要增强其自主学习能力，并对如何提高学生的自主学习能力提供新的教学模式。许多专家提出，新的教学模式应以现代化信息技术，尤其是网络技术为支撑，以课堂教学与校园网上运行的英语教学软件相结合的教学模式为主要发展方向，充分发挥学生的自主学习能力，使学生的学习朝着个性化和自主化的方向发展[②]。研究者们对自主学习展开了一系列的研究和讨论。庞继贤以两项对中国大学生的实证研究数据为基础，重点分析和考察了大学生有关自主学习的观念、实行自主学习的条件以及大学生对英语学习的需求等问题[③]。陈美华对基于计算机和网络的自主学习模式进行了探讨和调查分析。[④] 范捷平从建构主义和认知学习理论出发，探讨了我国研究型大学外语自主学习的特点及其在研究型大学培养创造性人才中的作用[⑤]。

---

①本节资料主要来自笔者与上海外国语大学陈坚林教授共同完成的2007年关于大学生网络自主学习研究的部分成果。陈亚轩，陈坚林．网络自主学习成绩与自我效能感的相关性研究[J]．外语电化教学，2007(4)：32-36.

②张尧学．关于大学本科公共英语教学改革的再思考[J]．中国高等教育，2003(12)：20-21.

③庞继贤，叶宁，张英莉．学习者自主：身份与自我[J]．外语与外语教学，2004(6)：22-25.

④陈美华．基于计算机和网络的大学英语自主学习模式研究[J]．外语电化教学，2005(6)：19-23.

⑤范捷平．研究型大学的外语自主学习与创造性人才培养[J]．外语与外语教学，2004(6)：19-21.

自我效能感这一概念由美国著名心理学家班杜拉（Bandura）于1977年提出。他认为，所谓自我效能感是指个体对成功地实施达到既定目标所需行动过程的能力的预期、感知、信心或信念。自我效能感属于非智力因素，它影响着个体对达到目标而进行的某项活动的兴趣、动机、自信程度等因素[①]。他的研究表明，自我效能感是人的自我调节系统的核心，是个体对自己是否有能力组织和执行某种特定行为的判断，是良好的自我"预测器"。

董奇和周勇的研究表明，自我效能感水平与学生的自我监控学习行为各方面存在显著的正相关[②]。网络自主学习是近几年产生的新事物，具有特殊性。董奇等的研究结果是否也适用于网络环境下的自主学习，未有定论。笔者在查阅相关资料时，未曾见到关于网络自主学习和学习者自我效能感相关性的研究。为了找到两者的相关性，开发学生的非智力因素，提高网络环境下自主学习效果，培养学生的自主学习能力，笔者对本课题开展了一定的调查和研究。本研究的目的就在于探讨学习者的学习自我效能感程度与网络环境下的自主学习成绩的相关性，从而为当前的大学英语教学改革提供一定的参考。

一、研究设计

（一）研究问题

为了研究网络环境下自主学习成绩和学习者自我效能感程度是否相关，本书主要从回答以下几个问题着手：（1）学习者的自我效能感处于何种程度？（2）学习者在网络环境下的自主学习处于何种状态？他们在自主学习中采用哪些学习策略？（3）自我效能感的程度和学习者的自主学习成绩是否相关？相关程度如何？（4）在网络自主学习实践中，教师是否有必要培养和加强学生的自我效能感？如何培养和加强？

（二）研究手段

本研究的受试对象为浙江省一所普通高校的2017级二年级非英语专业的一个班级，共31名学生，其中男生11名，女生20名。

本研究的测量工具是一份英语学习自我效能感量表、网络环境下自主学习情

① BANDURA A. Self-efficacy: toward a unifying theory of behavior change [J].Psychological Review,1977, 84 (2): 191-215.

②董奇，周勇. 关于学生学习自我监控的实验研究［J］. 北京师范大学学报（社会科学版），1995（1）：87.

况调查问卷和英语测试卷。

根据 Bandura 设计的效能感量表，结合网络自主学习的特殊性，设计出网络自主学习效能感量表。它由四个维度组成：学习成果自信感、努力感、解决问题能力感和自我控制能力感，共 13 个分项，分别测量受试学生对达到英语学习目标，获得学习成果的自信程度（如：我能轻松地完成英语教学规定的学习任务，自我认为已具备学好英语的各项能力，我相信能在实践中运用英语）；通过自身努力完成学习任务的能力的自信程度（如：我认为英语学习上碰到不懂的地方，只要努力钻研，一定会弄明白的）；对问题及时处理的能力（如：我相信能解决网络自主学习时碰到的操作上的各种问题）以及在网络教室自主学习时的自我监控能力（如：偶尔的成绩下降不会影响我学好英语的信心，我自己能把握好网上自主学习的进度）。

自主学习效能感量表采用五级记分制，每题都有 A、B、C、D、E 五个选项（完全不适合；比较不适合；不确定；比较适合；完全适合），并被分别赋予 1、2、3、4、5 的分值，满分为 65 分。分值越大，表明其在网络环境下的自主学习效能感程度越高。4 分以上（包括 4 分）的选项表明有较高的效能感，3 分值表明受试学生的效能感程度不是很高，或者说缺乏判断自己能否成功地达到学习目标的能力，2 分值以下（包括 2 分值）选项的效能感程度较低。

自主学习情况调查问卷主要分三个维度：网络自主学习总体情况调查、学习策略调查、对网络自主学习的看法。分别调查受试学生网络自主学习总体情况，如上网学习时间、学习计划和目的等；网络学习时采用的学习策略，如碰到生词或问题如何处理，练习做错时如何处理等；对网络环境下的自主学习的看法，如网络自主学习有哪些优点和缺点，喜欢哪种自主学习模式等。为充分展示受试学生对自主学习模式的观点，使调查更科学、全面，在调查问卷的最后设计了一个开放式问题：“请对网络自主学习提出你宝贵的意见和建议。”

（三）研究程序

实验开始前，先为学生进行了英语学习自我效能感的测试。为了研究效能感与自主学习成绩的个体相关性，要求受试学生采用真实姓名。但是在发放量表的同时向参加受试的学生声明，本量表所得数据只用于研究，不会对他们的学业成绩有任何不良影响，使受试学生在答题时不存在任何顾虑，从而保证所得数据的真实性。然后，为受试者布置了一个月的网上自主学习任务，利用外语教育与研究出版社开发的《新视野大学英语》网络课程作为平台进行学习，内容包括读写译教程和视听说教程各一个单元的课文以及课后练习。为不影响正常课堂教学进度和内容，所有网络自主学习内容都要求受试学生在课外自主选择时间完成。根据学生的英语水平和学习内容，经过小范围测试，我们要求总的学习时间达到6小时以上，平均每周2小时以上。对于学生上网学习的时间、完成的练习量和答题的正确率，学习和管理平台会自动记录。

一个月后，针对布置的网上学习内容，设计了一份英语测试卷，用以检测受试学生对所学内容的掌握情况。为保证评分的客观性，本试卷采用客观选择题的形式，主要题型有听力、词汇、语法、选词填空、阅读理解，满分为100分。测试完毕后，随即发放网上自主学习情况调查问卷，了解学生网上自主学习的情况、在自主学习中采取的学习策略以及对网络自主学习的看法等。

（四）数据收集和分析

本研究收集的数据有三种：受试学生的英语学习自我效能感量表的答卷、网上自主学习测试成绩，以及受试学生对网上自主学习情况的反馈。对收集到的数据，用SPSS软件包进行统计分析，主要包括描述性分析和二元变量相关分析。描述性分析计算了受试在自我效能感量表的各个维度和分值项的百分比，以及受试学生测试成绩的平均值、标准差等，目的在于了解受试学生在网络环境下自主学习的自我效能感程度以及具体表现。相关分析的目的在于发现效能感与自主学习成绩之间是否有相关性，以及相关程度如何。

二、结果与发现

（一）网络自主学习自我效能感量表的调查结果

调查发现，31名受试学生在13个分项中总选择次数为403次，其中，选择效能感分值为4分和5分（即效能感程度较高）的共180次，占所有选择量的44.6%，说明学生在接近一半的分项上的效能感程度较高。其他各分值项的选择次数和占总选择次数（403次）的比例如表6-1所示。

表6-1　网络自主学习自我效能感总体结果

≥4分值（效能感程度较高	3分值（不确定）	≤2分值（效能感程度较低）
180次（44.6%）	136次（33.7%）	87次（21.7%）

其中，在180次的≥4分值的选择中，各维度的被选择次数及所占总次数（180次）的百分比情况如下：学习成果自信感31次（17.2%）；努力感46次

（25.6%）；自我控制能力感 44 次（24.4%）。

相对而言，学生在解决问题能力感维度的效能感程度最高（32.8%），说明学生对网络自主学习环境下出现的学习问题以及网上操作能力比较自信，而对学习的预期结果则相对缺乏信心。

（二）自我学习效能感与网上自主学习成绩相关性分析结果

首先，运用 SPSS 统计软件进行描述分析，得到受试学生在两项中的平均得分和标准差等数据，如表 6-2 所示。

表 6-2　自我学习效能感和网上自主学习成绩的描述性分析

	学生数	最低分	最高分	平均分	标准差
自主学习成绩	31	42	91	74.839	12.2205
效能感量表得分	31	29	60	47.39	7.451

自主学习成绩最低分是 42 分，最高为 91 分，平均分 74.839 分；而效能感量表测试得分最低是 29，最高是 60，平均 47.39，两者平均分相差 27.449。

将调查数据导入 SPSS 数据库，运用软件中的二元变量相关分析进行检测，得到如下结果（见表 6-3）。

表 6-3　自我学习效能感与网上自主学习成绩相关性分析

		效能感	自主学习成绩
效能感	Pearson Correlation	1	0.882**
	Sig (2-tailed)	-	0.000
	N	31	31
自主学习成绩	Pearson Correlation	0.882**	1
	Sig (2-tailed)	0.000	-
	N	31	31

注：**在0.01水平上呈显著相关（双侧）

学生的自我效能感与网络自主学习成绩在 0.01 的水平上呈双侧显著正相关，皮尔逊相关系数为 0.882。自我效能感程度高的学生，在网络自主学习时也能相应地取得较好的成绩；自我效能感低的学生，在网上自主学习时则较难取得高分。

（三）网上自主学习情况调查结果

通过自主学习情况调查，发现 75.9% 的学生表示在得到学习任务后，并没有制订学习计划和目标；59% 的学生在一个月的学习时间里，在网络进行自主学习的时间在 2~4 小时；完成的习题占总题量的 49.3%。很明显，多数受试学生未能按照要求完成学习任务。我们也发现，学习效能感程度较高的学生中，未制订计划和目标的为 5 名，占所有受试学生的 16.1%，学习时间在 2~4 小时的为 6 人，占 19.4%，明显低于其他学生，而完成的习题量占总题量的 75.2%，大大超过其他学生。另外，效能感程度高的学生在网上自主学习的时候，会采用更多的学习策略，如除完成教师布置的学习任务外，还会在网上看其他的英语学习资料；完成练习后，会主动检查答案的正确性，并对做错的部分进行重新学习；对于网上学习碰到的生词等，会根据上下文猜测、问同学，有 41.3% 的学生表示会查阅网上词典。对网络自主学习的反馈中，71% 的受试认为网络自主学习对提高自己的英语水平“有帮助”，效能感程度较高的受试学生占 56.7%。

三、自我效能感与网络自主学习的相关性分析对大学英语教学的启示

（一）提升学生的学习成果自信感

由于自我效能感与网络自主学习成绩呈显著正相关，为了提高网络自主学习效果，大学英语教师在平时的教学中应该注意培养学生的学习自我效能感，尤其是提升学生对完成学习目标、获得学习成果方面的自信感。学生对自己达到教学目标缺乏信心的原因是多方面的，可能是我们的教学目标设得太高，让学生有一种望尘莫及的感觉；可能是由于学生基础薄弱；也可能是由于学生未掌握良好的学习方法，不能适应大学英语教学。作为教师，应根据学生实际情况，设立层次递进的教学目标。对学生而言，这一目标应该具有一定的挑战性，但也不是遥不可及的，让学生在经过努力后能体会到成功的喜悦，消除或减少失败所带来的焦虑和困惑，增强自信心。同时，加强学习计划和学习目的性教育是大学英语教学的一个内容。引导并督促学生在每个学期初、月初、每项任务进行之初都要制订学习方案，确立任务目标。自我效能感影响着学生的学习信心，但如果个体对自己的学习能力有信心但没有任何目标时，个体也不会做某件事[①]。

① WIGFIELD A, GUTHRIE J T. Relations of children’s motivation for reading to the amount and breadth of their reading [J]. Journal of Educational Psychology, 1997, 89(3):420-432.

（二）加强学习策略的培训

自我效能感与网络自主学习成绩呈正相关，并不是说有了高程度的自我效能感，就一定能取得好的自主学习成绩。在取得较高水平的自我效能感的学生中，有几位学生的网络自主学习成绩却不够理想。在查找原因的时候发现，除未制订任何学习目标和计划外，这部分学生在网络自主学习的时候和那些自我效能感低的学生在有一个方面是类似的，那就是：不善于使用合适的学习策略，对学习中的困难往往采取拖延、试图回避的方法。而那些在自主学习测试中取得高分的则多数是善于利用积极的学习策略、敢于挑战学习困难的学生。因此，在有了高程度的自我效能感的基础上，还要掌握一定的学习策略和方法，教师在教学实践中应经常向学生介绍这些策略。

（三）培养学生的自我反思能力和归因分析能力

在自我效能感量表的检测结果中，发现这样一个情况：分值“不确定”被选择136次，占总选择次数的33.7%，其中有3名学生在13个题目中有8个以上是“不确定”。这说明部分学生对自己的英语能力实际水平、教学目标、学习能力等没有很好的了解，从而导致了不自信或“不确定”。因此，教师应该注重培养学生的自我反思能力，经常反思自己的学习所得、所失，与他人的差距，与教学目标的差距，总结学习经验，归结失败原因等。另外，在加强反思教育的过程中，要防止归因过程的极端倾向。调查中显示，87%的学生把英语学习失败归因于自己能力不足、没有语言天赋等内部不可控因素。这种消极的归因倾向为持续的失败预期提供了依据。

因此，大学英语教师要对学生进行积极的归因辅导。失败的原因固然有不可控的因素，但教师要努力引导学生归因于一些可控因素，如知识不够或努力不够，平时预复习不及时，考前复习不充分等，让学生意识到，只要改变自己的不良学习习惯和方法，就有希望获得成功。

（四）进一步加强网络自主学习建设和管理

网络自主学习作为大学英语教学模式改革的发展趋势，目前还存在许多有待完善的地方。比如，学生在网络自主学习情况调查问卷中反映：学校机房的计算机上网速度慢，经常发生死机等故障，从而影响自主学习进度和学习的积极性。因此，学校即使在经费困难的情况下，也要想方设法改善计算机性能配置，提高网速。

软件上也要积极改进，增加学习资源并将其进行整合，使之成为适合学生学习的新资源。许多学生在问卷上反映网上英语学习资料缺乏，要求增加一些有趣的资料，如英美流行歌曲、电影、幽默小故事、等级考试资料、练习的详细解答等。针对这一要求，教师应该在布置学习任务的时候，增加一些趣味性强的内容，搜集既让学生感兴趣又具有英语教学意义的音频和视频资料，以改变单一的 word 文档的形式，提高学生的学习积极性。

另外，教师要参与网络自主学习。本实验班多数学生未完成自主学习任务，很大一个原因是缺乏教师的监督和现场管理。许多大学生的学习自我监控能力有待提高，尤其是在浩瀚的网络世界里，他们很容易忘了自己的学习任务，沉迷在无边无际的网络游戏、聊天等与英语学习不相干或关系不大的活动中。因此，如何做好网络自主学习管理，对学生和教师来说都是一个值得研究的课题，也是本书后续研究内容之一。

四、结论

本研究探讨了网络环境下学习者自我效能感与网络自主学习成绩的相关性，研究结果对提高新形势下网络环境中的自主学习效果提供了实证支持和参考。总体来说，学生的学习自我效能感还不是很高，有待加强。多数学生意识到网络自主学习对提高自己的英语水平有帮助，但在学习中缺乏积极性和自觉性。最重要的是，本研究发现自我效能感水平与网络自主学习成绩呈显著正相关，相关系数为 0.882，效能感高的学生更善于使用一些积极的学习策略。

综合以上研究结果，要求教师在实际教学中要注意培养学生的自我学习效能感，尤其是学习成果自信感。同时，根据学生需要和教学改革要求，进一步加强网络自主学习硬件和软件方面的建设。由于本研究采用的数据均来自一所普通高校的一个班级，样本量偏小，不能代表我国所有高校的学生情况和学校网络自主学习建设情况，以后的研究需要进一步扩大样本规模和调查范围，所选用的变量也应更丰富、全面，对所涉及参数的作用和条件还须做更细致、深入的分析和研究。另外，所采用的效能感量表和网络自主学习情况调查问卷虽参考了大量的研究资料，但因为没有一个完全对应并经过科学论证的量表，自己改制的量表和调查问卷还存在一些不完善的地方。

第二节 自我效能感、学习策略与学业成绩的关系[①]

当前，对语言学习者的情感因素研究已成为语言教学领域十分引人注目的课题。作为调节学习效果非常重要的非智力因素，自我效能感强调个体对自己实现特定领域行为目标所需行为能力的预期、感知和信心，反映着主体因素对人潜能发挥的决定性，是对学习者影响较大的情感因素之一[②]。学习策略被认为学习者所采用的任何可促进信息习得的方法。它是学习者为使学习过程变得更有效所采取的方法。国内学者对英语学习策略的研究主要侧重在以下领域：学习策略和学业成绩的关系，学习观念、策略的偏好倾向和变化趋势以及如何运用学习策略提高具体的语言技能，而在情感因素对英语学习策略的影响研究还比较薄弱[③]。有学者认为，研究效能与各种具体策略使用之间的关系能更为直接地揭示情感因素对学习行为的影响[④]。以此为突破口，本研究以大学生为研究对象，从不同学业成绩，不同性别和专业学生的自我效能感和学习策略使用情况角度出发，来探讨英语学习中自我效能感对学习策略使用的相互关系，以及自我效能感与学习策略两个变量共同影响学业成绩的路径。

一、研究对象和方法

在两所普通高校非英语专业大二学生中随机选取 266 名为研究对象，其中男生 147 人，女生 119 人；文科生 112 人，理科生 154 人。

本书中英语学习自我效能量表是参照刘电芝[⑤]的数学学习效能感量表改编而成。根据主成分因素分析结果显示，该量表包括英语学习能力效能感（个人对自己天资的认识、对自己达到学习目标的结果预期）、行为效能感（个人对学习活

①本部分内容系笔者与张佩秋老师关于教师效能感研究成果之一，获浙江省教育厅2008年科研项目资助。张佩秋, 陈亚轩. 自我效能感、学习策略与学业成绩的关系研究——以非英语专业大学生英语学习为例[J]. 浙江科技学院学报, 2008(3)：213-216.

② BANDURA A. Self-efficacy: toward a unifying theory of behavioral change [J]. Psychological Review, 1977, 84 (2): 191-215.

③文秋芳, 王立非. 影响外语学习策略系统运行的各种因素评述[J]. 外语与外语教学, 2004(9)：28-32.

④DÖRNYEI Z. Attitudes, orientations, and motivations in language learning：advances in theory, research and applications [J]. Language Learning, 2003(53): 3-32.

⑤刘电芝. 小学儿童数学学习策略的发展与加工机制研究 [D]. 重庆：西南师范大学, 2003.

动和学习行为的控制感）、努力效能感（个体对自己所做努力程度的估计）三个维度共 20 个项目，采用 Likert 5 点量表形式。经试测，各个维度的 Cronbach α 系数在 0.69 ～ 0.76，总问卷的 α 系数为 0.84。

学习策略量表由 Pintrich 激励的学习策略量表的策略部分改编而成。改编后的学习策略量表包括认知策略、元认知策略和资源管理策略三个大类共 38 个项目，采用 Likert 5 点计分制。3 个子类的 Cronbach α 系数分别为 0.84、0.85 和 0.82，总问卷的 α 系数为 0.93。

收集被试学生两次英语期末成绩的平均分折算成标准分，以此来度量学生的英语学业成绩。

二、结果分析

（一）不同专业与性别学生自我效能感、策略选择和学业成绩的差异

以专业和性别为自变量，对被试大学生的自我效能感、学习策略使用和学业成绩进行 2（专业）×2（性别）的多元方差分析。“专业和性别自我效能感和学习策略使用差异”分析结果显示，学习效能感的专业主效应显著 $F(1, 262) = 6.09, p<0.05$；英语学习策略的性别主效应非常显著，$F(1, 262) = 7.15, p<0.01$；学业成绩的专业主效应和性别主效应均非常显著，$F(1, 262)=6.97, p<0.01$，$F(1, 262)=7.73, p<0.01$。进一步的单因子多变量方差分析结果表明，性别对自我效能感中努力因子和学习策略中的认知策略、元认知策略存在主效应 $F(1, 262)=6.36, p<0.05$；$F(1, 262)=7.02, p<0.01$；$F(1, 262)=13.52, p<0.001$。其他变量的主效应不显著，专业与性别交互作用的主效应不显著。

以上结果表明，文科生的自我效能感和学业成绩显著高于理科生，文、理科学生的学习策略使用无显著差异。此外，女生学习策略运用和学业成绩显著高于男生，在认知策略和元认知策略上，差异显著性水平分别达到 0.01 和 0.001。在努力因子上，女生的效能感显著高于男生，然而从整体而言，男女学生的自我学习效能感无显著差异 9（见表 6-4）。

表6-4 专业和性别自我效能感与学习策略使用差异

	自我效能感	学习策略	学业成绩	努力效能	认知策略	元认知策略
文科(M±SD)	3.39	3.07	64.11	3.32	3.08	2.93
理科(M±SD)	3.20	2.94	60.12	3.23	2.99	2.82
F	6.09*	1.57	6.97**	1.39	1.43	1.63
男生(M±SD)	3.25	2.91	57.39	3.19	2.95	2.75
女生(M±SD)	3.31	3.10	67.25	3.36	3.12	3.01
F	1.34	7.15**	7.73**	6.36*	7.02**	13.52***
$F_{专业×性别}$	1.67	0.83	1.25	1.46	1.56	0.79

注：*** $p<0.001$；** $p<0.01$；* $p<0.05$。

（二）自我效能感、学习策略和学业成绩的矩阵相关关系

表6-5中显示的相关分析结果表明，自我效能感三维度与学习策略三个大类之间均存在显著正相关（$p<0.01$），说明自我效能感与学习策略使用存在相互促进关系。此外，学业成绩与自我效能感三维度，及认知策略、元认知策略呈显著正相关（$p<0.01$），说明成绩较好的学生自我效能感更高，运用的学习策略更多。

表6-5 自我效能、学习策略、学业成绩间的相关系数

序号	变量	1	2	3	4	5	6
1	能力效能						
2	行为效能	0.699**					
3	努力效能	0.641**	0.619**				
4	认知策略	0.502**	0.514**	0.403**			
5	元认知策略	0.444**	0.430**	0.563**	0.581**		
6	资源管理策略	0.418**	0.401**	0.372**	0.373**	0.325**	
7	学业成绩	0.210**	0.276**	0.320**	0.349**	0.332**	0.103

注：** $p<0.01$。

（三）自我效能感、学习策略对学业成绩的路径模式

为进一步考察自我效能感与学习策略对学业成绩的预测作用，运用逐步回归方法，以学业成绩作为因变量，以自我效能和学习策略作为预测变量，进行多元回归分析。结果显示，自我效能感与认知、元认知策略对学业成绩构成有显著回归效应；自我效能感对认知、元认知策略有显著回归效应（见表6-6）。

表6-6　英语学业成绩影响因素的回归分析

	认知策略		元认知策略		学业成绩	
	β	p	β	p	β	p
自我效能感	0.498	0.000**	0.425	0.000***	0.252	0.005**
认知策略					0.378	.000***
元认知策略					0.312	.000***

注：*** $p<0.001$；** $p<0.01$；* $p<0.05$。

根据表6-6多重回归分析所得到的标准偏回归系数即路径系数，建立以下的路径模型图6-1。

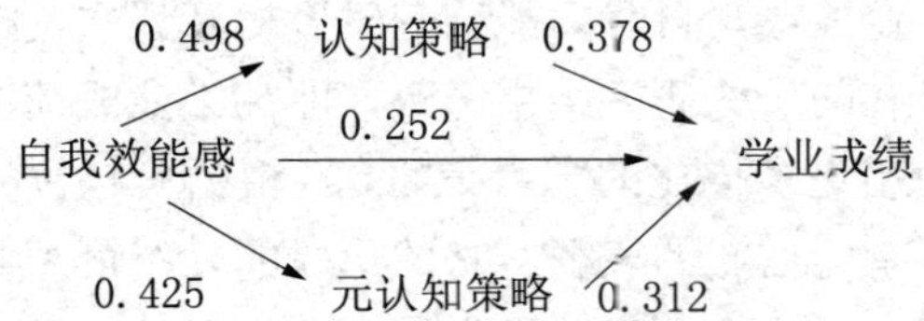

图6-1　英语学业成绩影响因素的路径模型

以上路径模型显示，自我效能感能直接影响学业成绩（其直接效应为0.252），也可通过影响认知和元认知策略来间接影响学业成绩（间接效应为0.188=0.498×0.378和0.132=0.425×0.312）。

三、讨论

从整体而言，大学生学习效能感不存在性别上的显著差异，该结果与周国韬等[①]的研究结论相吻合，但在自我效能感的努力因子上，女生显著高于男生。这可能跟女生的性格有关。女生较男生而言，性格更为成熟、坚韧，更愿意为达到目标付出持久的努力。此外，在学习策略运用和学业成绩上存在显著性别差异，女生在认知和元认知策略运用上显著高于男生。从教学实践看，女生的自我意识和自我控制能力都优于男生，这与女生从小接受的听话、自觉等性别角色要求有密切关系，因而迁移到学习上，反映在该调查上得分就高。同时，因为更多地运用了有效的学习策略，女生英语成绩也更高。

①周国韬，张平.初中生在方程学习中学习能力感、学习策略与学业成就关系的研究[J].心理科学,1997,20(4)：324-328.

大学生的学习效能感存在学科差异，文科生学习效能感明显高于理科生。这可能与他们不同的专业特点、思维方式有关。理科生更注重培养思辨和逻辑推理能力，文科生则在语言能力、表达沟通方面更占优势，体现在英语成绩上，文科生比理科生更高。此外，文科专业对英语水平要求较高，相对而言，文科生更愿意为英语学习付出持久的努力，过往成功的经验再加上较强的动机信念，使他们建立起更加稳固的自我效能感。

自我效能感与学习策略使用存在相互促进关系，这一结果从一定程度上验证了周国韬、周勇等人的观点，即自我效能和学习策略的习得与运用呈显著正相关[①]。以往研究表明，低自我效能感的学生不愿尝试新的策略或技巧，并且对已习得的策略和技能的应用缺乏信心；高自我效能感的学生则与之相反[②]。本研究还发现，英语学业成绩与自我效能感三维度，及认知策略、元认知策略呈显著正相关，这也与已有的一些研究结果一致，即高学业成绩的学生往往自我效能感更高，并倾向于使用更多样化的学习策略[③]。根据班杜拉的理论，自我效能是一种对自己学习能力有无信心的表征，它的形成的一个最主要的信息来源是过去行为成败的经验。由于学业水平高的学生过去多为成功的学习经验，当面临相同的学习任务时，他们更有信心，表现出更高的学习效能感，愿意付出更大的努力，并勇于尝试更多的学习策略。

自我效能感对学业成绩回归系数的显著性表明，自我效能感是学业成绩的敏感性预测指标和调节因素，这与班杜拉（Bandura）等人的研究结果“自我效能感水平能准确预测学生的学业成就水平”一致。路径分析进一步明确，学业成绩是一个受多种因素制约的变量，学习策略直接影响学生的学业成绩。此外，学习效能感可通过影响学习策略来影响学业成绩，这些结论支持了谷生华[④]、王振宏[⑤]等对学业成绩的多因素研究。同时，也与班杜拉等人关于自我效能感的理论推断一致：自我效能感是作为学习动机对学习起作用的，这种作用会通过影响学生的学习策略水平及其在学习过程中对策略的运用水平而影响学生的学习。因此，学习策略教学应注重学生自我效能感的培养，不仅要使学生具有了解学习策略的自我效能感，更重要的是使学生具有运用学习策略的自我效能感。

①周勇，董奇. 学习动机、归因、自我效能感与学生自我监控学习行为的关系研究[J]. 心理发展与教育，1994(3)：30-33.

②谷生华，辛涛，李荟. 初中生学习归因、学习策略与学习成绩关系的研究[J]. 心理发展与教育，1998(2)：21-25.

③王振宏. 初中生学业自我效能与学业成就关系研究[J]. 心理发展与教育，1999，15(1)：39-43.

④同②.

⑤同③.

四、结论及展望

（1）文科生学习效能感和学业成绩显著高于理科生；女生在学业成绩、学习策略、认知策略和元认知策略上显著高于男生；从整体来看，男女学生的学习效能感无显著差异。

（2）英语学习中，自我效能感与学习策略运用呈显著正相关；学业成绩与自我效能感及认知策略、元认知策略呈显著正相关。

（3）自我效能感、认知策略和元认知策略在一定程度上预测了大学生的英语学业成绩，能解释学业成绩出现分化的部分原因。

本研究因样本数量有限，研究结果仍有待进一步验证。此外，本研究未把影响学业成绩的其他因素（如学习归因、动机等）进行综合考虑，如何整合这些因素还有待于进一步研究。

第三节 高校英语教师效能感成因及策略分析①

一、高校英语教师效能感现状

（一）效能感和教师效能感

20 世纪 70 年代，Bandura 提出自我效能理论，指出自我效能感是人的自我调节系统的核心，是个体对自己是否有能力组织和执行某种特定行为的判断，是良好的自我“预测器”②。它是指个体对成功地实施达到既定目标所需行动过程的能力的预期、感知、信心或信念，其影响个体对达到目标而进行的某项活动的兴趣、动机、自信程度等因素。教师效能感理论由美国兰德研究小组成员 Armor 等人在 Bandura 效能感理论的基础上于 1976 年提出，是指“教师对其影响学生发展能力的信任程度”。教师效能感包括教育效能感和教师个人效能感。教育效能感是指教师对教育在学生发展中的作用、教与学的关系等问题的一般看法和判断，是教育理念和信条的反映；教师个人效能感指的是教师对自身的教学能力高

①本部分内容系笔者关于大学英语教师效能感研究的成果之一。该研究获2008年浙江省教育厅科研项目资助。陈亚轩．高校英语教师效能感成因及策略分析[J]．哈尔滨学院学报，2011，32(5)：121-124.

②BANDURA A. Self-efficacy：toward a unifying theory of behavior change [J]. Psychological Review, 1977, 84 (2): 191-215.

低的判断①。Armor 等人通过兰德量表测试，发现教师效能感与学生学业成就之间存在显著相关②。此后，许多研究者采用不同量表，发现不同效能感的教师在教学中会采用不同的教学策略和行为③，使教师的职业稳定趋向发生变化④，教师效能感不同会影响教师对教学改革和变化的态度⑤。Ashton 等人的研究表明，学生的数学成绩与教育效能感有关，而语言成绩与教师个人效能感有关⑥。由此可见，研究教师效能感对于学校教育质量的提高、教学队伍的稳定以及学生的学习成绩有着非常重要的作用。英语是大学生的必修课程，学分比例大，教师队伍也很庞大，因此对于英语教师的效能感研究显得尤为重要。

（二）高校英语教师效能感现状

为了解高校英语教师效能感现状，笔者在浙江省一所普通本科学校随机抽取 43 名英语教师作为受试对象，其中男教师 11 人，女教师 32 人。分析数据发现，在满分为 6 分的效能感水平中，43 名受试教师的平均效能感值为 3. 97，教育效能感平均值是 3. 08，教师个人效能感平均值是 4. 31。22 名教师（平均分≥ 4. 0）认为，在学生的成长中，学校教育作用大于社会环境的影响，教师个人的教学水平较高；21 名教师（平均分 <4. 0）认为，社会环境比学校的教育更能影响学生的成长，学生成就的取得更多的是由于社会、家庭、同学的作用，教师个人的教学并不能充分解决学生学习中的困难。不难发现，高校英语教师效能感总体水平不是很高，尤其是教育效能感水平。近一半的教师认为，在学生成长中，教师教育未必能发挥很大的作用；相反，社会环境对学生的影响力大于学校教育。

二、高校英语教师效能感成因分析

①王金安. 论高校英语教师的教学效能感[J]. 教育与职业, 2008 (26)：143-144.

②ARMOR D, CONRY-OSEQUERA P, COX M, et al. Analysis of the School Preferred Reading Programs in Selected Los Angles Minority Schools[M]. Santa Monica, CA: The Rand Corporation, 1976.

③WOOLFOLK A E, ROSOFF B, HOY W K. Teachers' sense of efficacy and their beliefs about managing students [J]. Teacher and Teacher Education, 1990 (6): 137-148.

④BURLEY W, HALL B, VILLEME M, BROCKMEIRE L A. A path analysis of the mediating role of efficacy in first-year teachers' experiences, reactions, and plans [C] // Paper Presented at the Annual Meeting of the American Educational Research Association. Chicago, 1991.

⑤FUCHS L S, FUCHS D, BISHOP N. Instructional adaption for students at risk [J]. Journal of Educational Research, 1992, 86(2): 70-84.

⑥ASHTON P T, WEBB R B. Making a difference：teachers' sense of efficacy and student achievement [M]. New York：Longman, 1986.

（一）强调自主学习的高校教育特点

强调自主学习是大学区别于中小学教育的一大特点，要求学生具备更强的自主学习能力，在学习动机和学习态度上具有更多的主动性。学生必须更主动地选择学习内容和学习途径，而未必是通过教师的课堂教学获得知识。教师不再是传授知识的唯一途径，学生可以通过各种渠道，如图书馆、网络等各种新型多媒体形式学习知识。在学生的心目中，教师不再是知识的占有者。由此，传统的教师权威性被解构了，随之而来的是教师的茫然、无助与自我效能感的降低①。同时，大学生比中小学生更多地接触和了解社会，受社会的影响程度远高于中小学生，从而导致高校教师的教育信念也与中小学教师不同。由于高校扩招和英语教师缺编，高校英语课越来越多地采用大班上课的教学组织形式。教师在课堂上很难进行课堂讨论和交流等语言实践活动，课后也不可能安排太多的时间与学生进行面对面的接触。教师与学生的交流机会大大减少，导致教师对教育以及自身在学生成长过程中所起的作用了解不够，从而教育效能感水平偏低。

（二）缺乏有效的岗前和在岗教师培训

由于高校扩招，高校英语教师数量大幅增加，其中不乏许多来自非师范专业的新教师。这些教师本身没有经过英语教育的专业训练和实践，对于英语教育缺乏系统的理论知识和指导，对于教育的作用以及自身的教学能力缺乏信心。即使是师范生，所接受过的教育也大多停留在本科教育阶段的普通教育学和普通心理学以及英语教学法三门课上。实际教学中的问题是多种多样的，没有系统的教育教学知识，很难取得理想的教学效果。另外，由于高校英语教师缺编严重，教师承担的工作量非常大，根本没有精力和时间进行专业知识的更新与提高，难以提高自身的教学能力和教学成就感，从而导致教师效能感低下。

（三）不尽完善的高校教学管理和考核体系

目前，多数高校对教师的考核和评价主要是教学业绩考核和岗位考核，考核的指标主要是教学工作量、学生评教分和科研分。虽然英语是高校学生的必修课程，学分比例也大，英语教师承担了大量的教学任务，学生评教分也高，但由于学科特点的限制，相对于其他专业，英语教师科研成果普遍少，职称级别低，个人发展受限，在学校中的岗位级别、工资收入和科研经费明显低于其他专业教

①吴岩.大学教师效能感影响因素分析及策略研究[J].嘉应学院学报(哲学社会科学),2005(2)：88-91.

师。这一点在理工科院校显得尤为明显。教师在面对诸多的考核和科研任务时，经常显得无可奈何，缺乏足够的信心。久而久之，教师的教育效能感逐渐受到影响，个人效能感无法得到提高，甚至对教学工作产生厌倦情绪。

三、高校英语教师效能感培养的策略

（一）外部因素

外部因素是影响教师自我效能感的重要因素之一，如学校的政策导向、考核评价体系的设立、培训学习机会的提供、工作环境的改善等，都为教师的自我发展提供了良好的基础。教师能更积极地参与教育教学改革，稳定职业思想，将极大激发教师的热情，提高其自尊心、自信心和自我效能感。

1. 树立正确的办学和专业教学定位

几乎所有高校都在强调科研，教师职称也主要取决于科研成果，国家教育部门对高校的评价体系中与科研相关的指标也占有极大的比例。然而，非研究型大学的全民科研导致科研效率低、重复性高、研究水平低，甚至无效科研充斥[①]。因此，高校必须根据自身的实际水平、办学历史、学科特点、地域特点等确立正确的办学定位，非研究型大学应该以重视教学、提高教学质量为首要任务。高校英语教师应该根据学校总体办学定位以及英语学科在学校办学中的地位进行正确的专业教学定位，是重点发展英语学科理论和思想，还是为学校的其他专业教学和学生的专业发展提供服务。就多数地方高校来说，目前的英语教学大多是为学生将来的专业发展提供基础保障，使学生在将来的工作中能运用英语交流和阅读。英语学科理论并不是所有普通高校英语教师的专业特长，没有必要要求每一位高校英语教师都进行深层次的英语理论研究。由此可以减少教师的工作负担和精神压力，专心于教学工作，激发教师的教学热情，促进教师的教学效能感，充分发挥其教学特长。

2. 建立教师培训学习机制

学校应进一步完善教师培训制度，提供培训机会（如国内外同行交流、远程教育／学习、参加学术会议、短期／长期进修等），鼓励个人发展，支持青年教师提高个人的综合素质。通过各种培训和学习，更新知识，提高教学技能，优化知识结构，使业务能力的提高与教学质量呈现正相关关系。对于大学英语基础

①吴岩.大学教师效能感影响因素分析及策略研究[J].嘉应学院学报(哲学社会科学),2005(2):88-91.

学科，教师培训应主要集中在加深专业知识的深度及外语教育策略理论研究及应用、重视教学技能等方面。同时，学校应将教师的培训学习与职称、学历学位的提高结合起来。由于职称评审、岗位定级等考核都与教师的科研和学历、学位相关，而英语教师由于学科特点，高学位授予学校少，加上平时工作繁忙，无法分身攻读高学历、高学位，所以学校在安排教师进行培训学习时，应尽可能考虑教师职称评审的需要，帮助其通过学习最终获得学位。这样可以大大激发教师参与培训的热情，达到理想的培训效果，从而壮大英语教师队伍，增强教师效能感。

3. 优化教学管理和评价体系

高校的教学管理应从教学的规范管理转向教师的职业成长管理①。据研究，一位教师在教学中所获得的成功经验与成就感将会影响他终身对教师职业的热爱。所以，为了教师的职业成长，高校的教学管理应采取措施，关心青年教师的职业成长，科学评价教师的教学和科研工作，为英语教师开拓更多的科研渠道，提供更多的教学科研指导，区别对待不同学科教师的科研要求；对英语教师的教学和科研，多提供正面的信息反馈，对教师的工作热情予以鼓励，增强其工作信心，提高效能感。

（二）内部因素

内部因素的作用往往是决定性的。高校英语教师的效能感提高最终需要教师在实践中自我反省，树立正确的教育观，培养正确的归因能力，具有良好的团队意识，借鉴学习榜样，树立自我奋斗目标。

1. 培养正确的归因能力

归因理论是人们用来解释自己或他人行为因果关系的理论。对行为结果的不同归因，会直接影响随后的行为倾向和方式，这就是归因效应。如果归因积极，则能增强自信心，提高动机水平，增强教学效能感；相反，如果归因消极，则会降低教学效能感。英语教师在教育教学中获得的直接经验对教师教学效能感形成的影响最大。成功的教育教学经验可以提高教师的教学效能感，反复失败则会降低教师的教学效能感。但是也要具体问题具体分析，如果教学任务很难，自己又没有付出多大努力，且外部条件不好，成功了会增强教学效能感的形成，失败也不大可能使之降低。如果教学任务简单，外部条件较好，自己又付出很大的努力，即使成功也不会增加教学效能感，一旦失败则会大大降低教学效能感。教师对自己

①杨敏生. 国内外教师效能感研究现状及其对教师培养的启示[J]. 中小学教师培训, 2009(7): 51-54.

教学的成败要进行正确归因，使之有利教学效能感的形成，不能把教学成功完全归于外因，看不到自己的能力和努力与教学成绩的联系，也不能把教学失败只归于内因，这样都不利于教师效能感的形成和提高，因此要训练正确的归因导向。

2. 培养教师良好的团队意识和组织观念

教师个人效能感水平与学生群体特性有关；教育效能感与校风、学校团体意识、决策组织有密切关系。此外，学校里教师的团体意识最有可能预示教师的效能感水平①。黄喜珊、王才康的研究证明：个人教学效能感与家庭支持、朋友支持呈显著的正相关②。

3. 借鉴教师榜样，树立自我奋斗目标

合适的榜样可以为自己的行为提供借鉴和指导，为教师效能感的形成提供间接经验。高校英语教师应该观摩一些优秀教师的课堂教学和备课方法，互相听课学习交流。在学习交流过程中，明确自己的奋斗目标，以他人的成长作为自己的榜样。但是，榜样必须具有代表性、可学性和可比性，应该是高于自己，通过努力可以达到的程度，而不是远胜于自己，即使费尽心血也不可能实现的目标。否则，长期达不到目标将会大大影响教师效能感的形成，不利于提高教师的自信心。通过对榜样的学习能够增强教师的教育教学技能和信心，增强教师的教学效能感。

第四节　高校教师自我效能感与教师自主发展的关系③

自我效能（self-efficacy）是美国心理学家班杜拉在社会学习理论中提出的一个核心概念，它是指人们对自己实现特定领域行为目标所需行为能力的预期、感知和信心④。教师自我效能感是教师对自己的教育教学、科研水平及影响学生行为和学习成绩能力方面的主观判断和感受。国内外研究表明，自我效能感是教师

①杨敏生. 国内外教师效能感研究现状及其对教师培养的启示[J]. 中小学教师培训, 2009(7)：51-54.

②黄喜珊, 王才康. 社会支持、应对方式与教师效能感相关分析[J]. 中国心理卫生杂志, 2004(12)：857.

③本部分研究系笔者与张佩秋老师关于自我效能感研究的成果之一。张佩秋, 陈亚轩. 高校教师自我效能感与教师自主发展的关系[J]. 浙江科技学院学报, 2012, 24(2)：156-160.

④ BANDURA A. Self- efficacy：the exercise of control[M]. New York: Freeman W H, 1997.

激发和调动自身工作潜能的最有影响力的主导因素，对教师工作动机的产生及其强度发挥着核心的决定作用①。以往对教师自我效能感的研究大多集中于影响教师自我效能的主要因素及教师自我效能高低对学生及教学效果的影响等方面，如辛涛等的研究发现，学历因素是独立影响教师自我效能感的唯一教师特征变量，即学历较高的教师有更强的自我效能感②。李莹等人发现，学校工作环境、工作安排和工作评价对教师教学效能感的发展有重要影响③[3]。此外，我国学者李晔等的研究表明教师的自我效能感是学生学习成绩好坏的重要预测变量④。国外研究也表明，自我效能感较高的教师，指导的学生往往有较高的自信心和自尊心，有较明确的自我定向与学习动机，对待学校和学习的态度更为积极，并在主要学科上有较好的成绩⑤。

相比之下，国内外关于教师自我效能感高低对教师自身发展的研究还比较少见。随着社会急剧变革给教师职业带来的严峻挑战，教师自主专业发展，即教师的持续性才智、经验和心态的提高过程，已经引起越来越多研究者的关注。作为一种内在的心理体验与感受，教师自我效能感能否对教师自身发展产生重要影响成为本研究的关注重点。鉴于此，本研究从教师的内在信念入手，定性与定量分析相结合，揭示高校教师自我效能感状况，考察教师的自我效能感与教师自主专业发展的相关关系，旨在探讨如何在教育教学中全面挖掘和利用教师的内在潜能，提高教育的有效性。

一、研究方案

（一）研究对象

本研究采用整体随机抽样法，从浙江省重点和普通高校中选取专职教师 120 名作为研究对象，被试的主要统计特征见表 6-7。

① TSCHANNEN-MORAN M, HOY A W, HOY W K. Teacher efficacy: its meaning and measure[J]. Review of Educational Research, 1998, 68(2): 202-248.

②辛涛. 论教师的教学效能感[J]. 应用心理学, 1996, 2（2）：42-48.

③李莹，朱新秤. 基于实证的高校教师教学效能感研究[J]. 广东外语外贸大学学报, 2010, 21(4)： 95-98.

④李晔, 刘华山. 教师效能感及其对教学行为的影响[J]. 教育研究与实验, 2000, 12(1)：51-55.

⑤BROUWERS A, TOMIC W A. Longitudinal study of teacher burnout and perceived self-efficacy in classroom management[J]. Teaching and Teacher Education, 2000, 16(3): 239-253.

表6-7 被试教师

被试特征	性别		学历			学校类别		教龄			
	男	女	本科	硕士	博士	普通	重点	0~5年	6~15年	16~25年	25年以上
人数	53	67	11	79	30	75	45	15	64	31	10

（二）研究工具

教师自我效能感量表是参照国外较具代表性的 R. D. Goddard 和 W. K. Hoy 编制的教师自我效能量表改编而成。本样本所得主成分因素分析结果显示，该量表包括教学、科研、技能发展三个因子共 12 项（Q1~Q12）。其中，教学效能因子又包括一般教育效能（教师对教育在学生发展中的作用等问题的一般看法和判断）和个人教学效能（教师对自己教学效果的认识和评价）各 3 项。答案选取采用 5 点记分，要求被试根据自己的实际情况从 1 分（“完全不赞成”）至 5 分（“完全赞成”）进行主观评价。经试测，教学、科研、技能发展三个子类的 Cronbach α 系数分别为 0.81、0.69 和 0.75，总问卷的 α 系数为 0.76。可见，该量表具有良好的内部一致性信度。

Bandura 在其著作《自我效能 —— 控制的实施》中系统地论述了教师的效能感对其职业承诺与信念、运用教育技术、对教学过程的一般定向、努力程度、工作情绪等多方面的影响。参考这种分类方法，再结合我国高校教师的实际情况，自编了教师自主发展量表。将教师的自主发展分为专业承诺（愿意从事该职业的态度及其程度 Q13）、教改欲望（教育改革及运用新技术的意愿 Q14）、努力程度（愿意对教学及科研活动投入的时间和精力 Q15、对自身教学实践和科研能力的反思 Q16、碰到困难时的努力程度 Q17）、身心健康（焦虑 Q18、负担 Q19、愉悦 Q20、成就 Q21 等情绪感受）、职业发展与规划（参与校本培训 Q22、对外交流 Q23、终身学习的意愿 Q24）五个维度共 12 个题项，采用 5 点记分。总量表的 Cronbach α 系数为 0.72，5 个因子与总分的相关系数为 0.52~0.69，均达到显著性水平。

（三）研究方法

本次调查采取定量调查和定性调查相结合的方式，以问卷调查为主，座谈、访谈等定性调查方式为辅。问卷调查采用团体施测，共发出问卷 144 份，回收有效问卷 120 份，所有测试数据录入 SPSS 11.5 进行统计分析。之后，针对问卷情况选取个别教师辅以访谈、教师自我评定等方法收集有关资料。

二、数据分析与结果

（一）高校教师自我效能感的基本特点

表 6-8 为高校教师在自我效能总体及三个因子上的平均值及方差检验结果。从总体上看，高校教师整体的自我效能感发展水平较高，平均得分为 3.215 分（3.215＞3，3 为 5 点评分的中间水平）。组内方差分析和单样本 T 检验显示，技能发展因子（3.475）和教育因子中的个人教学效能因子（3.748）明显高于其他因子（$p<0.01$）。这说明，教师对自身的教学能力信心和继续学习、更新知识结构能力信心较大，而对教育的作用信心和对自身的科研能力信心相对较弱。

表6-8　高校教师自我效能感水平

自我效能	教育		科研	技能发展	总体
	一般教育效能	个人教学效能			
平均值	2.664	3.748**	2.967	3.475**	3.215**

注：* $p<0.05$，** $p<0.01$，*** $p<0.001$，下同。

（二）不同特征教师自我效能感的差异

为考察不同特征教师自我效能感的差异，对教师自我效能感在学历、教龄、学校类别三个因素的差异进行方差（ANOVA）分析。表 6-9 结果显示学历因素（F=10.441，$p<0.001$）和学校类型因素（F=15.865，$p<0.001$）对教师自我效能感影响较大，教龄对教师自我效能感的主效应不显著，三个变量之间的交互作用对教师自我效能不存在显著影响。这说明学历因素是影响教师自我效能感的重要教师特征变量，即那些学历较高的教师有更强的自我效能感，他们更相信自己有能力激发学生的学习动机。此外，学校类型也是对教师自我效能感影响较大的因素之一，重点高校教师自我效能感较高。

表6-9　不同学历、教龄和学校类别教师的自我效能感差异检验

变量	平方和	自由度	方差	F值	显著性
学历	2.752	2	1.376	10.441	.000***
教龄	0.166	3	0.055	0.355	0.785
学校类型	2.156	1	2.156	15.865	.000***
$F_{学历×教龄×学校类别}$	0.064	1	0.064	0.414	0.521

（三）教师自我效能感与教师自主发展的关系

采用相关分析，从专业承诺、教改欲望、努力程度、身心健康、职业发展与规划等五个方面考察了教师自我效能感与教师自主专业发展的关系。结果显示（见表6-10），教师自我效能感的教学因子、科研因子与技能发展因子呈显著相关。此外，除技能发展因子与专业承诺因子外，自我效能各因子与教师自主发展各因子也显著相关。

表6-10 教师自我效能感与教师自主发展的相关系数

	自我效能			教师自主专业发展				
	教学	科研	技能发展	专业承诺	教改欲望	努力程度	身心健康	职业发展与规划
教学								
科研	0.545**							
技能发展	0.493**	0.695**						
专业承诺	0.329**	0.421**	0.112					
教改欲望	0.496**	0.225**	0.314**	0.201**				
努力程度	0.546**	0.376**	0.612**	0.198*	0.341**			
身心健康	0.487**	0.486**	0.341**	0.052	0.101	0.245**		
职业发展与规划	0.347**	0.467**	0.612**	0.285**	0.195*	0.482**	0.338**	

（四）不同自我效能感水平教师的自主专业发展差异

按教师自我效能感水平将被试教师分成两组，其中自我效能感得分高于平均值的为高分组，低于平均值的为低分组。独立样本T检验结果显示（见表6-11），自我效能感水平不同的教师在自身专业发展多项因子上存在显著差异。高自我效能感教师具有更强的专业承诺，更勇于挑战新的教学方法和技术，工作积极性与投入程度相对较大，焦虑程度相对较轻，对工作的满意度相对较高，更愿意通过培训和继续学习不断提升自身水平。

表6-11　不同效能感水平教师自主发展差异检验

		高分组		低分组		t	p
		Mean	SD	Mean	SD		
专业承诺	Q13	3.17	1.082	2.71	1.118	5.382	0.000***
教改欲望	Q14	3.42	1.126	3.21	1.035	2.554	0.011*
努力程度	Q15	3.45	0.901	3.12	0.948	4.638	0.000***
	Q16	3.34	0.993	3.16	1.126	2.148	0.032*
	Q17	3.65	1.024	3.35	1.083	3.657	0.000***
身心健康	Q18	2.43	0.692	3.11	0.742	-12.167	0.000***
	Q19	2.97	1.031	3.51	1.051	-6.626	0.000***
	Q20	3.13	0.898	2.84	0.985	3.946	0.000***
	Q21	3.01	0.963	2.4	0.919	8.364	0.000***
职业发展与规划	Q22	3.35	0.909	3.13	1.03	1.715	0.037*
	Q23	3.71	0.906	3.33	1.013	5.194	0.000***
	Q24	3.63	0.923	3.23	1.036	5.219	0.000***

三、讨论

高校教师自我效能感的基本特点研究表明，虽然教师对自身的教学能力信心和继续学习、更新知识结构能力信心较大，但对教育的作用信心和对自身的科研能力信心相对较弱。这一结果与孙绵涛等[①] 对小学教师自我效能的研究恰恰相反。这可能与在不同类型学校工作的教师所面对的教育对象不同有关。高校教师的教学对象是在信息时代拥有最新知识的大学生，他们对教师的教学能力和自身知识结构提出，更高的要求，因此高校教师自我发展意识很强，在对知识的不断追求和教学实践的反思、探索过程中，形成较高的技能发展和个人教学效能。然而，随着学生社会经验的丰富，学校教育的作用受到网络、媒体等社会因素的冲击而日益降低，从而导致高校教师对教育在学生发展中的作用评价不高。此外，在现行高校教师聘任制下，教师的科研成果与绩效工资、职称评审密切相关，这种科研压力使广大教师不堪重负。很多研究证实了教师的工作压力越大，个人效能越低。在巨大的压力下，教师很难做到以积极的心态面对科研要求，效能感自然降低。

不同特征教师自我效能感存在显著差异，学历较高教师和重点高校教师有更强的自我效能感。这一结论与辛涛、李莹等的研究结论“学历因素、学校工作

①孙绵涛，康翠萍，康力华. 我国小学教师教学效能的影响因素分析[J]. 教学与管理,2010,3(2)：5-7.

环境对教师教学效能感的发展有重要影响”相吻合。学历作为教师的一个特征变量，其实质在于不同学历的教师所受的教育程度不同。在大学里，具有高学历学位是教师任职的必要门槛，高学历教师通过系统的学习，不仅可以获得从事本专业教育工作所必需的知识和技能，较大幅度地提升自己的研究能力，同时也在观念和视野上得到熏陶，使他们在教学过程中更加相信自己能给予学生全新的知识和视角，因此其自我效能感也更高一些。此外，在对部分教师的访谈中发现，工作对教师发展所提供的条件将显著影响教师的自我效能感。重点大学在办公室硬件配备、研究室的组织完善、教师科研团队建设方面比普通大学更具优势，教师更易于开展教学科研工作，从而使教学科研效能提高。另外，学生的能力和表现，更直接影响到教师效能感的高低。重点大学教师面对的是相对优秀的学生，教师更容易看到自己的教学成效，肯定自己教育工作的价值，因此能体会到更高的效能感。

自我效能各因子与教师自主发展各因子显著相关，高自我效能感水平教师具有更强的专业承诺和教改欲望，更愿意对教学及科研活动投入时间和精力，焦虑程度较轻，成就感、愉悦感更强，希望通过培训和继续学习来提升自身水平的意愿也更强。这些结论支持了 Tschanen-Moran 等人对教师自我效能感与教师自主发展的关系研究。从班杜拉的理论来看，这不足为奇。专业承诺是教师由于对自己所从事专业的自觉认同和情感依赖而产生的愿意从事该专业的态度和程度。只有当教师对自身教育能力和自我期望信念较高，对教育工作有较强自我胜任感时，才能对教师这一专业负起较高的承诺，并投入相当的热情和精力。因此，自我效能感是教师提高专业承诺、促使自主专业发展的重要内在推动力。此外，教师对该专业的改革欲望是教师专业承诺的重要表现之一。高效能感教师往往会探寻发现新技能的机会，为自己设定具有挑战性的目标，愿意尝试新的教育策略；低效能感教师则教改欲望消极，通常回避他们认为是超过自己能力的教学活动。自我效能感高的教师和自我效能感低的教师在课堂时间安排、课堂提问认知水平、提问对象以及对学生的反馈方式等方面均存在显著差异，自我效能感高的教师在课堂上对教学活动的投入和关注比自我效能感低的教师要多，即使遇到困难也能积极调整方法与策略，积极主动寻找方法克服困难，实现目标。另外，本研究还表明，教师自我效能感在维护其心理健康，尤其是对付压力过程中具有积极影响。自我效能感高的教师往往对自己的能力充满信心，心情愉快地从事教学工作，面对职业压力时更可能采取较为积极和理智的应对策略。因此，焦虑、抑郁等不良情绪反应相对较少。

四、结论与建议

自我效能感是激发和调动教师自身工作潜能最有影响力的主导。本研究验证了庞丽娟等人关于自我效能感对教师自主发展动力影响机制的理论推断，即教师自我效能感是增强教师专业承诺、促进自主工作动机、影响教育行为、增进身心健康，使其获得持续性才智、经验的重要内在驱动力和影响因素①。

因此，为在教育教学中全面挖掘和利用教师的内在潜能，提高教育的有效性，作为教育工作主体的教师应树立终身学习的思想和自主专业发展的积极信念，不断学习提高自身知识、技能水平，拓宽知识领域和专业视野，培养自身对教学、科研、改革和技能发展的能力信心，从而提高对未来工作成效的积极期待。

此外，学校制度的完整性、工作提供的发展条件、学校的支持、教师关系等学校因素，对教师个人效能感有显著促进作用②。因此，学校应关心教师的职业发展，为教师创造良好的专业发展环境；建立完整、健全、立足发展和提高的教师评价系统；设定合理、可行并具有一定挑战性的教学科研考核目标；对教师提供及时、正面的信息反馈和有效的激励措施，为教师提高自我效能感提供积极的外部支持。另外，学校还应通过完善硬件配备、建设教师科研合作团队、完善教师培训进修制度等措施促进教师之间的相互支持、协作，提高教师综合素质，增强自我效能感和工作成就感，维持教师自我发展的内在驱动力，使其成为教师获得持续性才智、经验和心态发展的重要影响因素。

①庞丽娟，洪秀敏．教师自我效能感：教师自主发展的重要内在动力机制[J]．教师教育研究，2005，17(4)：43-46．

②辛涛，申继亮，林崇德．教师自我效能感与学校因素关系的研究[J]．教育研究，1994(10)：16-20．

第七章　基于微课的大学英语自主学习监控策略

第一节　自主学习监控的重要性

当代认知心理学家认为，使学生成为独立的、自主的、高效率的学习者是最重要的教学目标。教会学生学会认知、学会学习，学会在自主学习过程中重新进行知识的建构是提升学生自主学习能力的有效途径。在信息化时代，称职的教师不仅要“授人以鱼”，更要能“授人以渔”。一个不会学习的人，在未来的时代是很难生存和发展的。正是在这样的背景下，世界各国教育者对自主学习策略展开了积极的研究，并取得丰厚的研究成果。这些前期研究为基于微课的大学英语自主学习监控策略研究奠定了很好的理论基础。

自主学习监控策略是学习策略的重要组成部分，是任何自主性学习者在学习实践活动中必须掌握和反复实践的。大学英语自主学习监控按监控过程可分为学习前的监控、学习中的监控和学习后的监控①；按不同维度可分为对学习目标与计划的监控、对学习内容的监控、对学习时间的监控、对学习过程的监控及对学习结果的评价、反思与总结；按监控路径则可分为内部监控和外部监控。内部监控也叫自我监控（自控），是指学习者以自己正在进行的学习活动为意识对象不断进行自我监控和自我调节的活动，包括对自身学习活动的计划、监察、检查、评价、反馈、控制和调节的一系列过程。外部监控（他控）是教育管理者、教师或学习同伴通过传统监控方式或网络媒介平台进行监控，通过对学习情况的评价、反馈、调节、强化等手段，来影响学习者的学习过程，从而有效监控学习。在自主学习监控过程中，内部监控是监控的内在动力与监控主体，外部监控通过学校管理员和教师的介入、指导与帮助，通过同伴间的互评互相监督、激励，通过网络技术的监控等手段督促学生的自主学习，并培养学生的自我监控能力发挥作用，提高学习效率。二者相互作用，共同促进学习者自主学习意识和自主学习能力的提升。

①庞维国. 自主学习——学与教的原理和策略[M]. 上海：华东师范大学出版社，2003.

21世纪开始的大学英语教学改革，得益于时代科技的进步和教育部对教育技术在教学中应用的重视。大学英语教学大纲明确指出，要将计算机和网络技术、智能移动终端与大学英语教学结合起来，利用网络自主学习中心、网络教学平台、语音室等现代化教育技术手段，鼓励学生的个性化自主学习。因此，各高校都大力建设网络自主学习中心、智慧教室等，但是对于这些资源的使用效率、对学生的学习效果有多大的促进、对学生的自主学习如何进行监控等却很少进行研究。

实际情况是，随着互联网技术的运用，虽然学生的学习资源呈现多样化的特点，学习方式有了更多的选择，但是某些方式的滥用，也会给学习者带来负面影响。比如，通过观看欧美电影学习英语，这是学习英语口语的一种很好的方法，在轻松愉快的情境中听到地道真实的语言，可以减少学生学习时的焦虑感，增强学习兴趣，对提高学生的听力和口语能力有很大的帮助。但是电影大多是一些生活化的非正式场景，而且学生看的欧美影片大多是动作片、科幻片等讲究电影技术的大片，这类影片中的语言运用并不一定符合大学生学习必须掌握的语言技能需要。

何明霞① 通过对多所高校的自主学习监控现状调查发现，当前高校大学英语自主学习监控在以下方面存在问题：（1）教师对自主学习监控认识不足，认为自主学习是学生事，教师不应该进行太多干预；（2）监控时间不足，影响到学生的自主学习积极性和自主学习效果；（3）监控内容片面，过于关注学生的语言知识水平，而忽视对自主学习过程中的学习策略和情感因素监控，影响到学生自主学习效果；（4）监控方式单一，几乎都只是利用网络教学平台提供的教师管理功能来查看学生的学习记录等显性数据，缺少对学习者学习态度、学习动机、自我效能、学习归因、自信心等情感因素的监控；（5）自主学习监控实际效果与教师的个人感知相比有较大误差，尽管实际监控存在诸多问题，但教师依然对学校和个人对自主学习的监控“感觉良好”。

笔者在研究中进行的关于大学生自主学习能力现状的调查中，与何明霞和其他研究者的发现基本相似：大学生已经具备一定的自主学习能力，但是并没有将这种能力真正发挥出来。一个很重要的原因是学生的自主学习缺乏有效的监控，包括学生的自我监控和来自学校、教师与同伴的外部监控，导致学生的自主学习呈现自由但缺少约束、有个性但缺少团队意识的现状。尤其是当前基于微课的翻转课堂教学法的使用，学生在课外通过网络进行学习时，会接触到网络上更多吸引

①何明霞. 基于网络环境的大学英语自主学习监控理论与实践研究[D]. 上海：上海外国语大学, 2012.

学生但干扰其学习甚至影响其身心发展的负面资源。如果对学生的自主学习不进行科学的监控和管理，这种完全靠学生的自发约束力进行的自主学习效果很难得到保证。另外，学生自主学习时，感受不到教师的关心和情感交流，有问题也找不到权威的解答，逐渐地就会失去学习的动力和兴趣。

所以，网络自主学习中心或基于网络环境的教学模式建立起来以后，并不是只要在平台上存放一些学习资源，提供一个网络，就可以放任学生自行学习，这样的效果是可想而知的。自主学习必须对学生的自主学习进行有效的监控。为引起教育工作者和学习者对自主学习监控的关注，着力提高自主学习效果，本书将从监控路径出发，为基于微课的大学英语自主学习从内部监控策略和外部监控策略提供一些理论和实践上可参考的建议。

第二节　内部监控策略

自主学习者的内部监控策略是指学习者在自主学习活动过程根据活动情况不断进行自我监控和自我调节的活动，包括对自身学习活动的计划、监督、检查、评估、反馈、控制、修正和调节的一系列过程。内部监控策略包括自我监控策略和学习资源管理策略。其中，内部监控策略包括元认知监控策略和情感调控策略；学习资源监控策略包括学习时间管理、学习环境管理和寻求他人帮助等策略，如图7-1 所示。

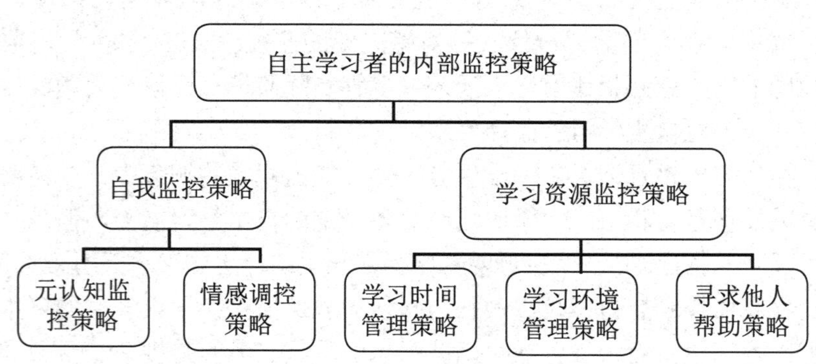

图7-1　自主学习者的内部监控策略

一、自我监控策略

外语学习的自我监控策略指的是学习者在语言学习实践活动中为达到预定的学习目标，将自身正在进行的语言学习与语言实践活动过程作为对象，不断地对其进行积极、主动、自觉的自我计划、自我监督、自我检查、自我反思、自我评价、自我反馈、自我控制、自我修正与自我调节的过程①。美国著名教育家杜威、心理学家桑代克及认知发展心理学家皮亚杰等学者分别从不同角度论证说明积极监控行为在智力活动与学习活动中的重要性。研究表明，学习者对自身学习的知觉以及随后对自己学习活动所实施的控制和调节，是影响其外语学习成绩和自主学习效果的重要因素。

学习者的自我监控策略包括元认知监控策略和情感调控策略。

（一）元认知监控策略

1. 元认知、元认知策略和元认知监控策略

在认识“元认知监控策略”之前，首先来了解一下“元认知”“元认知策略”和“元认知监控策略”这三个术语的概念和内涵。

“元认知”最早是20世纪70年代由美国心理学专家Flavell提出的。Flavell用“元认知”这个术语来特指学习过程中的意识。元认知是学习者对自己认知活动的理解，是学习者评估自己知识及他人如何理解自己信息的能力。Flavell认为，“元认知”就是认知主体对自身认知活动的认知，既包括认知主体对自身心理状态、能力、任务目标、认知策略等的知识，又包含认知主体对自身各种活动的计划、监控、评价和调节。

元认知包括元认知知识、元认知体验和元认知监控。其中，元认知监控是最重要的，是指学习个体在认知活动的全过程中，不断对认知活动进行积极监督、控制和调节，以期达到最佳认知效益；它主要表现在对学习目标、学习策略、注意力分配、时间利用和学习效果的监控②。

要了解“元认知策略”，首先得了解学习策略。学习策略研究的著名学者O’Malley和Chamot③ 依据学习认知心理过程把学习策略分为以下三大类，分别

①何明霞. 基于网络环境的大学英语自主学习监控策略研究[J]. 湖北经济学院学报（人文社会科学版），2014, 11(3)：195-197.

②张大均. 教与学的策略[M]. 北京：人民教育出版社，2003.

③ O’MALLEY J M, CHAMOT A U. Learning strategies in second language acquisition [M]. 上海：上海外语教育出版社，2001.

是元认知策略、认知策略、社会/情感策略。其中，元认知策略高于另外两种学习策略，因为元认知策略是为了成功学习一门外语而采取的管理步骤，是学习者调控学习进程的行为，是一种高层次的实施性技巧，可以对学习进程进行计划、规范、监控和指导。元认知策略涉及学习重点的确定、学习计划的安排和学习效果的评价[①]。在外语学习中，要使学习者将学习变成一种自觉、能动的认知活动，那么元认知策略就可以用来对外语学习的全过程进行有效的规划、监控和评价。元认知策略是策略结构中的关键枢纽，对学习策略系统内外各因素起着连接、沟通和协调学习策略系统内外各因素的作用。元认知策略是一些基本的思想方法，不但涉及认识和分析语言学习规划、制订学习计划以及监控、调控和评价学习活动，也涉及监控和评价认知策略与技巧及社会/情感策略的使用情况。O’Malley和Chamot还指出，“缺乏元认知策略的学习者，根本没有方向或机会计划他们的学习，监控他们的进展情况或评价他们的学习效果和确定未来学习的方向”。

元认知监控是指学习者在认知活动过程中，不断地对认知活动进行积极的监督、控制和调节，以达到最佳认知效益状态。它主要体现在对学习计划、监督和调节三个相互联系的环节上，是对学习目标的坚持性、学习策略的有效性、注意分配的合理性、利用时间的合理性及学习效果的有效性等方面的监控[②]。教师在教学过程中对教学策略的调节和学生在学习过程中对学习策略的选择、使用与调节，均属于元认知监控内容。元认知监控的构成体现在三个方面：意识监控——在学习活动中清楚知道自己的学习目标、学习对象和学习任务；方法监控——在学习活动中选择并采取适合自己个性特点和特定学习内容的学习策略；执行情况监控——在学习活动中能有效控制并督促自己执行学习计划，排除各种干扰因素，克服焦虑情感，保障学习顺利进行。

2. 自主学习与元认知的关系

随着学术界对元认知策略研究的关注及其相关研究的兴起与发展，自主学习开始受到教育界及语言学界学者的广泛关注。什么是自主学习？如何给自主学习下恰当的定义，学术界始终没有达成一致意见。有人认为自主学习是指学习者能够管理自己的学习方式，根据自己的实际情况独立确立学习目标、制订学习计划、选择学习方式和策略、监控学习过程、监控学习计划的实施以及学习技能的运用和发展，进行自我检查评估与逐步发展。实际上，传统的英语教学往往只注

① OXFORD R L. Language learning strategies: what every teacher should know [M]. New York: Newbury House Publishers, 1990.

②张大均. 教与学的策略[M]. 北京：人民教育出版社，2003：107-123.

重语言知识的灌输和英语技能的培养而忽视外语学习者个体能力差异，忽视学习者认知风格和认知策略的不同，没有给学生更多自主学习的机会。Holec① 认为，自主学习者在学习过程中能够对自己的学习负责，对有关学习各方面的问题进行决策。如果学习者过分依赖教师，不能独立自主地设定自己的学习目标与计划，也不能选择适合自己的学习策略，那么这样的学习者难以实现其学习目标。

从以上元认知和自主学习的定义及相互关系的论述中，可以看出这两者并不矛盾。相反，它们在很大程度上是相通的，因为元认知和自主学习都强调学习者对自身学习的监控、调节和评估。它们是相辅相成、互为前提、互相促进的。元认知理论为学习者提供了自主学习的理论基础，使自主学习成为可能，自主学习是元认知理论在学习方面的具体体现。自主学习是学习者对自己的学习过程负责的能力，这种能力要依靠元认知策略来帮助学习者得以实现。

徐锦芬等的研究表明，元认知与个人的自主学习能力有显著相关，“元认知策略是所有学习策略的核心，与自主学习能力关系非常密切”②。元认知能力越强，学习能力越高。元认知能力强的学生，能体验和意识到各种学习变量与学习方法的关系，善于使用各种学习策略。在自主学习过程中，元认知能力制约着学生对知识的感知、记忆、理解和运用，自主学习效率和学习成功与否在很大程度取决于学习者的元认知发展水平。

3. 自主学习中的元认知策略培训

外语学习策略的训练应该系统而长期地进行，并且将策略培训与外语教学相融合。教师向学生展示和示范将要使用的策略，学生结合教师所演示的策略，把它们应用到学习任务中。策略训练的目标不在于掌握策略本身，而在于提高学习者的策略意识，增加他们策略的选择范围，逐渐培养自主学习能力，提高学习过程中的自我监控和自我调节能力。

严明③ 的研究表明，在大学英语教学中，教师可以通过以下六方面的能力培养来提高学习者的元认知能力：（1）明确学习目标和学习任务，在教学过程中把本课堂的具体要求和应达到的程度都告诉学习者，让教学和学习目标发挥导向与调节作用，从而使学生明确努力方向；(2) 掌握学习材料，培养学习者对每种学习材料的分析能力，从而可以合理地分配学习时间和注意力；(3) 注意学习策略的使用，有意识地学会选择有效的学习策略；(4) 了解自己的认知特点和学习

① HOLEC H. Autonomy and foreign language learning [M]. Oxford: Pergamon, 1981.
②徐锦芬，李斑斑. 学习者可控因素对大学生英语自主学习能力的影响[J]. 现代外语，2014，37(5)：647-656+730.
③严明. 英语学习策略理论研究[M]. 吉林：吉林出版有限公司，2008.

风格，积极探索适合自己的英语学习方法；(5) 学会对学习过程进行有效的自我调节，能敏锐判断可能出现的困难、障碍，准确分析这些问题出现的原因，并能适时地进行调整，总结有效的学习方法；(6) 学会自我发展，激发更大的成就动机和内在动力，朝自己的目标努力奋斗。

综合上述研究和观点，结合教学实践，我们认为，大学英语教师应从以下方面进行基于微课的自主学习的元认知策略培训。

（1）让学生树立自主学习意识和意愿。教师要让学生意识到想学好一门语言仅仅靠课堂上学习的知识是远远不够的，必须进行课后的拓展学习，并根据自身英语水平和学习条件加强听、说、读、写、译等方面的技能训练。同时，教师应该寻找并提供多种适合学习自主学习的渠道，引导学生主动获取知识和技能，并通过多种活动增强学生对文化、社会、文学等的学习和研究兴趣。

（2）纠正学生的错误思想和归因观念，克服语言学习的心理障碍。部分学生把由于初级阶段英语学习环境和条件制约导致的英语基础薄弱归因于学习能力差，认为自己没法和英语学习优秀的同学比，因而课堂上紧张、畏惧，对提高英语水平没有信心。因此，教师要对学生进行科学合理的归因分析，鼓励他们客观地认识和评价自己的英语学习能力与存在的问题，发现真正的原因，找到适合自己的学习策略，设立恰当的学习目标，鼓励他们多与教师和优秀学习者交流，增强学习自信心和自我效能感。

（3）以“学习为中心”进行课堂教学设计，使学生充分发挥学习的积极性和创造性。转变传统的以教师为中心的教学模式，为学生创造发挥主观能动性的机会，给他们思考和行动的空间与自由。例如，课前发布微课视频，学生观看后须完成相应的学习任务，课上进行任务完成情况检查，并组织讨论和语言实践活动，共同解决疑难问题，最后一起进行总结和归纳。还可以提供主题，布置小组任务，鼓励学生开展小组讨论并积极展示自己的讨论成果。通过各种方式，使学生形成积极思考、独立解决问题的习惯。

（4）帮助学生了解和掌握自主学习的技能。针对学生的英语学习策略能力不高的情况，教师要有意识地在教学过程中给予合适的学习策略指导，帮助学生发现语言学习规律和使用技巧，让他们逐渐学会根据自己的学习需求和特点在实践中利用这些学习规律，并形成自己的学习方法与学习风格。

（5）引导学生对学习结果进行客观的反思和评估。教师应该引导学生反思学习的特点和方式，发现并发挥自己的优势和特长，发现自己的弱点和不足，并寻求更加有效的学习方法。

总之，教师必须注重元认知策略的培训，只有这样，才能真正提高学生的自主学习意识，培养独立分析和解决问题的能力，真正解决自主学习的核心问题。

4. 有效的元认知监控策略

作为学习策略的重要概念，元认知是对认知的认知，即个体对自己的认知过程和结果的意识与控制，它包括元认知知识、元认知体验和元认知监控。其中，元认知监控是元认知中最为重要的。为保证元认知监控策略在自主学习过程中能得到有效使用，学习者须做到以下几点。

（1）科学设定学习目标，制订合理且可行的学习计划。在计划执行过程中，可以自我提问方式监控计划的执行。学习者可经常反问自己：我要学什么？怎样学？学习效果如何？是否实现了预期设定的学习目标？通过这种方式，可以不断增强学习者的自我监控意识，提升自我监控能力，尤其是元认知监控能力。

（2）不断进行自我反省。自我反省也就是自我反思。主要用于对学习方法和策略的指导，其主要内容是通过反思掌握知识，即对学习方法和对寻找解题路径的过程进行反思。

（3）适时进行自我调节。自我调节是学习者对已经完成的学习活动及其结果进行自我意识、自我评估，弄明白自己到底学了些什么。自我调节的学习是指学习者为了保证学习成功，提高学习效率，达到学习目标，主动地运用和调控元认知、动机与行为的过程。

（4）提高自己元认知监控能力 。元认知监控能力与自主学习能力显著相关，提高元认知监控能力实际上是提高学习者进行自我规划、自我调节的能力，如归纳总结元认知监控策略，提高监控水平与监控能力。

（二）情感调控策略

情感是指学习者在学习过程中的感情、感觉、情绪、态度等。在英语学习过程中，情感心理分为学习者个别情感因素（含学习动机、归因方式、自我效能、焦虑、压抑、自尊、自信心等）和学生与学生之间以及学生与教师之间的情感心理（包括移情、课堂交流、跨文化意识等）[①] 。

情感因素在大学英语教学和自主学习中起着非常重要的作用，学习者对这种非智力因素的调控直接关系到语言学习效果，甚至关系到语言学习的成败。

情感因素的自我调控是学习者为了排除或减少情感因素的消极作用而有意识地发挥各情感因素的积极作用。情感调控策略主要体现在对学习动机、归因方式，自我效能、自信心、学习态度、焦虑等情感因素的控制与调节。积极的情感参与

① 张庆宗．外语教育心理学[M]．武汉：湖北教育出版集团，2007．

是学生自主学习的动力因素，如教师的鼓励与关爱都会使学生感受到教师是关注他的，从而激发内在学习动力去回报教师的关爱与期望，就有可能产生一种“皮格马利翁效应”。这种效应有利于学生的成长与发展。

下面重点介绍学习动机、归因方式、自我效能感等重要的情感因素。

1. 学习动机

英语学习动机是直接推动学生英语学习的动力。不同的研究者从不同的角度对学习动机进行了不同的分类。Gardner & Lambert 将动机分为融合型动机和工具型动机①：融合型动机指学习者对目的语社团有特殊兴趣，期望融入该社团的社会生活；工具型动机指的是学习者将学习作为达到某一特殊目的的工具或途径，如通过考试、出国、获得理想职位等而产生的学习愿望。张庆宗认为，影响学习动机的因素涉及认知（自我概念、自我效能、效价、主体感）、情感（包括动机、态度、需要、自信心、焦虑等）和社会环境（包括社会需求、英语教师、家长、同龄人、教学大纲等）等。Gardner② 指出，动机是语言学习成功的最主要因素，因为动机和态度共同决定学习者个体积极参与语言学习的程度，并决定着学习策略的选择。Oxford③ 指出，在所有可测量的变量中，动机是所有学习策略使用中最具影响的因素。

2. 归因方式

归因指个体对自己的成功或失败所做出的因果解释。Weiner④ 认为，学生一般将自己的学习成败归因于四个因素：能力、努力、任务难度和运气，并将四个因素分成控制点、稳定性、可控性三个维度。根据控制点维度，可以将成败原因分成内部的和外部的；根据稳定性维度，可将原因分成稳定的和不稳定的；依据可控性维度，可以将原因分成可控的和不可控的。能力是一种内在的、稳定的、不可控的因素；持久努力是一种内在的、稳定的可控因素；任务难度是一种外部的、稳定的不可控因素；运气则是一种外部的、不稳定的、难以控制的因素。

学生的学习归因方式与其学习策略的有效使用密切相关；学习的努力归因与

① GARDNER R C, LAMBERT W E. Attitudes and motivation in second language learning [M]. Newbury House, 1972.

②GARDNER R C. Social psychology and second language learning：the role of attitude and motivation [M].Baltimore：Edward Arnold, 1985.

③ OXFORD R L. Language learning strategies：what every teacher should know [M]. New York：Newbury House Publishers, 1990.

④ WEINER B A. Theory of motivation for some classroom exercises [J]. Journal of Educational Psychology, 1979 (71)：3-25.

学习策略都存在非常显著或显著的正相关关系。凡是把学习成败归因努力程度者，其学习策略水平都高。为了取得好成绩，这些学生在后续学习过程中会根据学习需要自觉调整学习方式，激发新的学习动机，端正学习态度，改善外部学习条件或调控学习计划与学习行为，表现出比较高的策略水平。

Zimmerman①[1]认为，如果学习者将自己的学习成功归因于能力，而将学习失败归因于努力程度不够，那么就更容易激发学习者学习的自主性；相反，如果学习者把自己的学业成功归因于外部不可控因素，而将学业失败归因于自身能力不足，那么就会影响其自主学习的主动性。

Weiner认为，那些将学习失败归因于稳定的内部因素的学生，在学习过程中往往表现出消极、焦虑、低自尊。张庆宗认为，学习者倾向于将自己的学业失败归因于可以弥补或纠正的原因，即将学习成功归因于自己的能力；即使学习不断伴随着不良的学习结果，这种自我保护性的归因也会引起积极的自我反应。如果学习者个人将成功或失败归因于学习策略的运用，也会直接诱发积极的自我反应，如调整学习计划、改善学习策略；反之，如果将成败归因于自己的能力太差，则有可能引起消极反应，如放弃努力、悲观丧气等。可见，积极的归因态度有助于学习者自主学习能力和水平的提高，消极的归因态度则不利于学习者的自主学习。

3. 自我效能感

作为动机理论之一的自我效能感，是指个体对自己能否胜任某项任务的信念，是影响学生自主学习的重要内部因素。自我效能感在以下方面产生重要的影响：人们对行为的选择以及对该行为的坚持性和努力程度；学生对待学习困难的态度；学习者的思维模式，新行为的习得和行为表现；学习者的情感反应模式。

自我效能感理论来源于三元交互决定论，自主学习效能感是个人、行为和环境三者相互作用的结果。高自我效能感的个体往往对自己充满信心，与环境相会作用时，会很自信地认为自己有能力把握和控制环境，将注意力集中在任务要求和困难的处理上，通常情绪良好。自我效能感低的个体则往往将注意力放在可能失败和不利的后果上，从而产生焦虑或畏惧情绪，并且阻碍已有行为能力的表现。

国内外许多研究表明，自我效能感是学生自主学习的重要动机因素，他们的自我效能感与其认知策略、控制策略、努力程度呈显著正相关关系。Schunk②认为，自我效能感除了在自主学习过程中影响学习者的目标设置，也影响其学习的

① ZIMMERMAN B J. Self-regulated learning and academic achievement: an overview [J]. Educational Psychologist, 1990 (25)：3-17.

② SCHUNK D H. Ability versus effort attributional feedback：differential effects on self-efficacy and achievement[J]. Journal of Educational Psychology, 1983(75)：848-856.

自我调节。自我效能感越强，为自己设置的学习目标就越高，对学习的自我调节能力也越强。自我效能感也影响学生对自主学习策略的运用，学习策略的低水平往往预示着自我效能感的低水平。自我效能感在自主学习计划、行为表现和自我反思阶段都会产生相应的影响。相信自己能完成学习任务的学生，会更主动地运用认知和元认知策略，学习也会更加努力。自我效能感高的学生，能更有效地使用自主学习策略、监控学习过程，碰到困难时更能持之以恒。同时，随着自我效能感的提高，学生对自己的学习结果所做的评价会提高，学习进入一种良性循环状态。

Zimmerman 的研究表明，自我效能感与学生的评价、组织、计划、目标设置等自主学习能力呈正相关[①]。学生的自我效能感通过目标设置、自我监控、自我评价和策略运用等自主学习过程来影响他们的学习动机。学生越觉得自己的能力强，越会选择有挑战性的学习目标。国内学者董奇等研究发现，学生的自我效能感越高，其自主性也越高，自我效能感低的学生在学习自主等方面也表现不佳[②]。另外，自我效能感与学业成绩也呈正相关；自我效能感会影响学生的目标等级，进而直接或间接地影响学生的成绩；自我效能感是影响学生自主性学习的一个重要动机变量[③]。

张庆宗归纳总结认为，自我效能感不仅影响学生的学业目标选择、付出努力、意志控制，同时影响学习策略的选择，进而影响其学业成绩。外语教师的另一重要任务应尽可能帮助学生提高自我效能感水平，这是培养学习者自主学习能力、提高学习水平的重要手段。

二、学习资源管理策略

学习资源管理策略是辅助学生管理可用环境和资源的策略，目的是帮助学生适应环境、调节环境以适应自己的需要。学习资源管理策略对学生的学习动机具有非常重要的作用，包括对学习时间的管理、对学习环境的管理及寻求他人支持等。

（一）学习时间管理

时间是影响学习效果的一个重要变量因素，但学习时间与学习效果不一定呈

①ZIMMERMAN B J. Self-efficacy: an essential motive to learn [J]. Contemporary Educational Psychology, 2000 (25)：82-91.

②董奇，周勇，陈红兵．自我监控与智力[M]．杭州：浙江人民出版社，1996.

③单志艳．中学生自主学习及教师相应教学行为的评价研究[D]. 北京：北京师范大学，2002：12-13.

正相关。国外研究者在相关研究过程中区分了两个重要的时间概念：一个是可以利用的时间量，具体体现为教师教学时间的分配，也称为可用时间；另一个是实际利用的时间量，也称为积极学习时间。学生在一定的可用学习时间内参与活动的积极学习时间越长，对提高学习成绩的贡献度就越大，即学生的积极学习时间与学业成绩存在正相关①。

那么，该如何进行有效时间管理来提高学业成绩呢？通过对诸多研究结果的分析和总结，主要策略包括：（1）科学计划，合理安排学习时间，制订详细的学习计划；（2）主动参与学习，提高学习效率，做好学习情况记载，如写学习日记等；(3) 选择难易适度的学习任务，保证学习活动的顺利完成。

（二）学习环境管理

良好的学习环境可以营造一种良好的心理氛围，促使学生以良好心境轻松愉快地投入学习活动。教师要创设有效的学习环境，营造民主和谐的学习氛围，搭建舞台、创设机会。在教学活动中，一个有经验的教师应该在教学活动中尽可能留有空间，让学生确定学习目标、选择学习方法和体验成功与失败；要创设机会，让学生争取和把握；要创设氛围，让学生去渲染与感受；要激发激情，让学生去感受和接受②。同时，提高学习者的自主学习能力，努力创设一种民主和谐的自主学习环境，则显得非常重要。自主学习不是学生在封闭环境中的埋头自学，而是需要轻松和谐的环境，也需要教师的指导与鼓励、学习同伴的合作与相互交流，这样师生、生生之间才能发生思维的碰撞，产生智慧的火花，在民主、合作、探究的氛围中提升自我。

（三）寻求他人支持

资源管理策略的另一重要成分是寻求他人支持。在自主学习过程中，尤其在基于网络环境的大学英语自主学习中，面对海量信息及多媒体、超媒体技术，学生难免会产生畏难情绪，甚至陷入学习困境，这时最有效的应对策略便是寻求外界的帮助和支持，如寻求教师帮助、伙伴帮助、进行小组合作学习、获得个别指导等。自主学习并非关起门来孤立学习，它必须与他人相互切磋，相得益彰。

---

① 王红宇．学习时间与教学策略[J]．外国教育研究，1992(4)：52-57.

②徐学福,房惠．让学生做自己的老师——名师讲述如何提升自主学习[M].重庆：西南师范大学出版社,2008.

第三节 外部监控策略

外部监控策略指教师、教学管理部门、学习同伴等外在力量对学习者自主学习活动的适度介入、监督、评价与控制等一系列活动。它主要包括教师角色介入、同伴相互监控、班主任及辅导员介入、教学管理机构（含教学督导）介入、网络技术监控。

一、教师角色介入

在基于计算机网络的外语学习环境下，教师在自主学习中的作用不是减弱而是加强了。教师可以利用各种机会，适时地引导学生探索适合自己的学习方式，主动学习，确定学习目标，制订阶段性学习计划并监控学习过程，评估学习结果。正如著名教育家叶圣陶先生所说："教师之主导作用，意在于善于引导启迪，俾学生自奋其力，自致其知，非谓教师滔滔讲说，学生默默聆听。"

随着网络技术的普及与发展，大学生的学习环境面临革命性变革，同时学生在海量的学习信息面前有时会表现得束手无策、不知所措，教师进行合理的角色介入显得尤其重要。

笔者赞成何明霞提出的教师在大学英语网络自主学习过程中应扮演的十大角色：帮助者（facilitator）、组织者（organizer）、激发者（motivator）、监控者（monitor）、指导者（guide）、诊断者（diagnostician）、学习顾问（counselor）、协调者（negotiator）、个体差异的发现者和指导者（individual difference detector）、评估者（evaluator）。

（一）帮助者

基于网络环境的大学英语自主学习过程中，教师的帮助必不可少。学生在确定学习目标与计划时会期盼着教师的指导与帮助，使其学习目标明确、学习计划可行。同时，教师还兼有资源的提供者的角色，有责任向学生推荐真实的语言学习材料和其他学习资源、有用的英语学习网站；帮助学生了解、认识整个网络自主学习系统的庞大功能以及它对英语学习的重要性。

（二）组织者

教师应利用网络资源和自主学习平台，组织各种课内课外的教学活动，包括个体活动，如让学生同计算机中的任务进行“对话”，练习语音、快速阅读，两人活动（如角色表演、邮件交流）和小组活动（如辩论、在线论坛）。

（三）激发者

教师可以帮助学生设立自主学习目标，建议完成目标的方式方法，经常与学生沟通，增强学生通过自主学习平台和其他手段完成目标的信心。实行情感教育，对学生倾注真挚的关爱和帮助，激发其学习动机。培养学生学习英语的主动性、学习动力和学习心理优势，必须培养学生学习英语的兴趣和情感。

（四）监控者

教师应能监控学习者学习目标与计划的制订及执行情况，要能通过多种途径随时监控学生的学习进度及学习效果（如通过作业上传、组织学生开展讨论、制作微课视频、通过 E-mail 或 QQ 及微信等方式交流），监控学生的学习质量（如严格设定每通过一个单元的学习与测试才能进入下一学习流程），监控学生自主学习时间。

（五）指导者

教师要有计划、系统地向学生介绍学习内容、进度、作业布置、时间安排以及教学目标，并针对不同学习内容提供不同的学习方法。在大学英语网络自主学习过程中，应为学生指明正确的自主学习方向。比如，如何在繁杂的学习资源中选择适合自己需要的，采取哪些学习策略，从而将自主学习与课堂英语学习相结合。

（六）诊断者

教师应定期对学生自主学习情况进行诊断，及时发现、排除学生下一阶段自主学习进展的障碍，借助 E-mail 等迅速、有效的渠道与学生交流，探讨问题。

（七）学习顾问

当学生面临学习困难或陷入困境时，教师要能及时为学生排除学习障碍，给予有效学习建议，提供及时的帮助，鼓励学生克服困难，找到解决问题的办法。

（八）协调者

教师在学生自主学习过程中应能协调各种矛盾与问题，如学生与学生之间的矛盾、学生与教辅资源的矛盾、学生与教师之间的矛盾等。教师协调者的角色自始至终贯穿于大学英语教学与网络自主学习整个过程。

（九）个体差异的发现者和指导者

因材施教是大学英语教学应遵循的重要原则，这就要求外语教师要注重分析学生的个体差异，了解个体的不同学习风格，实行个性化辅导。这就需要教师开展一系列监控、指导、诊断、评估等教学活动，还应定期、有针对性地对个体学生进行跟踪调查研究，给予个别指导和鼓励。

（十）评估者

建立科学的评价体系，依据科学评价尺度加强对学习过程和结果的评价，可以有效促进教学目标的实现。作为评估者，教师对学生的网络自主学习既要进行反映学习结果的终结性评估，也要进行反映自主学习过程的形成性评估，将过程评估与结果评估有机结合起来。在基于网络环境的大学英语教学与教改实践中，大学英语教师必须更新教学理念，确立新的教育观念。新的教育观念包括新的教学观、新的课程观和新的讲授观。新的教学观，即由师生互动过渡到学生互动和人机互动，逐步确立学生在教学过程的中心地位。新的课程观，即由师生以教材为中心过渡到学生以计算机和课件与教材的有机结合。新的讲授观，即由面面俱到的以教师唱主角的填鸭式讲授过渡到以促进学习者进行主动知识建构、按知识结构体系进行讲授，实现以“导学”为主的精讲多练。

教学中充分发挥学习者的自主性、积极性和主体性，从“教”变“导”，充分发挥教师在大学英语网络自主学习过程中扮演的十大角色功能。积极引导学生善于发现问题、解决问题，学会借助工具书、参考资料解决在学习中碰到的问题，善于运用所学的学习策略在学习中灵活运用，形成知识社会所需要的更高的自学能力、技术能力。新的评价观，是通过改革课程考核评价体系，将注重学习过程的形成性评价与体现学习结果的终结性评价有机结合，实现评价体系的创新。

二、同伴相互监控

同伴相互监控是自主学习外部监控的重要组成部分，也是合作学习的有效途径。同伴相互监控的基本内容和方法有：共同制订学习计划并签订互助协议；共同约定学习内容并按计划和约定，实施定时定点相互检查；设计交互活动，如结对子活动或小组学习与讨论活动，相互监督实施；相互检查学习结果，并给予评价，给出学习策略调整建议；完成学习周期后，各小组成员对同伴给予真实合理的评价意见，即进行小组成员互评。

三、班主任及辅导员介入

班主任和辅导员作为大学生生活及学习管理成员的重要组成部分，与各学习者联系密切，对学习者个性特点、生活及学习习惯往往比较熟悉。因此，班主任及辅导员对大学生英语自主学习给予适当的干预往往达不到意想不到的效果。其积极干预主要表现在以下方面：进行人生观和理想观教育，激发学生学习动机，明了外语学习在其终身教育和个人事业发展中的重要意义；进行学习策略的引导与培训；进行学习时间的管理，通过建立一些量化考核标准督促学生有效安排自主学习；对学习结果给予积极反馈，进一步激发学习者的学习热情。

四、教学管理机构介入

教学管理机构介入主要指教务管理部门通过学分制及教学督导制等方法手段对大学英语自主学习采取的一系列积极干预。首先，通过制度建立，将自主学习纳入学分管理，体现学校对大学生英语自主学习的重视，从而有效保障大学英语自主学习实效。其次，通过教学督导制，加强对自主学习的监督管理。教学督导监控模块包括理论指导、信息收集、横向协调和纵向沟通等。

五、网络技术监控

网络技术监控指大学英语教师或网络学习平台的管理员充分利用网络平台的管理功能，对学习者的网络自主学习实施实时监控，包括登录注册、上网学习时间记载、浏览内容、练习及测试成绩评价、聊天记录、教师辅导答疑以及生生、师生及人机互动情况等给予详细记载，并形成书面报告，供教师参考，全面了解学生基于网络平台的大学英语自主学习情况，成为形成性评价的重要组成部分。

第八章　微课制作

第一节　微课的评价原则

进行微课制作和开发之前，有必要对如何评价微课的优劣有一个清楚的认识，这样才能在设计和录制微课时有明确的方向，而不是一头雾水、瞎碰瞎撞。

一般来说，对微课的评价，主要从教学评价原则、技术评价原则、艺术评价原则等方面进行。

一、微课的教学评价原则

微课的教学应用是微课开发的主要目的，所以对微课的评价首先是考察它在教学应用中是否符合以下原则。

一是吸引性原则。教师开发的微课首先要能吸引学生，设计时要站在学生的角度，体现出微课的易学性和趣味性。教师要放下开发者的骄傲姿态，使得开发的微课符合学生认知特点，学生不停地反复点击观看，流连忘返。只有这样，才能发挥出这种学习资源的效力，使得学习者满载而归。

二是效用性原则。教师开发的微课要在保证“微小”的前提下，使得学生觉得这些微小的学习资源有用。微课开发者不要为了赶时髦或者哗众取宠，而在一些没有教育或学习价值但是做起来表面漂亮的资源上做文章，这是一切微课都要参照的原则。如果没有这个原则，微课必然会遭搁浅。

三是灵活性原则。微课被引入课程教学过程，可以是在课前、课中或课后等节点灵活应用。课前，学生个体自主学习微课，预先了解授课内容，便于师生在课堂上探讨问题，直至学习者掌握该知识点或技能。在课中应用微课，教师把微课当作纯粹的教学资源，在教学需要时集中播放给学生观看，可帮助学生更加形象和直观地理解重难点知识。在课后应用微课，教师为学生提供可以反复学习的课程视频，保证每一个学生都能掌握课堂知识。这种方式帮助学生自主补习，直到学会为止。

四是反馈原则。微课开发、应用与交流共享后，需要对微课进行多元评价和教学与应用评价，为后续微课内容的设计与开发提供指导。教育评价、多元评价等多种评价方法都可以用于微课评价，及时的评价与教学反思可以促进更优秀微课的开发与共享。

五是差异性原则。同一学科内容不同，在具体应用微课时可以有所差别，以更好地完成教学任务，实现教学目标。如英语学科应有听力训练，学生交流不能代替师生交流，教师可以在发音方面给学生以引导。难的内容可以在教的方面时间长一些，也可先进行演示或模拟实验再自学；简单的内容则可以少教或不教。

二、微课的技术评价原则

一个好的微课作品，其教学内容固然是最重要的，但是在当前视听技术和视听资源极其丰富的年代，如果微课作品没有优秀技术和技巧做保障，粗糙低劣的视频作品必然很难吸引学生的注意力，达不到应有的微课效果。因此，微课作品的评价中必然包含对诸如视频技术、动画技术和课件技术等的要求。

（一）视频技术要求

微课一般采用流媒体格式，微课码流在 128kbit/s~2Mbit/s 为好，帧速≥ 25f/s，电脑屏幕颜色设置为16位。微课启动时间要短，片头设计一目了然，进入主题快捷。微课应插入一定的字幕，一是解决教师语言表达和视频表达的难点问题；二是用文字加强对学生知识的记忆。微课进程节奏要快，片头和片尾要简短，主题部分要丰满，镜头切换和“蒙太奇”手法运用合理。视频素材不应有抖动或镜头焦距不准的情况，镜头推拉要稳定，保证主体的亮度。背景音乐和解说要清晰，解说语言要标准，音量和混响时间适当，音乐体裁与内容要协调。微课播放时要稳定性好、容错性好、安全性好、无意外中断、无链接错误，要对微课设计相应的控制功能，使其操作方便、灵活，交互性强，人机界面简洁。

（二）动画技术要求

除与视频技术要求相似外，动画中的配色方案要协调，颜色不夸张、不暗淡。用二维空间表现的立体层次分明，进场和出场前后顺序不能颠倒，动画运动速度合理，视觉不应产生错觉。动画中的字幕规范，字号不宜过大或过小，字体运用合理，字幕不宜过多，以防干扰学生的注意力。动画所演示的概念、原理、结构及其他信息不应让学生产生理解错误和理解误会。动画设计应有必要的交互和链接，播放时尽量不用特殊的插件。

（三）课件技术要求

课件中的文字大小应符合人体工程学的要求，文字配色与课件配色方案相符合，每个幻灯片中的文字不宜过多，只能用提纲式的文字，不能用过多的文字来代替教学内容。图形和图像应采用 jpg、gif、png 等常用格式，彩色图像的颜色数不少于 256 色，对色彩要求高的图像建议使用全真彩，灰度图像的灰度级不低于 128 级，合理使用照片和剪贴画，照片不宜占满屏幕。课件应尽可能利用图片、图表、表格、流程图、双向表、插画等。课件中的动画效果不宜过多过杂，避免转移学生的注意力。

三、微课的艺术评价原则

从艺术审美角度看，微课界面整体布局要合理、有创意，还要新颖活泼，整体风格统一；色彩搭配要符合视觉心理，不花里胡哨，要处理好对比与协调、变化与统一的关系，颜色不宜过多过杂，在统一的色调中寻找变化；构图上要合理组织和分割画面，但主体元素一定要突出；文字要简明扼要，纲要突出，字体、字号和字形要与微课协调，一般不使用繁体字或变形字；视频拍摄的角度、视距和镜头推拉要合理，主体、光照条件和背景亮度要协调，解说、背景音乐和音响效果要搭配好，并与视频或动画主体的时间合拍，不得相互干扰。

由此可见，对微课的评价是从多角度进行的多元评价。具体的微课作品评价，通常会采用两级指标进行评价，虽然不同的学科和评价场合会采取不同的评价指标与评分点，但以下主要指标是基本一致的，如微课设计、教学内容、教学过程、支持资源、资源的规范性、教学效果等。具体权重和评分点可参考附录 5“微课作品的评价指标”。

第二节　微课开发

微课作为现代教育技术的重要产物，在各个教育阶段的教学和培训中得到广泛应用。微课以其短小、精练、高效的特点受到广大学习者的欢迎，也因为这种良好的教学效果和给教师带来的后续工作压力的减轻而得到教育工作者的青睐。因此，为了开发优秀的微课课件和视频，成为广大教师的热门话题，也逐渐成为教师的基本教学能力之一。

一、微课开发模式

当前微课的开发模式主要有三种：校本模式、信息化模式、整合模式。

微课开发的校本模式是根据学校定位、培养目标、课程设置等特点而开发的课程。因为脱胎于校本课程，校本微课的开发具有校本特色。校本课程开发的一般步骤包括组织建立、情境分析、目标拟定、方案编制、解释与实施、评价与修订等。

微课开发的信息化模式是相对完整的系统工程，包括课程目标的制定、课程内容的组织、课程设计模式的选择等。相较于微课开发的校本模式流程，信息化模式流程的特色在于：挖掘现代信息技术的创新潜能，生成不同的微课设计模式。在众多开发中，已经形成并适合一线教师广泛使用的有Web Quest设计模式、多元智能主题设计模式、“学习中心”设计模式等。

Web Quest模式由美国圣地亚哥州立大学教育技术专家伯尼和汤姆创立，是一种以探究为取向的微课设计模式。该模式依托网络平台，充分利用网络学习资源，组织学生进行探究学习。

多元智能主题设计模式是基于多元智能理论，借助丰富的网络资源，采用主题教学的方式，促进学生多元智能发展的微课程设计模式。它的主要优点是能够使教师比较系统地了解和把握微课程建设的总体框架，对教师和学生的信息技术应用能力要求比较低，教学组织比较容易把握，适用范围比较广泛。

“学习中心”设计模式主要有四个步骤：确定学习目标、选择学习内容、设计学习活动和学习评价。该模式主要用于学生自主学习，教师则主要凭借网络平台提供丰富的学习资源、有效的学习支架和实用的教学内容等。当前，多数高校大学英语网络自主学习多采用这种设计模式，从学生的学习需求出发，根据教学目标确定学生的学习目标，为学生提供可选择的学习内容，如听力训练、口语训练、阅读和写作训练等，也提供文学欣赏、电子报刊和图书等的拓展性学习材料，还提供针对课堂教学内容的辅助学习内容等。

微课开发的整合模式是一种新型的整合课程形态，围绕学生的学习生命存在及其优化活动，超越已有的信息化微课，追求信息通信技术与课程开发的双向整合。其中，最具代表性的整合模式有基于问题的学习、基于案例的学习、基于资源的学习、基于情境的学习和协作学习。

二、大学英语微课开发的可行性分析

短小精练的微课利用新颖的声像和视频模式迅速抓住学生的学习注意力，而且可以使学生利用多种网络终端实现随时随地的反复学习，所以为教师和学生带来更大的教学效益。是否每个教学内容都需要用微课的形式来完成呢？答案肯定不是绝对的。教学内容的特殊性决定教学手段和方法的选择。

微课开发的可行性分析是对微课开发进行技术性、科学性和实用性的论证。其基本任务是通过调查研究，综合论证一节微课在教学上是否实用和可靠，在学生学习上是否有需求，在经济上是否合理，在开发过程中是否有技术和人才的保证。

总的来说，英语微课开发的可行性分析主要考察以下几点。

一是微课开发在课程中是否必要。微课开发者需要对课程进行全面的掌控，包括微课开发内容和可利用性，合理确定哪些知识点必须开发微课，哪些知识点不宜开发微课。

二是微课对学习者的学习是否有帮助。分析学生的思维和认知特点，回答为什么该知识点成为学生学习的难点或重点，分析微课表现什么内容和采用什么形式能更适合学生的学习方式。

三是微课开发是否有人才和技术保证。微课主要格式有视频、动画和音频。对于视频制作要有视频拍摄和后期制作，涉及的软件有 Adobe Premiere 或会声会影，复杂的可以使用 Autodesk Maya。动画分为三维动画和二维动画，涉及如 Autodesk 3DS MAX 或 Macromedia Flash 等软件的使用，对于音频需要音频制作和素材整合。因此，微课开发需要掌握一定的音视频制作技术的人才。

四是微课的后期利用率是否高。要分析学生对知识点的学习是否有较大的需求，对于需求量不大的知识点不适合制作微课。应保证开发后微课具有较高的使用访问量，在课程教学中占有重要的地位。要根据以往的教学经验给出预期的利用率，也可以通过网上问卷形式得出结论。

五是微课开发的成本是否在可承受范围。微课开发的成本主要包括脚本编写、视频拍摄、视频制作、3D 制作、字幕制作、配音音乐、服务器租用等。微课一般不应使用高分辨率的视频格式，其目的是方便网络传输，所以对计算机要求不高，主要是软件技术的制作成本和人工成本。

对于大学英语课程来说，微课开发中需要注意的是：微课教学虽然是传统教学模式的一种革命性改革，但是并不表示微课教学是放之四海而皆宜的教学方式。微课也有自身的弊端，比如，因为课程时间短而不适宜进行系统性强的知识点讲解。

第三节 微课的设计

微课设计涉及微课开发中的课程整体设计、微课主题设计、微课脚本设计。

一、微课主题的设计

微课选题要精准，系统规划基本教学大纲或课表，再经过教学设计分析，聚焦内容相对固化、能适合多媒体表达的知识点。

首先，确定微课程在整体教学设计中的地位，是课前预习、课中讲解还是课后复习，还要分析教材和学生，要挑选教学内容中的重难点、疑点和热点进行微课设计。

其次，微课主题的选择还要考虑到内容是否适合做视频。对于不适合使用多媒体表达的内容，制作出微课的效果也是徒劳的，也许使用黑板教学或进行活动实践教学的效果更好，还可能使学习者失去学习的欲望。因而，微课选题要适合使用多媒体表达，适合加入丰富的图形图像、多姿的动画、声色兼具的视频。

大学英语教学主要有技能型课程教学和内容型课程教学。相比较而言，技能型课程一般相对独立，如语法、声韵知识、单词词义推测技巧、翻译技巧等。学生可以通过直接观看和模仿进行掌握，因此更适合用微课的形式来表现。基于内容型的课程教学，有时不只是对语言技能的学习，也不是具体的知识点，而是一种文化或理念的教学，所以用短小的视频很难说清楚。因此，设计这类教学内容时，一定要非常谨慎，不能为了微课教学而生硬地采用微课的形式。不过，我们可以根据教学内容，挖掘内容中涉及的文化背景或相关知识点，制作成短小而生动有趣的视频资料，或利用互联网发现合适的声像或电子资料进行课前的自主学习，这样可以节省课堂教学时间，进行更多的语言实践和训练。

再次，微课选题过程中，一定要以学习为中心，发挥教师的主导作用和学生的主体能力。微课的核心是教师，是知识的传播者；学生是认知过程的主体，是知识意义的主动建构者，不是教师的“灌输对象”。所以，微课不仅要体现学生为中心的教学理念，体现学生的主体地位，让学生体会到探究的魅力；同时，也要体现教师在教学活动中的主导作用，对学生的学习提供必要的指导和帮助，让师生双方都能体验到成功的喜悦。

二、英语微课脚本的设计

一部好的微课脚本是完成一节优秀微课录制的前提保障，是教师录制优秀微课的基础，就像一部好电影必须拥有一本精彩的剧本。

好的脚本应该具有以下两大特点：一是语言简洁，通俗易懂，适合各种观看人群；二是交互性强，情节波折，让观看的人具有较持久的兴趣。

脚本的编写，就像写作文，微课的脚本是属于微课的话语体系和表达方式，为了达到理想的表达效果，建议按照“题目—导入—过程—梳理总结—片尾”这样的流程来写。

可以参考如表 8-1 所示的英语微课脚本设计模板，根据教学内容的特点进行适当增减。

表8-1　微课脚本设计模版

录制时间：　年　　月　　日　　微课时间：5~8 分钟

系列名称	
本微课名称	
知识点/技能描述	
知识点/技能来源	□学科：____ 年级：___ 教材：______ 章节：_______ 页码：_ □不是教学教材知识，自定义：______________
前期知识	学习本微课之前须具备的知识或能力：
教学类型	□讲授型 □问答型 □启发型 □讨论型 □演示型 □练习型 □实验型 □表演型 □自主学习型 □合作学习型 □探究学习型 □其他
适用对象	□零基础英语学习者　□英语基础一般者 □英语水平中等者　　□英语水平较高者 □英语为母语者
设计思路	
教学过程	

续表

	内容	画面	时间
一、片头（20秒以为）	内容：Hello！ This Course will focus on . . .	第__ 至__ 张PPT	20秒以内
二、正文讲解（4分20秒左右）	第一节内容：	第__ 至_ 张PPT	__ 秒
	第二节内容：	第__ 至_ 张PPT	__ 秒
	第三节内容：	第__ 至_ 张PPT	__ 秒
三、结尾（20秒以内）	内容：This is the end of this class. Thanks for your attention. The next course will talk about . . .	第__ 至_ 张PPT	20秒以内
教学反思（自我评价）			
以下两项适用于录屏软件制作微课			
硬件准备	完成以下准备可以提高微课的视觉效果： 1. 麦克风音量控制90%左右，既可避免音量过小，又可避免系统杂音 2. 摄像头应在脸部正面，左右偏离不超过30度，头像画片显示出肩膀及头部 3. 环境光源应在脸部正面而不是背面		
电脑设置	以下操作可以减少软件出故障概率，提高微课质量： 1. 电脑屏幕颜色设置为“16位色”即可，不用过高（Windows XP系统设置方法：桌面右键-属性-屏幕保护-选择色位；Win7系统设置方法：桌面右键-屏幕分辨率-高级设置-监视器 -选择色位） 2. 电脑屏幕分辨率设置为“1024×768”及以下，不用过高（Windows XP系统设置方法：桌面右键-属性-屏幕保护-选择分辨率；Win7系统设置方法：桌面右键-屏幕分辨率-选择分辨率） 3. 如果出现未知错误，尝试以“兼容模式”打开软件（方法：点击桌面Camtasia Studio软件图标-点击鼠标右键-兼容性-在“以兼容模式打开这个程序”选项上打钩） 4. 生成的微课视频格式为FLV或mp4格式，不要用avi格式		

第二届全国高校微课大赛决赛一等奖得主、广东外语外贸大学朱苑苑老师的微课作品设计方案就是基于这样的模板完成的，并且根据教学内容和个人微课录制经验进行了一些调整（见表 8-2）。该微课的选题是基于大学英语视听说课程教学活动中的“禁忌语活动在导入教学环节中的运用”，教学目的是让学生了解什么是“禁忌语活动”，以便于教师在以后的课堂活动中可以直接运用这个活动而不需要在课堂上花费太多的时间进行解释。[①] 她的微课教学设计方案也可以为其他英语教师在设计微课脚本时提供有益的借鉴。

表8-2　微课教学设计方案

<table>
<tr><td>教师姓名</td><td>朱苑苑</td><td>联系电话</td><td colspan="3"></td></tr>
<tr><td>学校</td><td>广东外语外贸大学</td><td>职称</td><td></td><td>出生年月</td><td></td></tr>
<tr><td>作品名称</td><td colspan="5">Taboo Activity as a Lead-in
禁忌语活动在导入教学环节中的运用</td></tr>
<tr><td>课程名称</td><td colspan="5">大学英语视听说</td></tr>
<tr><td>所属学科</td><td>应用语言学</td><td colspan="2">专业名称</td><td colspan="2">英语教育</td></tr>
<tr><td>教学总时长</td><td>5 分 22 秒</td><td colspan="2">（如有）使用教材名</td><td colspan="2">Classroom Theatre
《影视课堂互动英语》</td></tr>
<tr><td>适用对象</td><td colspan="5">非英语专业大一学生</td></tr>
</table>

三、微课中练习环节的设计

练习是微课的重要组成部分，它不但帮助学生掌握、巩固、发展所学知识和技能，而且还提供改进微课所需的反馈信息。此外，练习是完成教学目标的一个步骤，和网络题库的定位并不相同，它要和视频内容相对应，并服从和服务于教学目标的需要。

按照考查知识类别，练习可分为两类：重现性练习和扩展性练习。重现性练习主要针对陈述性知识。编制此类题目的时候，可以采用要求复述、默写或者填

①全国高校微课教学平台[EB/OL]. [2019-12-31]，http://weike.enetedu.com/so.asp.

空等形式。这类练习可以帮助学生记忆一定的知识技能，但是有时候这种练习只处在机械模仿的水平，学生的思维活动往往很少，因此不宜过多。扩展性练习就是我们日常所理解的练习，针对的是程序性知识，通过这种练习，可以使程序性知识进一步内化。

最近几年，越来越多地出现一种比较新颖和特殊的练习题型——新情境或者新信息题。这类题目具有阅读和问题两个部分，阅读部分提供若干新知识、新信息，说明情境和条件，进行提示甚至示范等，问题部分要求通过认知探究活动得出解答，这类题目有很多优点，值得重视。

按照使用时间，练习可以分成两类：巩固性练习和复习性练习。巩固性练习一般在视频结束或进行中进行，以加速知识记忆、发展知识能力为主。复习性练习一般出现在课程结束后一段时间，以强化原先练习成旲为主。根据学习遗忘规律，及时组织练习，让学生习惯用新知识技能解决问题，阻止和减慢新知识的遗忘。

传统课堂练习往往没有答案，学生做完练习后，教师判断对错。微课练习不仅给出参考答案，还应该给出比较详细的解析与思路。学生做完题后，可以通过观察答案对自己的学习过程进行评价，题目结果也可以提供给教师，供教师进行更深入的分析，并对以后的教学调整提供参考。

第四节　微课制作的硬件

根据调查和观察，很大部分大学英语教师的计算机能力足以应付一般的多媒体上课要求，能使用多媒体进行音视频课件、PPT 课件等播放，也能用 PPT 设计一些基本的教学课件，但是对于要求更多更高的微课视频的制作总是觉得缺少技术。因而，采用的微课视频基本都是从网上下载现成的资料，而难以根据学生和教学内容进行视频文件的改制与录制。下面我们就来讲讲微课制作中的一些基本要求，希望能给教师提供一些初步的可操作经验。

一、微课制作常用设备

设计和开发微课、慕课之前，学校首先需要购置和拥有一系列相关的硬件设备，在经费允许的情况下，可考虑建立一个“课件设计室”。除了必不可少的计算机和摄录设备外，还需要有相关的专门硬件设施，如用于录制屏幕板书的手写板、手写屏和绿屏抠像演播套件等硬件设施。

可汗学院的录屏板书式微课，被认为是当前极具代表性的微课设计方案。要想实现这种效果，开发者应事先准备相应的屏幕板书设备——手写板。利用手写板，教师能很方便地把板书内容和语音等自动录制下来。

此外，还有一种流行的微课录制方式，是将“高拍仪”和电脑连接，利用“微课轻松录”或其他软件直接录制教师在纸上的手写内容。教师头像画面、现场板书画面、电脑信号画面都可以同步拍摄下来。即使教师在家里，也可以随时打开软件，进行微课的录制，不受时空限制。

这种设备和软件的结合，可以实现屏幕录制、手写标注、电子白板、自带PPT插件、高拍仪实物展台、视频编辑等功能，可谓功能齐全，简便易用。其主要功能如图8-1所示。

图8-1　高拍仪、手写板和电脑连接后发挥的功能

另有一种效果很好但成本相对较高的微视频录制方案，那就是直接利用带有手写触摸屏功能的笔记本电脑来录制。目前，IBM、HP、DELL和联想等品牌都生产了带有手写触摸屏功能的笔记本电脑，可以直接用专门的手写笔进行屏幕书写，用来录制微课，也是一个不错的选择。

当然，板书式微课通常只包括教师的讲课语音，没有教师的现场授课视频。如果要实现当前MOOC中常见的带有教师讲课形象的微课，就需要拍摄教师的讲课视频。这种微课通常在演播室里拍摄完成，因此，需要其他设备，如演播室。相对板书式录制方法，这种方法录制的授课视频质量更高，效果更好，当然技术成本也高很多。如果没有演播室，在经费有限的情况下，可以购买一套可移动式绿屏抠像演播套件，也不失为一种经济可行的方案。它通常包括可移动式灯光、可拆卸式抠像支架和绿屏背景布（见图 8-2）。

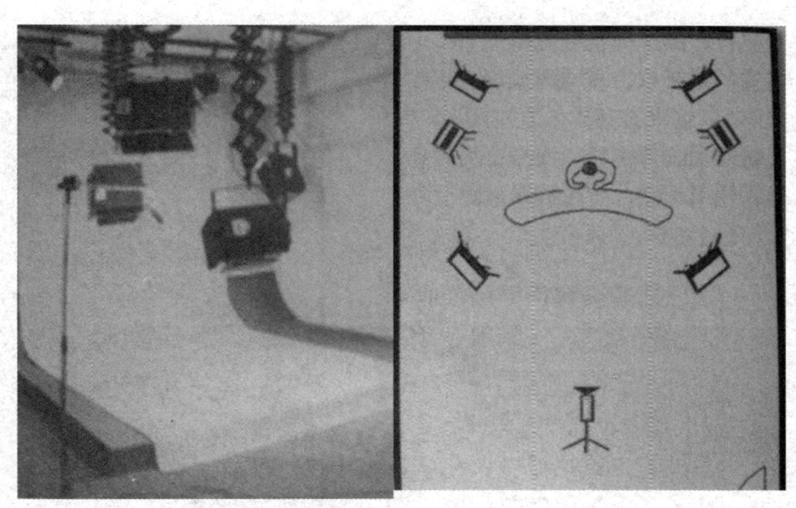

图8-2 移动式绿屏视频的拍摄设备及其摆放

这套可移动式设备的优势是：在某种程度上能够替代演播室的功能；具有可移动性，能广泛应用于各类教育和培训机构的课件设计工作。它的设备清单如表 8-3 所示。

表8-3 移动式绿屏视频拍摄设备清单

设备名称	数量	功能和使用
4×55 W 三基色柔光灯	2 套	背景光：用来打亮人物深厚的背景，消除人物阴影
6×55 W 三基色柔光灯	2 套	轮廓光：分别置于人物的侧后方，提供从高向下方向的光源，使人物头发及肩膀衣服边缘产生亮边，便于后期抠像时实现人物与背景的脱离，产生立体感，避免过于平面化
轮廓光 500W 聚光灯	2 套	面光：分别置于人物前方 45 度角位置，使人物面部能够均匀受光
铝合金大背景架	1 套	3×3 m 可调节支架，用于固定抠像幕布
绿屏抠像布	1 套	3×6 m 蓝色或绿色背景幕布

这种可移动式设备可以利用比较简单的硬件制作具有专业水平的视频素材，是一种比较经济的演播室替代方案。设计者可以利用这套设备在很短的时间内在普通的办公室或教室中搭建出一套符合抠像视频拍摄要求的简易演播室，并投入使用，拍摄工作结束后也可快速地拆除并移到其他地方。

二、拍摄为主的微课制作设备

拍摄为主的微课制作，主要采用高清摄像机、数码相机或带摄像头的智能手机等对整个教学过程进行摄像。

如果用摄像机拍摄微课，一般要求授课教师出镜讲解，授课教师应对着镜头讲课、板书或做实验等，这一方式形成一对一授课的亲切感。需要准备的硬件主要有录像机、固定支架、白板或黑板、粉笔、教学课件等其他教学演示工具等。

拍摄时要保持摄像机的摄像头清洁，画面整洁、水平齐，避免背景杂乱；远离强光刺激，不背光，适当打光，确保光线充足；知识点、题目等讲解应通俗易懂，声音洪亮，节奏感强；注意仪表得体；教师讲解时，适当看镜头，与摄像头有眼神交流，摄像头即代表收看微课的学生。

如果用白纸 + 手机的方式拍摄微课，可以用三脚架或手机支架固定手机、数码相机或摄像机，准备几支不同颜色的笔，和一沓白纸作为讲课平台，然后根据编写的脚本一边讲一边书写。将题目及相关知识事先抄在纸上，这样可以减少录制过程中的留白时间。

手机录制效果与其分辨率有直接关系，通常其效果比较粗糙，声音和画面效果也不如摄像机好，只能表现手写的内容，无法实现其他效果。手机拍摄时也要保持镜头清洁，为保证画面稳定，最好用支架固定手机；不用强光，不背光，适当补光；知识点、题目等讲解也应通俗易懂，声音响亮，节奏感强等。

三、录屏为主的微课制作器材

录屏为主的微课制作相对简单，一般由执教人独立完成。常见的录制方式有 PowerPoint 课件录屏型微课和可汗学院型微课。常用的录屏软件有 Camtasia Studio、KK 录像机、Snagit、XCapture、超级录屏、屏幕录像专家、亚普屏幕录像大师等。其中，Camtasia Studio 屏幕录制软件不仅可以录制，还可以进行微课的后期编辑，如添片头、字幕、视频剪辑、特效片头及片尾等操作。

如果要制作 PowerPoint 课件录屏型微课课件，首先要根据选定的教学主题搜集和加工素材，制作成课件，然后带好耳麦，调整好话筒的位置和音量，接着启动录屏软件、播放教学课件，执教者对照课件进行讲解，完成微课录制。需要准备的器材有：电脑、录屏软件、带话筒的耳麦、教学课件等。

如果是制作手写板 +SmoothDraw+ 录屏软件的微课，又称可汗学院型微课，需要准备的硬件和软件有：电脑、录屏软件、带话筒的耳麦、手写板、绘图软件等。

录屏型微课要充分利用鼠标和手写板的拖、点等功能，配合解说，并适当使用画笔功能；知识点、题目等讲解要通俗易懂，声音要响亮，节奏感要强。

第五节　微课视频的后期制作

微课视频的整合处理，软件主要用到 Flash、Photoshop、QQ 影音、美图秀秀、Gif Animator、电子杂志、会声会影、Camtasia Studio 等。专业级软件可以使用 Premiere、Vegas、 Canopus Edius 等，也可以使用 After Effects 进行后期特效合成。

专业的后期加工包括以下三部分。

一是组接镜头，也就是平时所说的剪辑，具体来讲就是将电影或电视单独的画面有逻辑、有构思、有意识、有创意和有规律地连贯在一起，形成镜头组接。一部好的微课是由许多镜头合乎逻辑地、有节奏地组接在一起的，从而阐释或叙述某件事情的发生和发展。当然，在电影和电视的组接过程中，还有很多专业术语，如“电影蒙太奇手法”，动接动、静接静、声画统一的画面组接规律等。

二是特效制作，如镜头的特殊转场效果、淡入淡出以及圈出圈入等，还包括动画以及 3D 特殊效果的使用。

三是声音和立体声进入视频以后，应该考虑后期的声音制作，包括电影理论中出现的垂直蒙太奇等。大家可以进行简单的后期处理，具体包括组接镜头、转场处理、字幕添加等。

第六节　微课中教师的形象

一、微课中教师是否出镜

目前的微课中，有的有教师出镜，有的没有教师出镜。设计和制作微课过程中，部分教师纠结于是否需要加上头像。

一些数据表明，如果向视频中加入教师讲课头像，或者采用教师现场出镜的镜头，这个视频将会得到更多的关注，特别是对于较长时间的视频而言。这说明教师镜头在某种教学情境下是一种重要的学习资源。由于中国学生深受传统的班级教学影响，学生更会觉得没有教师头像的课没有现场感和亲切感，也缺乏教师的监督，自主学习能力减弱，学习一段时间后容易分神。宋雨晨等通过对西安理工大学 400 名学生对微课教学中教师出镜问题的调查，发现 78.59% 的学生认为英语微课视频教学时教师应该出镜①。而且，历届微课大赛的获奖作品，尤其是最近几年的获奖作品，80% 以上的教师选择出镜。可见，教师和学生在微课视频中教师是否应该出镜这个问题上的见解基本一致。

笔者也赞成教师出镜的微课表现形式，因为教师出镜带来的亲近感和现场感，是学生更加专注学习的一个保障。这与可汗学院只用纸笔出镜的微课形式不同，可能是出于学科差异，也可能是出于文化传统差异形成的学习风格。

另外，笔者建议不仅是拍摄型微课要有教师出镜，在使用录屏软件录制视频的时候也可以加入教师头像。一种可行的方案是把头像嵌入视频一角，即以画中画的形式，但前提是那一角特意留出来，头像不会遮挡该看到的课件内容。或者教师头像可以在片头片尾出现，中间偶尔出现，重要内容时可以出现，小结时也可以出现。

虽然增加教师动态头像意味着增加了前期制作和后期制作的难度，但是考虑到实际教学效果，微课录制时可以根据实际需要和经济承受能力选择合适的出镜方式。

二、优秀微课教师的选拔

在线课程与传统课堂的一个区别是：由于师生分离，教师不知道学习者的成

①宋雨晨，李庆明，黄勇，等. 大学英语微课新思想新观念的探讨——基于第二届全国高校微课大赛的思考[J]. 教育现代化，2019，6(8)：118-121.

绩，不了解学习者的知识水平，也不清楚学习者的学习能力。因此，在选拔微课教师时，要充分考虑到在线课程的特点，从形象、年龄、台风、声音、语言风格、教学设计、表达能力等方面进行选拔。具体选拔标准或者教师在微课教学中应达到的标准可以参考表 8-4。

表8-4　微课教师的选拔标准

项目	标准
形象	五官端正，体态正常。最好能选择一些具备学科素质的教师来授课，如儒雅斯文的国学讲师、青春靓丽的英语教师、精明干练的物理教师
年龄	微课本身就是碎片时间的高效利用，应当给人以紧凑、活力、激情的感觉。对于教师的年龄没有明确的限制，但根据内容和教师本身的条件，还是要有所选择。也不一定是越年轻越好，应根据教学内容的具体情况选择合适的教师
台风	舞台上既不能呆板，也不能太过张扬。舞台效果一般是由教师在摄像机前的肢体工作和服装来呈现的。服装与首饰可以通过录制规范来统一。肢体动作更多地需要临场发挥。录制时由于紧张往往会出现僵硬、身体晃动等不自然现象，这些都可以通过不断磨合来克服。教师授课知识讲解的动作与课件配合时的肢体动作，则更多的是提前进行设计，这对备课的难度和时间都有所增加
声音	清晰、洪亮、语速适中、普通话或外语标准自然
语言风格	无论是幽默还是严肃的语言风格，对教学来说都应该把握核心的一点，即不能干扰学习者提取关键知识点。由于微课时间短、节奏快，这就要求微课教师的语言要干练、简洁、目的明确
教学设计	教学设计环节是微课基本开发流程里的第一个环节，是由授课教师来设计和提供课件脚本初稿。所以，知识点授课设计能力是考核教师很重要的环节：本节微课是否知识点唯一、讲解逻辑是否合理、讲授方法是否清晰
表达逻辑	从授课语言逻辑来说，能进入筛选环节的教师肯定都没有问题。但是有一点要注意：教学语言不能啰唆，一定要言简意赅。

三、录播前教师的注意事项

一是教师在录课过程中必须化妆上镜，女士可以化淡妆，但要轮廓清晰，不宜浓妆；男士面部最好打点粉底，以防止反光。

二是发型方面。女士的长发最好扎起来，刘海不能遮眼；男士的头发不宜过长，要保持面部清洁无胡茬。

三是服装方面。应身着合适、大方得体，颜色不能过于花哨繁杂，要与背景颜色有明显的区分，但不要有太强烈的反差，比如红色背景下穿一身鹅黄色服装。在单穿衬衫的情况下，衬衫的花纹尽量不要选择竖条纹，同时条纹应尽量选择浅一些的颜色。

四是饰物方面。不要佩戴任何反光的首饰，如钻石类戒指、耳钉、胸针、项链等，也尽量使用隐形眼镜。另外，饰物不宜过分夸张。

四、录制微课时教师的台风和细节

教师在微课视频中的台上表现是学习者的第一印象，往往影响着学习者是否继续学习，也对学习时的注意力分配和注意力长度有很大的影响。为此，笔者针对微课录制时教师的细节问题和镜头前的表现提一些小建议，以保证录制的成品微课是优质的教学作品。

一是教师在录课过程中要使用标准语言，如普通话或外语，一般情况下避免使用方言。

二是授课时声音要响亮，咬字要清晰，语速不要太快。课程录制中如果出现停顿，请从停顿的这一完整句子重新开始，避免从某一句话的中间开始。同时，肢体动作也要与卡顿处的动作尽量一致，不然在剪辑时容易出现画面跳动。

三是课程录制过程中尽量不要表现得太拘谨，大方得体才有感染力。注意运用好肢体语言，避免僵直地站在讲台上，同时也不能太夸张，避免画面跳跃。

四是眼神要望着摄像机的方向，保持自然即可。

五是录制过程中避免出现小动作，如抓头、挠痒、摸鼻、吐舌头等。

六是录制过程中，教师站立的位置不要超过摄像机的取景范围，以免人物被“切”出镜外，也不要一直低头看自己站立的位置。

七是授课过程中，教师与课件的配合要自然，需要教师对课件非常熟悉，不要让学生觉得教师对讲课内容不熟悉，或者觉得教师是在背授课内容。

参考文献

[1]MCGREW L A. A 60-second course in organic chemistry [J]. Journal of Chemical Education，1993(7): 543.

[2]ROBINSON A C. Monitor: Kee T P The one minute lecture. Education in Chemistry. July 1995, 100 - 101[J]. Biochemical Education, 1996, 24(1): 76.

[3]黎加厚. 微课的含义与发展[J]. 中小学信息技术教育，2013(4): 10-12.

[4]胡铁生. 中小学微课的设计制作与评审指标解读[C]. 教育部东莞微课培训会，2013-02-28.

[5]张一春. 精品微课设计与开发[M]. 北京：高等教育出版社，2016.

[6]郑小军. 我对微课的界定[EB/OL]. (2013-04-30)[2019-12-01]. http://blog. sina. com. cn/s/blog_4711a0210102e6ge. html.

[7]MAZUR E. Peer instruction: a users’manual [M]. NJ：Prentice Hall，1997：10-16.

[8]BAKER J W. The “classroom flip”: using web course management tools to become the guide on the side [C]. Proceedings of Selected Papers from the 11th International Conference on College Teaching and Learning, 2000: 9-17.

[9]何克抗. 建构主义——革新传统教学的理论基础（上）[J]. 电化教育研究，1997(3)：3-9.

[10]VYGOTSKY L S. Thought and language [M]. Cambridge, MA: MIT Press, 1986.

[11]DUFFY T M, JONASSEN D H. Constructivism and the technology of instruction: a conversation[M]. NJ：Lawrence Erlbaum Associates, 1992.

[12]BRUNER J S. Toward a theory of instruction [J]. Studies in Philosophy & Education, 1966, 7(4): 280-290.

[13]高文, 王海燕. 抛锚式教学模式(二)[J]. 全球教育展望，1998 (4):31-35.

[14]高文, 徐斌艳, 吴刚. 建构主义教育研究[M]. 北京：教育科学出版社，2008.

[15]胡智勇, 刘海斌. 多媒体技术在大学英语教学中的作用与要求[J]. 中国成人教育，2011(16)：161-163.

[16]师琳. 建构主义视角下的大学英语网络教学生态环境研究[J]. 外语电化教学，

2012 (3)：62-65.
[17]文秋芳. 输出驱动假设与英语专业技能课程改革[J]. 外语界, 2008 (2)：2-9.
[18]文秋芳. 输出驱动假设在大学英语教学中的应用：思考与建议[J]. 外语界, 2013(6)：14-22.
[19]COLLINS J, BRIEN N O (eds). Greenwood Dictionary of Education [Z]. West-Port，CT：Greenwood, 2003.
[20]KRASHEN S. The input hypothesis：issues and implications [M]. London: Longman, 1985.
[21]SWAIN M. Three functions of output in second language learning [C]. COOK G, SEIDLHOFER B (eds). Principles and Practice in Applied Linguistics: Studies in Honor of H. G. Widdowson. Oxford: OUP, 1995: 125-144.
[22]LONG M. Native speaker / non-native speaker conversation and the negotiation of comprehensible input [J]. Applied Linguistics. 1983 (4)：126-141.
[23]LARSEN-FREEMAN D. Teaching language: from grammar to grammaring [M]. Boston: Thomson Heinle, 2005.
[24]文秋芳. “产出导向法”的中国特色[J]. 现代外语, 2017, 40(3)：348-358+438.
[25]常小玲. “产出导向法”的教材编写研究[J]. 现代外语, 2017, 40(3)：359-368+438.
[26]邱琳. “产出导向法”语言促成环节过程化设计研究[J]. 现代外语, 2017, 40(3)：386-396+439.
[27]孙曙光. “师生合作评价”课堂反思性实践研究[J]. 现代外语，2017, 40(3)：109-118+151.
[28]于金燕. 基于微课的大学英语教学改革研究[M]. 北京：中国纺织出版社，2019.
[29]杨晓平. 正式学习与非正式学习之概念辨析[J]. 贵州师范学院学报, 2015, 31(5)：80-83.
[30]鲁道夫•阿恩海姆. 视觉思维——审美直觉心理学[M]. 成都：四川人民出版社，1998.
[31]WEISER M. The Computer for the 21st Century [R]. Morgan Kaufmann Publishers Inc, 1999.
[32][34] HARMON S, JONES M. Mobile Ubiquitous Computing in Teaching and Learning：A Review of the Literature [C] // Society for Information Technology & Teacher Education International Conference. Phoenix . Association for the Advancement of Computing in Education, 2005: 2634-2636.

[33] MILLER G. The magical number 7 plus or minus 2: some limits on our capacity for processing information [J]. Psychological Review, 1956 (63) : 81-97.

[34] KARPICKE J D, ROEDIGER, H L . The critical importance of retrieval for learning [J]. Science, 2008, 319(5865): 966-968.

[35] KARPICKE J D, BLUNT J R. Retrieval practice produces more learning than elaborative studying with concept mapping [J]. Science, 2011, 331(6018) : 772-775.

[36] 赵岩. TED演讲在大学英语视听说课程中的应用与创新——评《新世界交互英语视听说4(学生用书)》[J]. 中国教育学刊, 2019(2): 143.

[37] 赵燕飞. 运用TED演讲辅助英语视听说教学[J]. 教学与管理, 2016(21): 103-106.

[38] 吴玲娟. 基于TED-Ed的通用学术英语听说翻转课堂研究[J]. 电化教育研究, 2015, 36(11): 81-87.

[39] 汪琼. 美国慕课评优原则分析[J]. 现代远程教育研究, 2017(3): 50-57.

[40] 黄开胜, 周新平. 我国外语类慕课的建设与应用现状调查[J]. 现代教育技术, 2017, 27(12): 88-93.

[41] 蒋艳, 马武林. 论大学英语慕课建设应该避免的误区[J]. 外国语文, 2018, 34(1): 155-160.

[42] 韩艳辉. 国内慕课建设评议——兼论外语类课程的慕误适用性[J]. 外语电化教学, 2019(5): 33-38.

[43] 徐葳, 杨升浩, 吕厦敏, 等. MOOC时代, "姚班"在行动[J]. 计算机教育, 2014(21): 2-6.

[44] PHIPPS R, JAMIE M. Quality on the line: benchmarks for success in internet-based distance education [M]. Washington, DC: The Institute for Higher Education Policy, 2000: 1-5.

[45] Dodds P. Sharable content object reference model (SCORM) [M]. New York: Springer US, 2008: 1-9.

[46] 教育部教育信息化技术标准委员会. CELTS-22 CELTS-22网络课程评价 [S]. 2002-06-07.

[47] BARKER K. Quality guidelines for online education and training [EB/OL] (2016-06-09) [2019-09-12]. http: / /future com/form/pdf /English. pdf.

[48] HERRINGTON A J, HERRINGTON R, OLIVER R, et al. Quality Guidelines for Online Courses: the Development of an Instrument to Audit Online Units [A]. Proceedings of ASCILITE 2001 [C]. Melbourne, Australia, 2001: 263-270.

[49]涂宝军,孙进.应用型本科院校网络课程评价体系的构建[J].中国教育信息化,2014(1)：71-74.

[50]张家年，占南，李阳．基于网络计量学的网络课程评价方法研究［J].远程教育杂志，2005(1):66-72.

[51]邱均平，欧玉芳．慕课质量评价指标体系构建及应用研究［J].高教发展与评估，2015，31(5)：72-81.

[52]冯雪松，于青青，李晓明．在实践中探索MOOC评价体系［J].中国大学教学，2015(10):72-81.

[53]中国高校外语慕课联盟.关于开展“UMOOCs基于MOOC的混合式教学优秀案例评选”工作的通知[EB/OL].(2019-09-20)[2019-12-26]. http://umoocs.unipus.cn/article/26.

[54]吕佳骏,胡静超,章雅青.慕课课程评价的研究现状及进展[J].解放军护理杂志,2017(6)：48-50.

[55]李芳军,屈社明.翻转课堂环境下大学生英语应用能力发展的动态交互模型及其实效性研究[J].外语教学,2018,39(5)：75-80.

[56]孙先洪,张茜,孙作顶.从多元读写能力培养角度探讨ESP翻转课堂设计[J].外语电化教学,2017(4)：38-42+65.

[57]马秀麟,赵国庆,邬彤.大学信息技术公共课翻转课堂教学的实证研究[J].远程教育杂志,2013,31(1)：79-85.

[58]卢强.翻转课堂的冷思考：实证与反思[J].电化教育研究,2013(8)：91-97.

[59]孙彦彬.游戏化翻转课堂教学模式的构建与实证研究——以“大学英语读写译”课程为例[J].现代教育技术,2016,26(11)：80-86.

[60]王娜,陈娟文,张丹丹.大学英语SPOC翻转课堂：一种有效学习模式建构[J].外语电化教学,2016(3)：52-57.

[61]RUBIN J. What the “good language learner” can teach us [J]. TESOL Quarterly, 1975 (9): 41-51.

[62]DICKINSON L. Self-instruction in language learning [M]. Cambridge: Cambridge University Press. 1987.

[63]DICKINSON L. Autonomy, Self-directed Learning and Individualization [A]. ELT Documents 103, London: The British Council, 1978.

[64]GARDNER D, MILLER L. Establishing self-access learning from theory to practice [M]. Cambridge: Cambridge University Press, 1999.

[65] BENSON P. Autonomy in language teaching and learning [J]. Language Teaching,

2007, 40(1), 21-40. DOI：10.1017/S0261444806003958.

[66]HARDING-ESCH E M (ed). Self-directed Learning and Autonomy[R]. Report of a Seminar Held at Cambridge, 13-15 December 1976. University of Cambridge.

[67] HOLEC H. Autonomy and foreign language learning [M]. Oxford：Pergamon, 1981.

[68]LITTLE D. Learner autonomy: definitions, issues and problems [M]. Dublin: Authentik, 1991.

[69]刘根平, 刘道溶. 目前国外关于学生自主学习的研究动态[J]. 外国教育研究, 1990(2)：20-25+36.

[70]李颖. 翻转的课堂，智慧的教师——高校外语课堂中的自我指导式学习[M]. 北京：外语教学与研究出版社，2016.

[71]李正亚. 谈网络环境下高职高专英语自主学习平台的创建[J]. 教育与职业, 2009(33)：91-93.

[72]刘尔明. 网络环境下学生自主学习的理论与实践[J]. 现代远距离教育, 2001(4)：27-29.

[73]徐锦芬, 唐芳, 刘泽华. 培养大学新生英语自主学习能力的“三维一体”教学模式——大学英语教学模式改革实验研究[J]. 外语教学, 2010, 31(6)：60-64.

[74]华维芬. 自主学习中心——一种新型的语言学习环境[J]. 外语界, 2001(5)：41-45.

[75]华维芬. 关于建立英语自主学习中心的调查报告[J]. 外语界, 2003(6)：43-48.

[76]林莉兰. 高校语言自主学习中心的定位及建设——基于一项学习资源的调查[J]. 中国外语, 2013, 10(4)：78-85.

[77]江晓丽. 泛在学习理念下外语自主学习中心建设研究——基于国内外相关研究的分析[J]. 外语电化教学, 2016(3)：28-33.

[78]章木林, 邓鹂鸣. 自主学习中心环境下大学生英语学习动机减退现象研究：基于泛在学习视角[J]. 现代教育技术, 2018, 28(2)：68-74.

[79]庞维国, 刘树农. 现代心理学的自主学习观[J]. 山东教育科研, 2000(Z2)：54-55+59.

[80]邓杰, 白解红, 邓颖玲. “学习策略+自主学习”任务型网络教学模式研究与实践——英语视听说国家精品课程建设例析[J]. 中国大学教学, 2010(2)：53-58.

[81]徐锦芬, 李斑斑. 学习者可控因素对大学生英语自主学习能力的影响[J]. 现代外语, 2014, 37(5)：647-656+730.

[82]陈亚轩, 陈坚林. 网络自主学习成绩与自我效能感的相关性研究[J]. 外语电化教学, 2007(4)：32-36.

[83]徐慧娟，曹军. 基于社会文化视角的非英语专业大学生英语自主学习能力的培养[J]. 合肥师范学院学报，2013，31(5)：92-95+121.
[84]李燕. 影响英语专业研究生自主学习的社会文化因素[J]. 绥化学院学报，2013，33(5)：135-138.
[85]王艳萍. 基于网络提高英语自主学习能力的实践研究[J]. 中国教育学刊，2012(S2)：288-289.
[86]朱赟. 非英语专业大学生英语自主学习现状与对策[J]. 东南大学学报(哲学社会科学版)，2011，13(3)：122-125+128.
[87]DECI E L，RYAN R M. Intrinsic motivation and self determination in human behavior[M]. New York：Plenum，1985.
[88]DÖRNYEI Z，IBRAHIM Z，MUIR C. "Directed motivational currents"：regulating complex dynamic systems through motivational surges [C]. // DÖRNYEI Z，MACINTYRE P D，HENRY A (eds). Motivational Dynamics in Language Learning. Bristol：Multilingual Matters，2015：95-105.
[89]常海潮. 定向动机流——二语动机理论研究新进展[J]. 现代外语，2016，39(5)：704-713+731.
[90]李文，张军. 基于SILL的国内大学生学习策略与英语成绩相关的元分析[J]. 外语教学理论与实践，2018(4)：39-47.
[91]陈坚林. 计算机网络与外语教学整合研究[D]. 上海：上海外国语大学，2011.
[92]KOZMA R B. Computer-based writing tools and the cognitive needs of novice writers[J]. Computer and Composition. 1991，8(2)：31-45.
[93]戴曼纯，张希春. 高校英语教师素质抽样调查[J]. 解放军外国语学院学报，2004(2)：42-46.
[94]卜彩丽，马颖莹. 翻转课堂教学模式在我国高等院校应用的可行性分析[J]. 软件导刊，2013，12(7)：9-11.
[95]刘淑香. 浅析高校多媒体课堂教学的质量问题[J]. 理论观察，2010(3)：103-104.
[96]张金磊，王颖，张宝辉. 翻转课堂教学模式研究[J]. 远程教育杂志，2012，30(4)：46-51.
[97]]MILMAN N B. The flipped classroom strategy：what is and how can it best be used?[M]. Greenwich：Distance Learning，2012.
[98]教育部高等教育司. 大学英语课程教学要求[M]. 上海：上海外语教育出版社，2007.

[99]教育部高等教育司.大学英语教学指南(教育部最新版)[EB/OL].(2017-02-03)[2019-12-23]. https://www.wenkuxiazai.com/doc/69680453d1f34693dbef3e7a-14.html.
[100]高频.基于POA理论的大学英语翻转课堂教学模式实证研究——以听说教学为例[J].电化教育研究,2018,39(12):102-107.
[101]文秋芳.构建“产出导向法”理论体系[J].外语教学与研究，2015(4):547-558+640..
[102]赵兴龙.翻转课堂中知识内化过程及教学模式设计[J].现代远程教育研究，2014（2）：55-61.
[103]王懿，宣安，陈永捷.理工科大学英语写作教学现状调查与分析[J].外语界，2006(05)：22-27.
[104]陈亚轩.网络多媒体与大学英语写作的整合[J].湖北经济学院学报(人文社会科学版),2007(8)：190-192.
[105]KUMARAVADIVELU B. Toward a postmethod pedagogy [J]. TESOL Quarterly, 2001(35):537-560.
[106]KUMARAVADIVELU B. Beyond methods:macrostrategies for language teaching [M]. New Haven and London:Yale University Press, 2003.
[107]]CHAUDRON C. Analysis of products and instructional approaches in writing：two articles on the state of the art [J]. A Peer Review Traini TESOL Quarterly, 1987(21):673-675.
[108]]GRAVES D H. Balance the basics:let them write[M]. New York:Ford Fountain, 1978.
[109]MANGESDORF K. Peer reviews in the EFL composition classroom: what do the students think [J]. EFL Journal, 1992(3):274-284.
[110]LIU J, HANSEN J G. Peer response in second language writing classroom [M]. Ann Arbor：University of Michigan Press, 2002.
[111]崔莹,盖笑松,张绍杰.同伴反馈法的有效性及应用于英语写作教学的可行性探究[J].外语电化教学,2019(2)：3-9.
[112]MENDONCA C O, JOHNSON K E. Peer review negotiations: revision activities in ESL writing instruction[J]. TESOL Quarterly, 1994(4):762.
[113]YANG M, BADGER R, YU Z. A comparative study of peer and teacher feedback in a Chinese EFL writing class [J]. Journal of Second Language Writing，2006(3): 199.

[114]ZHAO H. Investigating learners' use and understanding of peer and teacher feedback on writing: a comparative study in a Chinese English writing classroom [J]. Assessing Writing，2010(1)：15.

[115]HYLAND F. ESL writers and feedback：giving more autonomy to students[J]. Language Teaching Research, 2000(1):34.

[116]CARSON J G, NELSON G L. Chinese students' perception of ESL peer response group interaction [J]. Journal of Second Language Writing, 1996(21):1-19.

[117]LEKI L. Potential problems with peer responding in ESL writing classes [J]. CATESOL Journal, 1990 (3):5-19.

[118]SENGUPTA S. Peer evaluation: I am not the teacher [J]，ELT Journal, 1998 (1):19-28.

[119]蔡基刚. 中国大学生英语写作在线同伴反馈和教师反馈对比研究[J]. 外语界, 2011(2)：65-72.

[120]李旭奎, 于丽, 魏新锋. 口头与书面同伴反馈对中国大学生英语作文语言准确性的影响[J]. 中国海洋大学学报(社会科学版), 2017(5)：105-111.

[121]何佳佳. 基于Peerceptiv在线同伴互评系统的学术英语写作个性化辅导模式研究[J]. 外语电化教学, 2019(02)：25-33.

[122]YU S, LEE I. Exploring Chinese students' strategy use in a cooperative peer feedback writing group [J]. System, 2016 (58):9.

[123]BERG E C. The effects of trained peer response on ESL students' revision types and writing quality[J]. Journal of Second Language Writing, 1999(3):228.

[124]ALLEN D, MILLS A. The impact of second language proficiency in dyadic peer feedback [J]. Language Teaching Research, 2015(4):511.

[125]LUNDSTROM K, BAKER W. To give is better than to receive：the benefits of peer review to the reviewer's own writing [J]. Journal of Second Language Writing. 2009, 18(01): 30-43.

[126]LORETTO A, DEMARTINO S, GODLEY A. Secondary students' perceptions of peer review of writing [J]. Research in the Teaching of English, 2016, 51(2):134-161.

[127]LAM R. A peer review training workshop: coaching students to give and evaluate peer feedback [J]. TESL Canada Journal，2010, 27 (2): 114-127.

[128]MIN H T. Reviewer stances and writer perceptions in EFL peer review training[J]. English for Specific Purposes, 2008(3): 285-305.

[129]RAHIMI M. Is training student reviewers worth its while? A study of how training

influences the quality of students' feedback and writing [J]. Language Teaching Research, 2013 (1):67-89.

[130]高瑛，张福慧，张绍杰，等. 基于Peerceptiv互评系统的英语写作同伴反馈效果研究[J]. 外语电化教学, 2018(2)：3-9+67.

[131]邓笛. 翻转课堂模式在大学英语教学中的应用研究述评[J]. 外语界, 2016(4)：89-96.

[132]胡新梅. 翻转课堂教学模式在大学英语教学中的运用与思考——以《中国民族文化英语赏析》课程为例[J]. 临沂大学学报，2015(5)：71－74.

[133]莫艳萍．跨文化交际视阈下的语用能力培养[J]. 中国教育学刊，2016(S1)：52-54.

[134]张尧学. 关于大学本科公共英语教学改革的再思考[J]. 中国高等教育, 2003(12)：20-21.

[135]庞继贤, 叶宁, 张英莉. 学习者自主:身份与自我[J]. 外语与外语教学, 2004(6)：22-25.

[136]陈美华. 基于计算机和网络的大学英语自主学习模式研究[J]. 外语电化教学, 2005(6)：19-23.

[137]范捷平. 研究型大学的外语自主学习与创造性人才培养[J]. 外语与外语教学, 2004(6)：19-21.

[138]BANDURA A. Self-efficacy: toward a unifying theory of behavior change [J]. Psychological Review, 1977, 84(2):191-215.

[139]董奇, 周勇. 关于学生学习自我监控的实验研究[J]. 北京师范大学学报(社会科学版), 1995(1)：87.

[140]WIGFIELD A, GUTHRIE J T. Relations of children's motivation for reading to the amount and breadth of their reading [J]. Journal of Educational Psychology, 1997, 89(3):420-432..

[141]文秋芳, 王立非. 影响外语学习策略系统运行的各种因素评述[J]. 外语与外语教学, 2004(9)：28-32.

[142]DÖRNYEI Z . Attitudes, orientations, and motivations in language learning: advances in theory, research and applications [J]. Language Learning, 2003(53):3-32.

[143]刘电芝. 小学儿童数学学习策略的发展与加工机制研究 [D]. 重庆：西南师范大学, 2003.

[144]周国韬，张平. 初中生在方程学习中学习能力感、学习策略与学业成就关系的

研究[J]. 心理科学, 1997, 20 (4)： 324-328.
[145]周勇，董奇. 学习动机、归因、自我效能感与学生自我监控学习行为的关系研究[J]. 心理发展与教育, 1994(3)：30-33.
[146]谷生华，辛涛，李荟. 初中生学习归因、学习策略与学习成绩关系的研究[J]. 心理发展与教育, 1998(2)：21-25.
[147]王振宏. 初中生学业自我效能与学业成就关系研究[J]. 心理发展与教育，1999, 15(1)：39-43..
[148]王金安. 论高校英语教师的教学效能感[J]. 教育与职业, 2008(26)：143-144.
[149]ARMOR D, CONRY-OSEQUERA P, COX M, et al. Analysis of the school preferred reading programs in selected Los Angles minority schools[M]. Santa Monica, CA: The Rand Corporation, 1976.
[150]WOOLFOLK A E, ROSOFF B, HOY W K. Teachers' sense of efficacy and their beliefs about managing students [J]. Teacher and Teacher Education, 1990 (6)：137-148.
[151]BURLEY W, HALL B, VILLEME M, BROCKMEIRE L A. A path analysis of the mediating role of efficacy in first-year teachers' experiences, reactions, and plans [C] // Paper Presented at the Annual Meeting of the American Educational Research Association. Chicago, 1991.
[152]FUCHS L S, FUCHS D, BISHOP N. Instructional adaption for students at risk [J]. Journal of Educational Research, 1992, 86(2): 70-84.
[153]ASHTON P T, WEBB R B. Making a difference：teachers' sense of efficacy and student achievement [M]. New York: Longman, 1986.
[154]吴岩. 大学教师效能感影响因素分析及策略研究[J]. 嘉应学院学报(哲学社会科学), 2005 (2)：88-91.
[155]杨敏生. 国内外教师效能感研究现状及其对教师培养的启示[J]. 中小学教师培训, 2009(7)：51-54.
[156]黄喜珊, 王才康. 社会支持、应对方式与教师效能感相关分析[J]. 中国心理卫生杂志, 2004 (12)：857.
[157]BANDURA A. Self- efficacy: the exercise of control[M]. New York: Freeman W H, 1997.
[158]辛涛. 论教师的教学效能感[J]. 应用心理学, 1996, 2 (2)：42-48.
[159]李莹，朱新秤. 基于实证的高校教师教学效能感研究[J]. 广东外语外贸大学学报, 2010, 21(4)：95-98.

[160]李晔,刘华山. 教师效能感及其对教学行为的影响[J]. 教育研究与实验, 2000, 12(1)：51-55.

[161]BROUWERS A, TOMIC W A. Longitudinal study of teacher burnout and perceived self-efficacy in classroom management[J]. Teaching and Teacher Education, 2000, 16(3): 239-253.

[162]孙绵涛，康翠萍，康力华. 我国小学教师教学效能的影响因素分析[J]. 教学与管理, 2010, 3(2)：5-7.

[163]庞丽娟，洪秀敏. 教师自我效能感：教师自主发展的重要内在动力机制[J]. 教师教育研究, 2005, 17(4)：43-46.

[164]辛涛, 申继亮，林崇德. 教师自我效能感与学校因素关系的研究[J]. 教育研究，1994(10)：16-20.

[165]庞维国. 自主学习——学与教的原理和策略[M]. 上海：华东师范大学出版社，2003.

[166]何明霞. 基于网络环境的大学英语自主学习监控理论与实践研究[D]. 上海：上海外国语大学, 2012.

[167]何明霞. 基于网络环境的大学英语自主学习监控策略研究[J]. 湖北经济学院学报(人文社会科学版), 2014, 11(3)：195-197.

[168]张大均. 教与学的策略[M]. 北京：人民教育出版社，2003.

[169]O’MALLEY J M, CHAMOT A U. Learning strategies in second language acquisition [M]. 上海：上海外语教育出版社，2001.

[170]OXFORD R L. Language learning strategies: what every teacher should know [M]. New York：Newbury House Publishers, 1990.

[171]张大均. 教与学的策略[M]. 北京：人民教育出版社，2003：107-123. .

[172]徐锦芬, 李斑斑. 学习者可控因素对大学生英语自主学习能力的影响[J]. 现代外语，2014，37(5)： 647-656+730.

[173]严明. 英语学习策略理论研究[M]. 吉林：吉林出版有限公司，2008.

[174]张庆宗. 外语教育心理学[M]. 武汉：湖北教育出版集团，2007.

[175]GARDNER R C, LAMBERT W E. Attitudes and motivation in second language learning [M]. Newbury House, 1972.

[176]GARDNER R C. Social psychology and second language learning：the role of attitude and motivation [M]. Baltimore: Edward Arnold, 1985.

[177]OXFORD R L. Language learning strategies：what every teacher should know [M]. New York：Newbury House Publishers, 1990.

[178] WEINER B A. Theory of motivation for some classroom exercises [J]. Journal of Educational Psychology, 1979 (71) : 3-25.
[179] ZIMMERMAN B J. Self-regulated learning and academic achievement: an overview [J]. Educational Psychologist, 1990 (25) :3-17.
[180] SCHUNK D H. Ability versus effort attributional feedback: differential effects on self-efficacy and achievement[J]. Journal of Educational Psychology, 1983(75): 848-856.
[181] ZIMMERMAN B J. Self-efficacy: an essential motive to learn [J]. Contemporary Educational Psychology, 2000 (25): 82-91.
[182]董奇，周勇，陈红兵．自我监控与智力[M]．杭州：浙江人民出版社，1996.
[183]单志艳．中学生自主学习及教师相应教学行为的评价研究[D]. 北京：北京师范大学，2002：12-13.
[184]王红宇．学习时间与教学策略[J]．外国教育研究，1992(4)：52-57.
[185]徐学福, 房惠．让学生做自己的老师——名师讲述如何提升自主学习[M]. 重庆：西南师范大学出版社, 2008.
[186]全国高校微课教学平台[EB/OL]. [2019-12-31]，http://weike. enetedu. com/so. asp.

附　录

附录 1　大学生自主学习能力现状调查

各位同学好！本调查是为了了解大学生的英语自主学习情况的，获得的数据仅作为调查者的学术研究，不做成绩评定参考。请大家认真客观地进行填写。

1. 您的性别：［单选题］

○男　　○女

2. 您所在的年级［单选题］

○大一　○大二　○大三　○大四

3. 您所在学院［单选题］

○机械与能源工程学院　○自动化与电气工程学院

○信息与电子工程学院　○土木与建筑工程学院

○生物与化学工程学院　○环境与资源学院

○艺术设计 / 服装工程学院○经济与管理学院

○人文与国际教育学院　○理学院 / 曙光大数据学院

○外国语 / 中德学院　○中德工程师学院

4. 您每天主动学习英语的时间是多少？［单选题］

○ 2 小时以上○ 1—2 小时○ 1 小时以内　○ 0 小时

5. 您是否能决定英语学习目标？［单选题］

○能 ○偶尔能　○不能

6. 您是否能决定英语学习内容？［单选题］

○能 ○偶尔能　○不能

7. 您是否能制订英语学习计划？［单选题］

○能 ○偶尔能　○不能

8. 您是否能执行英语学习计划？［单选题］

○能 ○偶尔能　○不能

9. 您是否能根据情况随时调整学习计划？［单选题］

○能 ○偶尔能 ○不能

10. 您是否能选择课外学习资料？［单选题］

○能 ○偶尔能 ○不能

11. 您是否能自主选择英语学习方法？［单选题］

○能 ○偶尔能 ○不能

12. 您学习英语的主要动机是什么？［单选题］

○了解英语国家文化 ○打算出国

○找一份更好的工作 ○英语是学校的必修课

○个人的兴趣爱好

13. 您课外英语学习主要做些什么？［多选题］

□看欧美电影

□收听英语广播节目

□读英语读物（报纸、杂志、书籍等） □做课后练习

□做四六级试卷 □做雅思或托福练习

□通过手机 app 进行英语学习 □其他

14. 您课后是否找机会使用英语？［单选题］

○经常 ○偶尔 ○没有

15. 您是否用英语与他人进行交流？［单选题］

○经常 ○偶尔 ○没有

16. 您是否愿意主动用英语与他人进行交流？［单选题］

○非常愿意 ○不会主动，但是可以接受他人邀请进行交流 ○不愿意

17. 您是否能进行英语学习的自我监控？［单选题］

○能 ○偶尔能 ○不能

18. 您是否知道和使用词汇学习策略？［单选题］

○知道，经常使用 ○知道，偶尔使用

○知道，不使用 ○不知道

19. 您是否知道并使用听力策略？［单选题］

○知道，经常使用 ○知道，偶尔使用

○知道，不使用 ○不知道

20. 您是否知道并使用口语交际策略？［单选题］

○知道，经常使用 ○知道，偶尔使用

○知道，不使用 ○不知道

21. 您是否知道并使用阅读策略？［单选题］

○知道，经常使用 ○知道，偶尔使用

○知道，不使用 ○不知道

22. 您是否知道并使用写作策略［单选题］

○知道，经常使用 ○知道，偶尔使用

○知道，不使用 ○不知道

23. 您是否知道并使用翻译策略［单选题］

○知道，经常使用 ○知道，偶尔使用

○知道，不使用 ○不知道

24. 您是否能对学习知识进行自主测试？［单选题］

○能 ○偶尔能 ○不能

25. 您是否对学习过程（方法、策略等）进行评估？［单选题］

○经常 ○偶尔 ○没有

26. 你如何评价自己发现问题的能力？［单选题］

○很强 ○一般 ○很差

27. 你如何评价自己的创新精神？［单选题］

○很强 ○一般 ○很差

附录 2　学生对基于同伴反馈的英语写作翻转课堂教学的评价调查

各位同学好！本学期我们的《英语在线写作》课程采用基于微课的翻转课堂教学法，作文评阅除教师评阅外，还增加了自我评阅和同伴互评的方法。本调查是为了了解同学们在平时学习中的具体执行情况、学习偏好和对这种教学方法的评价，为以后的英语写作教学改革提供参考。调查获得的数据仅用于调查者的学术研究，不做成绩评定的参考。请大家认真客观地进行填写。

1. 你的性别：［单选题］

○男　　○女

2. 你所在的年级［单选题］

○大一　○大二　○大三　○大四

3. 你所在学院［单选题］

○机械与能源工程学院　○自动化与电气工程学院

○信息与电子工程学院　○土木与建筑工程学院

○生物与化学工程学院　○环境与资源学院

○艺术设计 / 服装工程学院○经济与管理学院

○人文与国际教育学院　○理学院 / 曙光大数据学院

○外国语 / 中德学院　○中德工程师学院

4. 你对同伴互评方法的整体评价［单选题］

很不满意　○ 1　○ 2　○ 3　○ 4　○ 5　很满意

5. 你对 iwrite 写作评阅的评价［单选题］

很不满意　○ 1　○ 2　○ 3　○ 4　○ 5　很满意

6. 你对课前学习采用的微课和学习资料的兴趣［单选题］

很不满意　○ 1　○ 2　○ 3　○ 4　○ 5　很满意

7. 你对课堂实践环节的段落写作的评价［单选题］

很不满意　○ 1　○ 2　○ 3　○ 4　○ 5　很满意

8. 你对课堂实践环节的篇章写作的评价［单选题］

很满意　○ 5　○ 4　○ 3　○ 2　○ 1　很不满意

9. 你对课堂实践环节的范文分析的评价［单选题］

很不满意 ○1 ○2 ○3 ○4 ○5 很满意

10. 你经常进行课后自主的英语写作［单选题］

很不正确 ○1 ○2 ○3 ○4 ○5 很正确

11. 你在 iwrite 写作平台中有很多受益［单选题］

很正确 ○5 ○4 ○3 ○2 ○1 很不正确

12. 收到互评结果后，双方在课后有进一步交流［单选题］

很不正确 ○1 ○2 ○3 ○4 ○5 很正确

附录3 写作前后测错误数量数据

	前测						前测错误总计	后测						后测错误总计	错误减产数量
	标点	拼写	词汇	语法	连贯	语用		标点	拼写	词汇	语法	连贯	语用		
学生1	4	6	7	6	7	1	31	2	3	2	2	1	2	12	29
学生2	4	5	5	6	5	3	28	1	3	4	4	1	2	15	13
学生3	7	4	12	7	5	2	37	1	1	3	3	2	1	11	26
学生4	7	5	9	6	5	6	38	0	2	3	4	1	3	13	25
学生5	5	6	5	6	8	7	37	2	5	6	5	3	5	26	11
学生6	6	7	10	9	5	4	41	2	1	3	2	1	3	12	29
学生7	5	7	7	12	5	4	40	2	3	4	6	3	2	20	20
学生8	5	7	4	5	4	2	27	2	2	4	6	3	2	19	8
学生9	6	9	6	7	4	3	35	1	2	3	5	1	1	13	22
学生10	5	7	10	8	6	3	39	2	1	2	4	2	1	12	27
学生11	6	5	3	6	5	4	29	2	1	3	4	2	2	14	15
学生12	10	7	9	7	5	8	46	4	0	3	2	1	1	8	38
学生13	8	6	8	7	9	8	46	1	0	3	2	2	1	9	37
学生14	9	12	7	6	5	2	41	1	2	3	4	1	1	12	29
学生15	7	7	4	5	3	2	28	1	0	3	3	2	1	10	18
学生16	8	4	7	11	4	3	37	4	0	2	1	1	1	9	28
学生17	5	4	5	7	6	3	30	2	2	3	4	2	1	14	16
学生18	4	5	5	6	2	4	26	1	2	3	2	1	2	11	16
学生19	5	3	4	5	3	1	21	2	2	3	2	1	0	10	11
学生20	7	8	8	9	4	4	40	3	5	1	7	3	2	21	19
学生21	4	5	8	9	3	2	31	2	4	2	4	2	1	15	16
学生22	4	7	8	7	4	3	33	3	3	6	5	2	2	21	12
学生23	9	9	5	6	4	2	35	4	5	6	4	3	2	24	11
学生24	6	6	4	7	6	3	32	2	3	4	5	3	1	18	14
学生25	4	6	7	9	6	5	37	3	3	4	5	2	2	19	18

续表

	前测						前测错误总计	后测						后测错误总计	错误减产数量
	标点	拼写	词汇	语法	连贯	语用		标点	拼写	词汇	语法	连贯	语用		
学生26	4	6	9	5	3	4	31	3	3	4	5	2	4	21	10
学生27	6	6	5	8	4	2	31	3	5	3	5	0	1	17	14
学生28	9	10	17	12	9	4	31	6	5	9	7	3	2	32	29
学生29	10	8	7	7	6	4	42	6	3	4	3	2	2	20	22
学生30	9	10	5	5	2	1	32	3	1	3	6	1	2	16	16
学生31	9	7	10	8	6	5	45	5	6	7	5	3	4	30	15
学生32	10	9	7	6	4	5	41	5	4	4	3	3	2	21	20
学生33	4	5	3	5	5	3	25	1	0	3	4	3	2	13	12
学生34	4	6	7	4	3	4	28	2	3	3	2	1	1	12	16
学生35	3	2	5	4	3	1	16	0	1	2	2	1	1	7	9
学生36	5	5	6	5	4	3	28	0	0	3	1	2	1	7	21
学生37	7	9	8	6	4	5	39	2	2	3	5	2	0	14	25
学生38	5	5	7	8	5	4	34	3	2	5	4	2	1	17	17
学生39	7	4	5	8	9	5	38	2	1	3	4	3	1	14	24
学生40	5	7	10	8	4	7	41	1	2	5	4	3	3	18	23
学生41	6	8	5	3	2	4	28	2	0	5	3	2	2	14	14
学生42	5	7	4	6	3	4	29	2	1	4	5	3	2	17	12
学生43	2	3	4	6	5	3	23	0	0	5	3	3	2	13	10
学生44	4	5	7	9	4	4	33	2	3	2	4	2	1	14	19
学生45	3	5	5	9	5	4	31	2	3	4	2	4	2	17	14
学生46	4	6	4	6	7	3	30	2	4	3	4	3	2	18	12
学生47	4	5	6	7	6	4	32	3	4	5	2	1	2	17	15
学生48	2	4	5	6	8	5	30	2	0	4	3	2	3	14	16
学生49	0	4	5	3	2	2	16	0	2	3	2	0	1	8	8
学生50	8	10	7	7	4	2	38	4	2	3	5	3	2	19	19
学生51	7	6	5	4	6	5	33	2	1	3	4	4	2	16	17
学生52	8	5	6	8	5	6	38	2	3	1	3	3	1	13	25

续表

	前测						前测错误总计	后测						后测错误总计	错误减产数量
	标点	拼写	词汇	语法	连贯	语用		标点	拼写	词汇	语法	连贯	语用		
学生53	8	5	6	7	5	3	34	3	1	3	5	2	4	18	16
学生54	6	5	7	6	7	5	36	4	1	2	2	4	3	16	20
学生55	7	8	8	13	4	5	45	4	3	2	1	2	0	12	33
学生56	7	6	5	8	5	4	35	3	2	3	5	6	1	20	15
学生57	5	7	3	5	4	2	26	1	0	2	1	2	1	7	19
学生58	8	8	6	5	7	4	38	1	2	3	2	1	1	10	28
学生59	7	9	4	3	7	6	36	2	1	3	2	1	1	10	26
学生60	7	8	8	8	6	5	42	2	1	3	4	3	2	15	27
学生61	6	4	4	3	5	3	25	2	0	3	2	1	1	9	16
学生62	8	7	6	5	8	4	38	3	2	4	3	2	1	15	23
学生63	9	12	3	8	7	5	47	1	2	3	3	2	2	13	34
学生64	4	6	6	8	6	4	34	2	4	5	2	1	1	15	19
学生65	7	7	6	5	5	4	34	0	0	3	2	2	3	10	24
学生66	5	6	4	8	5	3	31	2	0	2	3	5	3	15	16
学生67	6	4	7	9	5	4	35	3	2	1	4	3	2	15	20
学生68	6	5	7	5	4	6	33	3	4	5	4	3	5	24	9
学生69	5	6	4	8	5	4	32	3	2	5	8	5	1	24	8
学生70	7	8	6	5	4	7	37	5	5	4	5	3	3	25	12
学生71	3	4	5	4	3	4	23	2	0	3	1	3	2	11	12
学生72	3	4	6	7	5	3	28	2	4	6	4	3	4	20	8
学生73	2	10	6	8	4	6	36	4	2	3	5	6	2	22	14
学生74	5	7	4	6	4	3	29	1	1	2	2	1	0	7	22
学生75	4	8	7	6	5	2	32	1	1	2	3	5	3	15	17
学生76	6	4	8	9	6	3	35	1	2	4	5	4	1	17	18
学生77	6	4	8	8	5	6	37	5	1	3	4	4	2	19	18
学生78	7	9	5	9	10	4	44	1	1	3	2	3	2	12	32
学生79	7	5	5	4	4	5	30	2	2	3	1	4	3	15	15
学生80	6	7	5	8	5	3	34	1	1	3	2	1	1	9	25
平均	5.8	6.31	6.28	6.75	5	3.86	34	2.2	2.04	3.425	3.53	2.36	1.788	15.34	18.7

附录4　学生对基于同伴反馈的英语写作翻转教学的评价调查数据

学生序号	对基于同伴互评写作教学的总体评价	对翻转课堂教学模式的评价	对课前微课和学习资料的兴趣	对课堂实践环节段落写作评价	对课堂篇章写作实践的评价	对课堂范文分析活动的评价	课后经常自主进行英语写作	在同伴互评和交流中受益很多	课堂互评后，课后会进一步交流
1	4	4	4	4	5	5	3	4	3
2	5	5	5	3	4	4	3	4	4
3	5	5	4	5	5	5	4	4	3
4	5	4	5	4	4	4	4	5	4
5	5	5	5	4	4	5	2	4	2
6	5	4	4	4	4	5	4	4	4
7	4	4	3	3	4	4	3	3	4
8	5	5	3	3	3	4	3	4	3
9	4	5	5	5	4	4	3	4	4
10	5	5	5	4	4	4	4	3	3
11	5	5	5	5	5	5	5	5	4
12	5	5	5	4	4	5	3	4	3
13	4	4	5	4	4	4	3	3	4
14	5	4	5	3	4	4	4	3	3
15	4	4	4	4	4	3	3	3	3

续表

学生序号	对基于同伴互评写作教学的总体评价	对翻转课堂教学模式的评价	对课前微课和学习资料的兴趣	对课堂实践环节段落写作评价	对课堂篇章写作实践的评价	对课堂范文分析活动的评价	课后经常自主进行英语写作	在同伴互评和交流中受益很多	课堂互评后，课后会进一步交流
16	3	5	5	5	4	4	4	3	3
17	3	5	3	4	3	3	4	4	3
18	4	4	4	4	4	4	5	4	3
19	5	5	5	5	5	4	4	4	4
20	4	5	4	5	4	4	4	4	4
21	5	4	5	4	3	3	4	5	3
22	4	4	4	5	5	4	5	4	4
23	4	5	5	5	4	4	5	4	3
24	5	4	5	5	4	3	3	4	4
25	3	4	4	4	3	4	4	5	4
26	4	3	4	4	4	4	3	3	4
27	5	4	4	4	5	5	4	3	3
28	5	5	5	4	4	5	5	4	3
29	5	5	4	4	5	4	4	4	5
30	5	5	4	4	4	4	4	3	4
31	4	4	4	5	4	4	4	5	4
32	5	4	4	5	5	5	4	4	4
33	5	5	5	5	5	4	5	4	4
34	4	4	4	5	4	4	3	3	4

续表

学生序号	对基于同伴互评写作教学的总体评价	对翻转课堂教学模式的评价	对课前微课和学习资料的兴趣	对课堂实践环节段落写作评价	对课堂篇章写作实践的评价	对课堂范文分析活动的评价	课后经常自主进行英语写作	在同伴互评和交流中受益很多	课堂互评后，课后会进一步交流
35	4	5	5	4	5	4	4	4	4
36	5	4	5	4	5	4	5	5	4
37	4	5	5	5	4	4	5	4	4
38	5	4	4	5	5	5	4	4	4
39	5	5	4	4	4	4	4	4	4
40	5	5	5	5	5	5	5	5	4
41	5	5	5	5	4	4	4	4	4
42	4	5	5	4	4	4	4	4	4
43	4	5	4	4	5	4	5	4	3
44	4	5	5	5	4	5	4	4	4
45	5	5	4	5	4	5	4	4	4
46	5	5	4	5	5	5	5	5	5
47	5	5	5	5	4	5	5	5	4
48	4	4	4	4	4	4	4	4	4
49	5	5	5	5	5	5	5	5	5
50	5	5	5	5	5	5	5	5	5
51	4	4	5	5	4	4	5	4	4
52	5	5	5	5	4	5	5	3	4
53	5	5	4	4	5	5	5	4	4
54	5	5	5	5	5	4	5	5	4

续表

学生序号	对基于同伴互评写作教学的总体评价	对翻转课堂教学模式的评价	对课前微课和学习资料的兴趣	对课堂实践环节段落写作评价	对课堂篇章写作实践的评价	对课堂范文分析活动的评价	课后经常自主进行英语写作	在同伴互评和交流中受益很多	课堂互评后，课后会进一步交流
55	4	4	4	4	4	4	4	4	4
56	5	4	5	4	4	5	5	5	5
57	5	4	4	5	4	4	3	3	2
58	5	5	4	4	4	5	5	4	5
59	3	2	3	3	4	3	2	2	2
60	5	5	5	5	4	5	4	5	4
61	5	4	4	5	5	5	4	5	4
62	5	5	4	5	4	5	4	5	2
63	4	5	4	5	4	4	4	4	4
64	4	4	4	4	4	3	3	4	4
65	5	5	5	5	5	5	5	5	5
66	5	5	4	4	5	5	4	4	4
67	5	4	4	5	4	5	4	4	3
68	4	4	4	4	4	4	5	5	4
69	5	5	5	5	5	5	5	5	5
70	5	4	4	4	4	4	4	4	4
71	4	4	4	4	4	5	5	4	3
72	5	5	5	5	5	4	5	5	4
73	4	4	4	5	5	4	5	4	4
74	5	5	5	5	5	5	5	5	4

续表

学生序号	对基于同伴互评写作教学的总体评价	对翻转课堂教学模式的评价	对课前微课和学习资料的兴趣	对课堂实践环节段落写作评价	对课堂篇章写作实践的评价	对课堂范文分析活动的评价	课后经常自主进行英语写作	在同伴互评和交流中受益很多	课堂互评后，课后会进一步交流
75	5	5	5	4	5	4	5	4	4
76	4	5	5	5	5	5	5	5	5
77	5	5	5	5	4	5	4	5	4
78	5	5	5	5	5	5	4	4	4
79	4	5	4	5	4	4	5	4	5

附录 5　微课作品的评价指标

一级指标	二级指标	权重	主要评分点
微课设计(12%)	微课选题	5	课程选题是否微且合适；微课标题是否精当，概括微课内容；微课选题的受众是否定位准确
	教学设计	7	课程结构是否完整；学习专题、学习活动等环节是否设计得当；是否有明确的学习目标；是否针对常见、典型、特殊的问题着重设计；是否针对重点和难点着重讲解
教学内容(15%)	科学性	5	教学内容本质是否符合科学理论；教学内容描述是否符合科学描述
	逻辑合理性	5	教学内容上下文联系是否符合逻辑；是否符合当前学生认知能力
	时效性	5	教学内容引用数据、案例、文献等是否具有时效性
教学过程(37%)	课堂导引切入迅速	6	课堂导引是否快速；导引部分是否起到搭建脚手架、构建学习情境、激发学习动机的目的
	讲授主线清晰	10	主线讲解是否清晰；主线讲解是否有遗漏、错误、冗余；主线讲解是否跑题或离题时间过长
	案例得当，分析全面	7	案例是否简短有力；案例与主线是否合理紧密结合；案例是否真实可信
	板书精当	7	板书是否排布得当；板书是否表示清晰；板书是否准确表达教学内容；板书是否完整
	用语、体态得体	7	教师衣着是否合适；教师授课体态是否得当；教师用语是否连贯、准确、全面
支持资源(7%)	完整性	2	支持资源是否完整支持微课的主要知识点；支持资源是否丰富、多角度
	切合性	3	支持资源与微课教学内容是否切合
	可用率	2	支持资源是否可用
资源规范(10%)	技术规范	5	资源建设是否符合设计要求；文件命名是否得当；图片是否清晰可辨；是否按照摄像标准录制微视频；音画是否同步；视频是否流畅、不卡顿；音频是否无噪声
	艺术规范	5	图片、音乐、文字、画面是否搭配得当；图片是否风格统一；音乐是否符合教学情绪；文字是否字号字体合适、易于分辨；画面是否流畅锐利，光影效果好

续表

一级指标	二级指标	权重	主要评分点
教学效果（19%）	易学性	5	微课是否易于学生学习；学习平台是否易于运用
	趣味性	5	微课是否能激发学生学习动机；是否有趣味性
	创新性	4	微课是否有创新性；教师是否只是照本宣科复读材料
	合目的性	5	微课是否符合教学目的，是否能让学生达到学习要求